谨以此书献给

所有关心中国城乡教育

改革与发展的人们！

教育部人文社科基金项目"我国城乡义务教育一体化改革发展研究"（12YJC880114）
全国教育科学"十二五"规划项目"城乡义务教育一体化政策执行研究"（CGA120130)
四川省省属高校科研创新团队项目"区域推进城乡义务教育均衡发展研究"（16TD0030）

Research on the Policy Operation of Integration of
Urban and Rural Compulsory Education

模糊－冲突矩阵中的利益博弈
城乡义务教育一体化政策运行研究

王正惠◎著

科学出版社
北　京

内 容 简 介

实践是发展和变化的，城乡义务教育一体化的实践也是一种动态发展的过程。实践的发展需要理论的发展。正是在这种意义上，继续加强和深化对城乡义务教育一体化的研究，依然不失具有重要的理论价值和实践价值。

本书是一种理论导向的教育政策经验研究，作者以国家统筹城乡教育综合改革试验区为案例，运用定量研究与定性研究相结合的方法，对城乡义务教育一体化政策文本、政策运行状态及政策运行结果进行了全面考察，并依据模糊-冲突矩阵理论构建出国家试验性政策在地方得到良好执行的应有逻辑。

本书既有理论性的探讨，又有实证性的探究，对教育管理人员、教育研究者和广大师生具有重要的参考价值，同时也适合对义务教育管理、义务教育改革、农村教育发展以及教育政策等感兴趣的朋友阅读。

图书在版编目（CIP）数据

模糊-冲突矩阵中的利益博弈：城乡义务教育一体化政策运行研究 / 王正惠著.
—北京：科学出版社，2015.12
ISBN 978-7-03-046823-9

I. ①模… II. ①王… III. ①义务教育—研究—中国 IV. ①G522.3

中国版本图书馆 CIP 数据核字（2015）第 311321 号

责任编辑：朱丽娜 孙文影 高丽丽 / 责任校对：何艳萍
责任印制：张 倩 / 封面设计：楠竹文化

编辑部电话：010-64033934
Email：fuyan@mail.sciencep.com

科学出版社 出版
北京东黄城根北街 16 号
邮政编码：100717
http://www.sciencep.com

文林印务有限公司 印刷
科学出版社发行 各地新华书店 经销
*
2015 年 12 月第 一 版 开本：720×1000 1/16
2015 年 12 月第一次印刷 印张：14 1/4 插页：1
字数：242 000

定价：65.00 元
（如有印装质量问题，我社负责调换）

序

    推进城乡义务教育一体化是现阶段我国教育发展的重要政策指向，这是着眼于加快缩小城乡教育差距，实现义务教育均衡发展的需要，是促进教育公平和社会公平的需要。进入 21 世纪以来，尤其是在 2010 年《国家中长期教育改革和发展规划纲要（2010—2020）》发布和实施以来，在全国各地，推进城乡义务教育一体化已成为共有的政策行动。在我国不同地区，推进城乡义务教育一体化的区域政策试验亦在进行中。这些政策试验成为政策运行的重要方略，其所形成的政策经验及存在的政策问题对这一政策更广泛、深入的实施产生了影响。

    就我国学术界而言，城乡义务教育一体化问题已成为教育研究的热点问题。众多研究者关注这一问题的研究，研究成果也越加增多。这体现出教育研究者对教育实践的密切关注，是一种对应有的教育研究使命的承担。然而，由于实践是发展和变化的，城乡义务教育一体化的实践也是一种动态发展的过程。即使对这一问题已有过不少研究，但决不意味着业已穷尽这一研究，实践的发展需要理论的发展。正是在这种意义上，继续加强和深化对城乡义务教育一体化的研究依然不失具有重要的理论价值和实践价值。

    王正惠的著作《模糊-冲突矩阵中的利益博弈：城乡义务教育一体化政策运行研究》，便是对这一热点问题继续饱含关切的研究，自然也是她自我期待对这一问题有所深入甚或有所创新的研究。王正惠对这一问题的研究有着一定的学术基础，同时也有着地理之便。她在四川省的一所临近成都市的地方高校工作，是这所高校教育学院的教师。在高校工作的十余年间，她也一直结合教学从事基础教育的研究。她对成都试验区的研究也并非自论文研究始。另外，王正惠在南京师范大学攻读博士学位阶段选择的专业方向为教育政策，这一研究方向与她素有的研究旨趣相关。作为教育政策方向的博士，她选择对城乡义务教育一体化政策运行进行研究自然顺理成章。从教育研究本身的角度看，教育政策研究事实上也在成为教育研究的热点与重心。这也是教育研究自身发展的需要。在指向促进教育改革和发展的教育研究中，有什么研究比教育政策研究更重要？

王正惠在这部著作中的主要研究工作是：

第一，对我国城乡义务教育一体化政策确立的背景、动因进行了深度揭示，并从不同的维度考察了政策演进的轨迹。与此同时，对成都市城乡义务教育一体化的政策确立与发展进行了考察，对这一地方政策的具体目标和内容进行了阐述。

第二，紧密结合成都试验区案例，对城乡义务教育一体化政策运行的复杂情状进行了多层面的对比式分析。在彰显政策运行取得的良好绩效之时，也深度揭示了政策运行存在的多种问题。

第三，继续结合试验区案例，对现有的政策运行方式进行了审视和反思，在此基础上，对如何促进城乡义务教育一体化政策的良好运行提出了建议。

该书所作出的学术贡献或可认为是创新之处，也是可圈可点的。

其一，该书对成都试验区的分圈层的考察和对比式分析是非常深入和独到的，通过定量研究所作出的数理统计分析具有可信度和解释力。该书以丰富的经验性资料为支撑，凸显出了研究的真实性。

其二，该书运用多源流理论对成都市城乡义务教育一体化政策的确立进行了合理且新颖的分析，同时从政策执行的结果差距和行动偏差两个维度对政策的实地运行状况进行了深度分析，揭示出政策运行中由于利益博弈而导致的政策失真状态，也揭示出政策运行可能会遮蔽或隐藏的问题，这对政策运行的主体有警醒作用。

其三，该书运用模糊-冲突矩阵理论对城乡义务教育一体化的政策执行方式进行了新的阐释，并依据这一理论，对国家试验性政策在地方执行所需要的条件和可能遭遇的困境进行了多维度且有深度的分析。由此，该书揭示出了国家试验性政策在地方得到良好执行的应有逻辑。该书基于理性思考所提出的政策建议也不失合理性。

王正惠的这部著作是在其博士论文的基础上加工完成的，其博士论文在匿名评审和答辩中均获得好评。作为她的论文指导教师，我在感到欣慰之时，还特别感受到了王正惠撰写论文的不易。她在攻读博士学位期间，因为自己的年龄，不得不考虑是否要成为人生中的"妈妈"的角色。在她准备成为母亲而又幸福地成为母亲的这段时间内，我作为老师，在祝福她之时，也对她能否顺利完成学业，能否写出一篇有质量的学位论文有些担忧。然而，当我阅读她历经两年提交的论文初稿时，我的担忧瞬间消失。后来，当她告诉我如何克服困难进行实地调研和进行论文写作时，我甚至有些为之感动。

希望王正惠能继续关注基础教育和教育政策研究，也祝福王正惠享有幸福快乐的人生。

是为序。

张乐天

2015 年 11 月 5 日

前　言

　　制定和执行公共政策是公共权威机构的基本职能，而"社会公共问题是公共政策产生的根源，解决问题的有效手段就是公共权力机构制定和执行相关的公共政策"。教育政策作为国家的一项重要公共政策，是对教育发展的规范与协调，是教育发展的指南针和导航机。教育政策对教育发展具有强大的作用力与影响力，教育的发展是政策推进的结果，教育的问题依然是政策所致。在此意义上，可以说教育的发展史就是一部教育政策的运行史。教育政策的运行主要包括政策制定、政策执行与政策评估 3 个阶段，而政策制定的科学性、民主性、执行的有效性、评估的合理性有赖于教育政策研究的科学化、规范化、深入化，为此，"教育政策研究正成为国际教育研究中最突出的内容和最令人关注的焦点"。

　　城乡教育一体化发展是当前我国教育发展的客观要求，也是未来很长一段时期内教育发展的重大政策行动。21 世纪以来，我国城乡教育发展政策的演进历程，已充分彰显出鲜明的时代特色，从城乡义务教育均衡发展的提出，到城乡义务教育统筹发展，再至城乡义务教育一体化机制的构建，国家教育政策的重心无疑指向了义务教育发展的城乡一体化。纵观我国教育改革历史，政策文本、政策内容从来都不是缺失的，更多的缺失是文本与内容在信息传递过程中的变形、在执行过程中的变异、在评估反馈过程中的流失。为此，政策文本的形成仅仅是政策运行的开始，政策执行也并非政策制定的结束，政策评估也不总意味着政策运行的成功。一项国家政策确立后，如何在实践中推进，如何在县域、市域、省域甚至全国范围内得以有效实施，是政策执行研究所关心的核心问题，因为国家政策的区域推进效果在一定程度上决定着国家政策运行的成败。那么，国家城乡义务教育一体化政策确立后，地方对国家政策是如何理解的？国家政策在地方（县级或市级）层面是如何运行的？在县域、市域内的运行效果如何？取得了哪些成效？还存在哪些问题？这些问题便成为本书所关注和研究的重点。

本书是一种理论导向的教育政策经验研究，即由现象入手再引入理论，先观察、收集和描述城乡义务教育一体化政策事实，聚焦于某一研究问题，形成初步的经验概括，然后再引入相关理论，用已有理论或抽象提炼的本土概念对政策现象进行分析和解释，分析该教育政策运行中存在的问题，从而改进、修正已有的理论，在此基础之上，提出政策建议。简言之，就是从"政策文本分析"到"分析政策运行问题"，再到"提出政策建议"的技术路线。本书以成都统筹城乡教育综合改革试验区为案例，运用定量研究与定性研究相结合的方法，对城乡义务教育一体化政策文本、政策运行状态及政策运行结果进行全面考察，以模糊-冲突矩阵理论来解释城乡义务教育一体化政策执行成败的实践逻辑，通过构建"中心原则"的成功运行机制，从而保障政策目标的最终实现。

根据以上研究思路，本书共分六章。第一章为绪论，对研究缘起、概念界定、研究思路与方法进行介绍。第二章对国家城乡义务教育一体化政策的演进与确立过程进行了阐述，在此基础上借鉴多源流分析框架对国家政策在地方的确立过程进行分析，对国家与地方制度的变迁关系进行论述。第三、四章以成都试验区为案例，对城乡义务教育一体化政策在地方的执行效果进行考察。第三章通过对成都城乡义务教育一体化发展状况的数理统计，从静态数据结果方面，对比分析成都在市域、圈层、县域内城乡义务教育一体化水平所体现的差距；第四章从动态行为角度考察政策执行者与政策目标群体的行动与政策决定的一致程度，考察政策执行的行动偏离。第五章运用模糊-冲突模型构建城乡义务教育一体化政策模糊-冲突矩阵，对制约政策执行成败的"中心原则"进行解读，并提出要破解制约"中心原则"，就必须从国家与地方两个层面剖析政策执行逻辑。第六章结合我国政治体制实际，针对政策执行的实然逻辑，进行政策建议与制度设计，以期能形塑政策执行的应然逻辑，进而破解"中心原则"的束缚，最终保障政策执行的顺利成功。

本书另辟蹊径，具有鲜明的特色，具体而言，集中体现在如下几个方面。

第一，本书系统分析了城乡义务教育一体化政策在地方确立的理论框架与执行逻辑，拓展了基础教育领域政策研究的深度与广度。本书以成都试验区为案例，从政策执行的结果差距和行动偏差两个维度，对城乡义务教育一体化政策在地方的运行情况进行了解释和批判性的分析，以多源流分析框架对地方政策确立的理论基础进行分析，从国家与地方两个层面对政策执行逻辑进行了解读，并在此基础上得出了一定的研究结论与对策建议，具有一定的抛砖引玉作用。

第二，本书以成都试验区为案例，丰富了城乡义务教育一体化政策研究的经验性资料。本书以成都试验区政策运行的实际情况为基础，在政策文本分析、访谈调研等多种研究手段的基础上进行了数据统计与分析，形成了成都城乡义务教育一体化政策运行的大量经验性资料，为后续相关研究奠定了资料累积基础。

第三，本书运用模糊-冲突矩阵来分析城乡义务教育一体化政策执行，丰富了政策研究的视角与维度。本书在借鉴马特兰德（R. E. Matland）提出的模糊-冲突矩阵的基础上，构建了城乡义务教育一体化政策的国家与地方模糊-冲突矩阵，并结合城乡义务教育一体化政策的自身特点，对城乡义务教育一体化政策模糊-冲突矩阵的各要素进行了阐释与论证，对城乡义务教育一体化政策的执行方式具有一定的启发意义。

继续推进城乡义务教育一体化发展，需要促进政策的有效运行，并与时俱进地对政策进行不断创新与完善。纵观已有研究，鲜有研究者从政策运行角度对城乡义务教育一体化政策的演进与确立、政策运行过程与结果、政策执行的困境与内在逻辑进行系统、全面、深层次的研究与分析，致使该研究处于某种"缺席"状态。从该意义上讲，本书对城乡义务教育一体化政策运行的分析，就显得尤为重要而迫切。

由于撰写时间仓促，笔者水平有限，书中疏漏和不足在所难免，敬请广大读者批评指正。

王正惠

2015 年 5 月 10 日

目　录

第一章　绪　论

推进城乡义务教育一体化是现阶段我国教育发展的重要政策指向，这是着眼于加快缩小城乡教育差距，实现义务教育均衡发展的需要，是促进教育公平和社会公平的需要。就我国学术界而言，城乡义务教育一体化问题已成为教育研究的热点问题。实践是发展和变化的，城乡义务教育一体化的实践也是一种动态发展的过程。正是在这个意义上，继续加强和深化对城乡义务教育一体化的研究依然不失具有重要的理论价值和实践价值。

第一节　城乡义务教育一体化政策的
价值与意义

一、小引

　　制定和执行公共政策是公共权威机构的基本职能，而"社会公共问题是公共政策产生的根源，解决问题的有效手段就是公共权力机构制定和执行相关的公共政策"[①]。教育政策作为国家的一项重要公共政策，是对教育发展的规范与协调，是教育发展的指南针和导航机，教育政策对教育发展具有强大的作用力与影响力，教育的发展是政策推进的结果，教育问题依然是政策所致。在此意义上，可以说教育的发展史就是一部教育政策的运行史。教育政策的运行主要包括政策制定、政策执行与政策评估 3 个阶段，而政策制定的科学性、民主性、执行的有效性、评估的合理性有赖于教育政策研究的科学化、规范化、深入化，为此，"教育政策研究正成为国际教育研究中最突出的内容和最令人关注的焦点"[②]。

　　城乡教育一体化是城乡经济社会一体化的客观要求和重要组成部分，城乡教育一体化业已成为现今乃至未来很长一段时期内我国城乡教育发展的重大政策行动。[③]促进城乡义务教育一体化发展，是城乡教育一体化的首要目标和基本目标[④]，是促进教育公平、实现城乡和谐发展的重要举措。2010 年 7 月 29 日颁布的《国家中长期教育改革和发展规划纲要（2010—2020）》（以下简称《教育规划纲要》）提出了今后 10 年我国教育改革和发展的战略目标，强调要全面实施素质教育，建成覆盖城乡的基本公共教育服务体系，并两次强调要"建立城乡一体化义务教育发展机制"，以缩小城乡教育差距，促进义务教育均衡发展。为此，城乡

---

① 王骚. 公共政策学. 天津：天津大学出版社，2010：8.
② 袁振国. 中国教育政策评论. 北京：教育科学出版社，2001：1（前言）.
③ 王正惠、张乐天. 新中国成立以来城乡教育政策的嬗变与反思. 当代教育科学，2013（6）：3.
④ 张乐天. 城乡教育一体化：目标分解与路径选择. 复旦教育论坛，2011（6）：65.

义务教育一体化既可被视为国家中长期教育改革发展的一个重要目标，也是我国教育发展的一项重要政策。

纵观我国教育改革的历史，政策文本、政策内容从来都不是缺失的，更多的缺失是文本与内容在信息传递过程中的变形，在执行过程中的变异，在评估反馈过程中的流失。为此，政策文本的形成仅仅是政策运行的开始，政策执行也并非政策制定的结束，政策评估也不总意味着政策运行的成功。一项国家政策确立后，如何在实践中推进，如何在县域、市域、省域甚至全国范围内得以有效实施，是政策执行研究所关心的核心问题。因为国家政策的区域推进效果在一定程度上决定着国家政策运行的成败。那么，国家城乡义务教育一体化政策确立后，地方对国家政策是如何理解的？国家政策在地方（县级或市级）层面是如何运行的？在县域、市域内的运行效果如何？取得了哪些成效？还存在哪些问题？这些问题便成为本书关注和研究的重点。

二、成都与城乡义务教育一体化

成都，简称"蓉"，四川省省会，副省级城市，国家区域中心城市，位于我国华西地区东部，西南地区最大平原——川西平原腹地，自古有"天府之国"的美誉。1921年设市，总面积1.24万平方公里，中心城区面积283.86平方公里，辖9区6县4市。2012年年末，全市常住人口1400万人，中心城区武侯、青羊、高新、锦江、金牛五城区集中了全市30%以上的人口。成都自城乡统筹以来，城市化进程速度加快，在全市常住人口中，居住在城镇的人口约为920.2万人，占65.51%，居住在乡村的人口约为484.5万人，占34.49%。同2000年第五次全国人口普查相比，城镇人口增加约318.9万人，比例上升12.03个百分点。

在城乡统筹背景下，成都城乡义务教育一体化的实践探索也在有条不紊地进行着。成都城乡义务教育一体化政策起步较早，积累了多种典型经验，体现了鲜明的地方特色。早在1988年，成都温江就成为全国农村教育综合改革试验区，开始了城乡教育一体化的探索；1990年全国燎原计划暨农村教育综合改革会议在温江召开[1]；自 2004 年开始，成都市运用统筹城乡的思路和办法，正式从市政府层面开启了城乡教育一体化的探索和实践；2007 年 6 月，国家将成都确定为全国统筹城乡综合配套改革试验区；2009 年 4 月，教育部与四川省政府、成都市政府在成都共同签署了《中华人民共和国教育部、四川省人民政府、成都市人民政府共建统筹城乡教育综合改革试验区合作协议》(以下简称《合作协议》)，成都成为首个副省级城市统筹城乡教育综合改革试验区(以下简称"成都教育试验区")；2009 年 11 月，由于成都在城乡义务教育一体化方面取得的显著成绩，被国家授予"全国推进义务教育均衡发展工作先进地区"称号。从 1988 年至今，成都的城乡教育一体化探索已经积累了 20 多年的经验，在城乡义务教育一体化推进过程中，为补教育短板，成都坚持以政府投入为主体，以缩小城乡教育差距为目的，以均衡配置资源为核心，以完善制度和机制为保障，形成了城乡义务教育"六个一体化"[2]发展的"成都模式"。成都城乡义务教育一体化政策的实施效果明显，发展了农村教育，缩小了城乡教育差距，引起了政府部门与学者的广泛关注。教育部前部长周济对四川省及成都市寄予了厚望，希望四川省及成都市牢牢抓住统筹城乡主题，闯出一条城乡教育一体化发展的新路子，为全国教育改革发展作出示范。众多学者也将成都作为城乡义务教育一体化改革发展的实践基地予以调查、分析和研究。为此，本书以成都教育试验区作为城乡义务教育一体化政策运行考察的案例具有典型性、代表性。

我国是一个人口大国，也是一个农业大国，农业人口比例较大，农村教育量大面广、点多线长，农村教育事业的发展关系到各级各类人才的培养，关系到整个教育事业的健康、和谐发展，关系到全民族素质的提高和建设人力资源强国的全局，可以说没有农村教育事业的大发展，就没有全国教育的大发展——农村教育始终是我国教育工作的重点和难点。作为农村教育的基础阶段和重要阶段的农村义务教育到底如何才能得到更好的发展？一项国家教育政策在地方的运行情况如何？在执行过程中是否会遭遇走样和变形？作为社会弱势群体的农村孩子，怎样才能最大程度地品尝到国家政策果实的甜美而非政策过滤的苦涩？对上述

---

① 竹贵云、殷德庸. 现代化：农村教育的必由之路——温江县小康后农村教育改革和发展的实践与思考. 教育与经济，1998 (3)：19.

② 即发展规划一体化、办学条件一体化、教育经费一体化、教师队伍一体化、教育质量一体化、评估标准一体化。

问题的思考与解答，是对教育政策研究的重大考量，更是教育政策研究者应有的责任。面对农村教育政策研究的不足[①]，笔者希望通过本书，找到破解城乡义务教育一体化发展藩篱的些许答案，算是为农村教育发展贡献一点绵薄之力，希望这一美好愿景不仅仅是个奢望。

据此，本书从政策学的视角出发，以成都试验区为例，结合我国具体国情从中观、微观层面对地方政府教育政策运行情况进行研究，通过对城乡义务教育一体化政策的形成、政策实施以及城乡义务教育一体化发展现状进行调查，分析政策实施取得的成绩、存在的问题以及政策执行的影响因素、政策运行的特征等，并提出相应的政策建议。

第二节　城乡义务教育一体化政策的概念与解析

一、城乡义务教育一体化

（一）城乡义务教育一体化概念解析与"三圈层"的界定

第一，"城乡"的边界与"三圈层"的划分。从最早提出城乡一体化的埃比尼泽·霍德华[②]到将"使城市和乡村有同等的生活条件"[③]作为实现城乡一体化标志的斯大林，"城乡"二字所指称的都是城市学或城市规划学意义上的空间概念。伴随着城市化进程的加快以及中国传统户籍制度的松动，传统城乡二元结构受到了时代发展潮流的冲击，农民工作为一个新兴群体成为农民与市民间的社会第三元，由此，有的学者提出了以传统户籍制度为基础的"三元社会结构"[④]。随着城市化进程的加快，"教育的'三元结构'"也随之显现，这种教育的'三元结构'，本质上是在城市内部形成的新的城乡教育二元结构，其外在表现是城市内部教育

---

① 关于农村教育政策研究不足方面的讨论详情，请参阅：张乐天. 新中国农村教育发展的政策经验与政策问题. 教育政策观察（第4辑），2013（8）：145.

② 埃比尼泽·霍德华在《明日的田园城市》一书中倡导"用城乡一体的新社会结构形态来取代城乡对立的旧社会结构形态"。

③ 斯大林. 斯大林选集（下）. 中共中央马克思恩格斯列宁斯大林著作编译局编译. 北京：人民出版社，1979：558.

④ 李强. 农民工与中国社会分层. 北京：社会科学文献出版社，2004.

的双轨制,是对农民工及其随迁子女身份的制度歧视,是以流动人口为代表的弱势群体教育的边缘化"[①]。

纵观已有研究,关于"城与乡"的界定,有几种划分方法:一是 2006 年国家统计局在《关于统计上划分城乡的暂行规定》中把城乡分为城区、城镇和乡村;二是《中国教育统计年鉴》中将其划分为城市、县镇和农村;三是在大城市中将中心城区划分为城,将郊区划分为乡;四是在县域内,县镇为城,其余地区为乡。上述 4 种都是从空间意义上来划分城乡,此外从身份意义上划分,城乡还包括城市空间内的"城市人口"与"乡村人口",如城市居民与农民工及其子女。可见,已有的研究对城乡的划分并没有一种绝对或统一的界定,而是依据研究的需要进行多种相对的划分。

在本书中,根据成都市都市区(2020 年)城乡一体化三圈层[②]的规划理念,结合三圈层的经济社会总体发展水平,以及三圈层的现有教育发展水平,在对城乡的界定上进行如下的具体分析:其一,成都市作为大城市,根据区位地理分布特征,第一圈层即中心城区(武侯区、青羊区、金牛区、锦江区、成华区),包括高新技术开发区完全城市化,即所谓的城市,郊区包括第二圈层、第三圈层,则为乡;其二,第二圈层(新都区、青白江区、龙泉驿区、温江区、双流县、郫县等 6 区县)虽为主城区,但未完全城市化,故仍存在乡镇概念上的分化,又存在着中心城区和郊区乡镇,也可分化看待,即区县政府所在地为城,其余地区为乡;其三,作为第三圈层〔都江堰、邛崃、彭州、崇州、金堂、大邑、蒲江、新津 8 个县(市)〕的郊县在成都城乡统筹教育均衡发展路线图中,则被政府定义为城乡教育一体化的"乡村"概念。就经济发展水平言,第三圈层区县诸如蒲江、大邑等虽属于农村教育地区或经济不发达地区,但在实地调研中,我们发现这些县区同样存在着城市教育与农村教育之间的差距,即县政府所在地为城,其余乡、

---

① 褚宏启. 教育制度改革与城乡教育一体化. 教育研究, 2010(11): 86.
② 2007 年 7 月,成都首次提出"全域成都"的理念,把 1.24 万平方公里幅员面积作为一个现代化的都市区来统筹发展。按照都市区远期(2020 年)规划城乡一体化的规划理念,成都全市被划分为三大圈层:一圈层即 5 城区(武侯区、青羊区、金牛区、锦江区、成华区),包括高新技术开发区为中心城;二圈层即新都区、青白江区、龙泉驿区、温江区、双流县、郫县等 6 个区(县)为近郊区,并与中心城共同构成主城区,均为成都都市区范畴;三圈层即远郊区,则包括都江堰、邛崃、彭州、崇州、金堂、大邑、蒲江、新津 8 个(市)县,其性质仍为县级(市)行政区。都市区远期规划(2020 年)目标完成后,中心城区和二圈层地区将变成一个巨大的"都市区",三圈层区域则将发展为整个成都都市区的卫星城。

镇为村。为此，本书中的城乡划分也是一个相对的概念，并不指代绝对意义上的行政区域划分。此外，在本书中，"乡村"与"农村"同义，是与"城市"相对而用的一个概念：相对于第一圈层，二、三圈层为乡；相对于第二、三圈层的区（县）政府所在地，其余乡镇为乡。城乡义务教育一体化的过程本身就是一个区域推进的过程，由县（区）域一体化到市域一体化，再到省域乃至更大的范畴。同理，立足于"城乡"划分基础上的"城乡教育"概念的使用，也是一个相对的概念，可因地而宜地加以城乡教育分析，同时"城乡教育"也是指代城市教育与农村教育。

第二，"教育"的外延。《中华人民共和国教育法》第十七条至第十九条规定了我国实行"学前教育、初等教育、中等教育、高等教育的学校教育制度"、"国家实行九年制义务教育制度"、"国家实行职业教育制度和成人教育制度"。在教育体系中，基础教育是农村教育的主要形态，涉及学前教育、普通教育、职业教育与继续教育。要破解"农业、农村、农民"的传统"三农"问题，核心在于减少农民，减少农民的核心是办好基础教育，特别是九年义务教育，为农民及农民工子女提供优质的教育；面对"无地农民、失地农民、外出打工农民"等"新三农"问题，更需要加强农村职业教育和对农民进行继续教育培训。在城乡教育一体化进程中，需要逐步提升从学前教育到初等教育再到中等教育的质量，需要完善从普通教育到职业教育再到继续教育的制度体系。

第三，"一体化"的动态内涵。一体化是指多个原来相互独立的主权实体，通过某种方式逐步结合成为一个单一实体的过程。一体化既涉及经济，也涉及政治、法律和文化，是政治、经济、法律、社会和文化的一种全面的互动过程。可见，"一体"是与分离、对立、"二元"相对的概念。城乡一体化就是强调城市与乡村的两个不同特质的经济社会单元和人类聚落空间，在一个相互依存的区域范围内谋求政治、经济、文化等方面的协调共生、融合发展的过程，以逐步消除城乡二元结构格局，实现城乡共同发展、共同繁荣。教育的一体化是城乡社会结构深刻变革的产物，是城乡一体化的一个重要方面或分支。城乡教育一体化是城乡一体化的衍生概念，教育的一体化必定从客观上促进城乡一体化的进程。

第四，"城乡义务教育一体化"的内涵。"一体化"本身既是一种目标也一个过程，正如民主只能经由民主而不是专制去实现，城乡教育一体化的目标只能经由城乡教育一体化的过程去实现。作为过程，即强调城乡教育的一体化是一个逐渐打破城乡二元经济结构和社会结构的束缚，构建动态均衡、双向沟通、良性互动的教育体系和机制，促进城乡教育资源共享、优势互补的过程；作为目的，即是强调其目的是缩小城乡之间的教育差距，消除地域、经济等原因导致的教育不公平，使均衡化的公共教育服务覆盖城乡全体居民，实现城乡教育均衡发展、协调发展、共同发展。[①]所以，本书认为，城乡义务教育一体化既是一种状态也是一个过程，是指打破城乡二元教育结构，形成一个紧密的城乡教育复合体系，实现教育要素、教育资源在此系统中的自由、双向、一体化流动，以缩小城乡教育差距，促进城乡教育公平、和谐、统一发展。

（二）城乡义务教育一体化与相关概念之间的关系

在概念的实际运用中，人们常常容易将城乡义务教育一体化与城乡教育统筹、城乡教育均衡等概念相等同或混为一谈。在理解城乡义务教育一体化的同时，要警惕将城乡义务教育一体化等同于城乡义务教育均衡或等同于城乡义务教育统筹。首先，城乡教育统筹不同于教育均衡，将统筹城乡教育等同于教育均衡是一种片面的认识，忽略了教育均衡的适用范围和内在特征[②]，就教育均衡的适用范围而言，其仅适用于基础教育而不适用于职业教育和高等教育，就其内在特征而言，均衡意味着同一化和标准化。其次，城乡教育一体化与城乡教育统筹、教育均衡也不相同，李玲、宋乃庆等强调[③]：一方面，三者内涵各有不同，城乡教育均衡强调教育资源的平等分配以达到教育需要与教育供给的相对均衡；城乡教育统筹强调总体谋划上的城乡教育良性互动和双赢共进；城乡教育一体化强调城乡教育互动互助、消解差距，以实现城乡教育公平、共生共荣、协调发展。可见，城乡教育一体化不仅包含均衡之外的系统整合和良性互动特性，也包含着统筹调控之外的系统自组织功能，城乡教育一体化并不等同于教育均衡与教育统筹。另一方面，三者承担着共同的教育使命，即缩小城乡教育差距，促进城乡教育的公平与和谐发展，对于城乡教育一体化而言，均衡是阶段性目标，统筹是技术手段。因此，张乐天教授指出，"城乡教育一体化离不开城乡教育统筹发展，是城乡教育统筹发展到一定时期、一定阶段所呈现的一种新的状态"，在一定程度上，"城

---

① 褚宏启. 城乡教育一体化：体系重构与制度创新. 教育研究，2009（11）：3.
② 李涛. 统筹城乡教育的实践探索. 教育发展研究，2008（20）：1-5.
③ 李玲、宋乃庆、龚春燕等. 城乡教育一体化：理论、指标与测算. 教育研究，2012（2）：42-43.

乡教育一体化较之城乡教育统筹发展是一种更高位的概念,城乡教育一体化建立在教育统筹发展的基础上。"[1]

(三)城乡义务教育一体化的阶段划分

在理解城乡义务教育一体化时,不能用僵化的、静止的观点去看待,因为城乡教育一体化发展不是一蹴而就、一步到位的,而是一个动态发展的过程。李玲、宋乃庆等认为[2],城乡教育一体化发展包括 3 个阶段:自发型阶段、政府干预型阶段、高度自主型阶段。在第一个阶段,城乡教育在市场的导向下进行无序、零散、无组织的连接与互动,其结果是城乡教育差距越加扩大;在第二个阶段,城乡教育在政府干预的调控下建立和完善城乡教育互动的制度保障,以实现城乡教育基本均衡与规范化的互动、帮扶与连接;在第三个阶段,政府对城乡教育互动进行弱干预,市场主导城乡教育的发展与演进,城乡教育充分发挥自组织特性,维持与完善规范化的互动机制,实现城乡教育的高度自主、自治与规范,城乡教育良性互动、共生共荣。张金英、陈通依据教育公平的起点公平、过程公平和结果公平,将城乡教育一体化划分为初级一体化、中级一体化和高级一体化 3 个阶段,初级一体化强调城乡教育机会均等,中级一体化追求城乡教育资源配置均等,高级一体化追求城乡教育质量和教育成就的均等。[3]邬志辉根据城乡教育一体化发展的趋势,提出了考量城乡义务教育一体化实现程度的 3 个层面[4]:第一,初步一体化,即城乡教育的资源配置是否达到了国家规定的底线标准并在特定空间内实现了基本的均衡;第二,基本一体化,即城乡义务教育的吸引力是否实现了同等化;第三,真正一体化,即从结果的意义上看城乡义务教育学生接受高质量后续教育的机会是否实现了平等化。以吕信伟为代表的成都官方将城乡教育一体化划分为 5 个阶段:城乡分割、初步统筹、基本统筹、整体协调和全面融合。[5]

---

① 张乐天. 城乡教育一体化:目标分解与路径选择. 复旦教育论坛, 2011(6): 65.
② 李玲、宋乃庆、龚春燕等. 城乡教育一体化:理论、指标与测算. 教育研究, 2012(2): 43-44.
③ 张金英、陈通. 城乡教育一体化的理论与指标体系建构. 中国农机化, 2010(4): 87.
④ 邬志辉. 当前我国城乡义务教育一体化发展的核心问题探讨. 首届中国农村教育论坛著作(一), 2011: 22-45.
⑤ 详情参阅:成都市教育局内部资料《成都市统筹城乡发展评价指标体系》(2009年)。该指标体系将城乡发展进程划分为 5 个阶段,即城乡分割(50分以下)、初步统筹(50~60分)、基本统筹(60~70分)、整体协调(70~85分)、全面融合(85分以上);吕信伟、柯玲.城乡教育一体化水平监测与评价研究——以成都市为例. 北京:人民出版社, 2013: 71;成都市教育局内部资料《成都市城乡教育一体化发展研究报告(2003—2010)》, 四川大学成都科学发展研究院、四川大学公共管理学院、成都大学统筹城乡教育发展研究中心, 2011: 49.

本书在借鉴上述研究成果的基础上，结合成都教育发展情况，结合城乡义务教育一体化推进进程，认为城乡义务教育一体化可以划分为如下 3 个阶段 4 种水平：第一阶段，初级阶段，该阶段又分为前初级阶段和后初级阶段。前初级阶段的特征体现为政府努力促进城乡义务教育机会均等、"硬件"教育资源配置（如经费水平、计算机生机比、图书生均册数等财力、物力投入等方面）均等；后初级阶段的特征体现为在县域内实现了城乡义务教育机会均等、"硬件"教育资源配置均等。第二阶段，中级阶段，该阶段的特征体现为城乡义务教育"软件"教育资源配置实现了均等，如师资水平、制度建设、管理水平等方面的均等，以及学校吸引力在圈层范围内的同等化，即新毕业师范生不会出现城乡"歧视性"就业，学生会因个人兴趣与学校特色而择校，但不会因教师水平、学校教育质量等原因而择校；城乡学校在县域内甚至圈层范围内实现了均等。第三阶段，高级阶段，即城乡义务教育质量、学生学业成就、学校社会评价等方面实现了均等，学校间有特色差异，但无质量差距，城乡学校在市域范围内或圈层间实现了均等。概言之，城乡义务教育一体化可分为 3 个阶段，即初级阶段、中级阶段、高级阶段；4 种水平即前初级水平、后初级水平、中级水平与高级水平。

二、政策

政策这一术语是从政治科学中引用过来的，由于人们对社会的本质、权力的意义和政府的角色的哲学理解上的冲突，对政策的界定莫衷一是，分歧颇多。

美籍加拿大学者戴维·伊斯顿（David Easton）（1953）认为，"政策是对全社会的价值做权威性的分配"[1]。政策科学的创立者哈罗德·拉斯韦尔与亚伯拉罕·卡普兰认为，政策是"一种含有目标、价值与策略的大型计划"[2]。托马斯·戴伊（Thomas R. Dye）认为，"凡是政府决定做的或不做的事情就是公共政策"[3]。Dubnick 和 Bardes 于 1983 年认为，政策是政府解决公共问题的意图和实现这些意图的行动的表述。Kruschke 和 Jackson 于 1987 年认为，政策是政治制度的产

---

① Easton D. The Political System. New York: Kropf, 1953:129.
② Lasswell H D, Kaplan A. Power and Society. New Haven: Yale University, 1970:2, 7.
③ Dye T R. Understanding Public Policy(6th ed.), Englewood Cliffs, N.J.:Prenticf-Hall Inc., 1987: 2.

品，其主要形式是规则、规章、法律、命令、行政决定等，是一系列持续和重复的行为模式，是一种动态过程。Firestone（1989）认为，政策是一系列涉及从政府大厦到教室环境的决定，是某些游戏和关系的副产品，没有任何人真正对此承担责任。Bryson 和 Crosby 于 1992 年认为，政策是那些占据或影响政府权力职位的人士作出的所有相关人士将会进行各种解释的具有实际内容的决定、承诺和行为。詹姆斯·安德森（James E. Anderson）认为，"政策是一个有目的的活动过程，而这些活动是由一个或一批行为者，为处理某一问题或有关事务而采取的"，而"公共政策是由政府机关或政府官员制定的政策"[①]。卡尔·弗里德里希（Carl J. Friedrich）认为，政策是"在某一特定的环境下，个人、团体或政府"有计划的活动过程，提出政策的用意就是利用时机、客服障碍，以实现某个既定的目标，或达到某一既定的目的。[②]

国内学者在借鉴国外政策研究成果的基础上，结合中国的国情对政策概念进行了界定。林水波、张世贤认为，公共政策是指"政府选择作为或不作为的行为"[③]；孙光认为，"政策是国家和政党为了实现一定的总目标而确定的行动准则，它表现为对人们的利益进行分配和调节的政治措施和复杂过程"[④]；张金马认为，政策是"党和政府用以规范、引导有关机构团体和个人行为的准则或指南，其表现形式有法律、规章、行政命令、政府首脑的书面或口头声明和指示以及行动计划与策略等"[⑤]；王骚认为，公共政策就是以政府为代表的公共权力机构针对社会公共问题的解决，通过民主政治程序制定和执行的行动方针和行为准则。[⑥]

国内外学者对政策这一术语的界定是多维的，但在政策内涵方面有几个共同的关键点：第一，目标取向。一定的政策都是为了解决一定的问题、达成一定的目标而制定、执行的。第二，政策主体。任何政策都有政策主体，即政府或非政府组织，而公共政策即是由政府制定的政策。由于政策主体具有权威性，从而使制定的政策能够在实践中得到强制实施，体现政策主体的意志。第三，行为准则。政策是对实践的规范化和表达，标明"这是我们在此做事的方式"，规定政策的

---

① [美]詹姆斯·E. 安德森. 公共决策. 唐亮译. 北京：华夏出版社，1990：4.

② Friedrich Carl J. Man and His Government. New York:McGraw-Hill，1963：79.

③ 林水波、张世贤. 公共政策. 台北：五南图书出版公司，1986.

④ 孙光. 政策科学. 杭州：浙江教育出版社，1998.

⑤ 张金马. 政策科学导论. 北京：中国人民大学出版社，1992.

⑥ 王骚. 公共政策学. 天津：天津大学出版社，2010：9.

作用对象或客体应该做什么或不应该做什么，哪些行为是受到激励的，哪些行为是被禁止的，从而使政策目标得以实现。

在本书中，由于所研究的城乡义务教育一体化政策，是一项政府为促进城乡义务教育发展的公共政策，而政府促进城乡义务教育一体化发展的方式是多元的，城乡学校涉及政策过程是复杂的、多维的。我们可以对政策和教育政策的内涵进行如下解读：第一，政策是党和政府用以引导有关机构、团体、组织和个人行为的准则或指南，是对实践的规范和表达，体现为政府公开表达的意图和官方措施。在此定义中，政府是指中央、地方的公共官员和这些官员工作的机关与机构。第二，教育政策是由国家政府或其他公共权力机构、公共职能部门制定和推行的教育发展方略和行为准则；教育政策作为一种重要的国家公共政策，具有公共政策的共同本质。其一，教育政策是政府与环境之间的一种互动，这种环境包括政府所处社会的各个领域，如政治、经济、文化、地理环境等，正如罗伯特·艾斯顿在《公共政策的思路：政策领导之研究》中所言，"公共政策是政府机构与它周围环境之间的关系"。其二，教育政策体现了政府对教育发展的决策与行为倾向，这种倾向既可以是政府积极去"做"，也可以是消极"不做"的行为倾向。托马斯·戴伊在《理解公共政策》一书中，开篇就提出"公共政策就是政府选择做与选择不做的事情"。可见，政府面对某一公共问题的解决，在政策手段上，"既可能采取积极的政策行为，也可能采取消极放任的政策行为"[①]。其三，教育政策的目标是寻求教育协调发展与良性运转，其制定和执行的主体是政府或其他公共权力机构和公共职能部门，其功能是对教育的运行进行规范与协调。为此，本书将政策界定为党和政府用以引导有关机构、团体、组织和个人行为的准则或指南，是对实践的规范和表达，体现为政府公开表达的意图和官方措施。在此定义中，政府是指中央、直辖市、地方的公共官员和这些官员工作的机关与机构。

此外，在本书研究中还涉及如下一些重要概念，如区域推进、政策运行，由于上述两个概念在学术界已形成广泛共识，分歧较小，且为大家所熟知，为此，笔者仅对其做如下简要分析与界定。在区域推进的概念中，一般认为区域就是以地理差异为基础，按照一定的指标和方法划分成一定范围的地域空间，该地域空间被视作一个应用性整体，且具有内部的同质性或功能的一体化。根据不同的指

---

① 王骚. 公共政策学. 天津：天津大学出版社，2010：5.

标和方法从而形成区域概念在不同学科中的内涵界定，如地理学根据自然地理特征来划分区域，行政学根据国家管理的行政单元按照行政权力覆盖范围来划分，社会学根据人类社会聚落在语言、信仰、文化和民族特征等方面存在的共同特点来划分。本书中的区域划分则是以行政学的区域划分为基础，结合社会学、经济学的划分依据来确定区域的地域空间。如在本书中，地方政府——成都，以行政区划为基础，以经济发展水平为标准将成都整体划分为三大圈层，其城乡义务教育一体化政策实施的过程，就是三大圈层教育发展的均衡融合过程，也是义务教育发展从县域一体化到圈层一体化再到市域一体化的区域推进过程。

在政策运行概念的界定中，有学者从公共政策的角度，将政策的运行作为输入、转换和输出的系统化过程；也有学者从问题形成、政策制定、政策通过、政策实施及评价等方面来探讨政策运行过程。[1]在政策运行的概念中，一般认为政策运行是一个过程，其包括政策制定、政策执行、政策评估、政策调整和政策终结等环节。[2]在本书中，重点考察政策运行概念中的政策制定、政策执行和政策评估。政策制定，即本书中的"政策确立"，是整个城乡义务教育一体化政策运行的首要环节，其效果直接关系到该项政策的成败；政策执行，是城乡义务教育一体化政策运行的中间环节，是将该项政策的目标和理想转化为现实的途径；政策评估，主要是对城乡义务教育一体化政策在成都区域范围内运行状况的评估，分析比较该项政策执行的优缺点及其原因，用于为改进该项政策系统及提高政策能力进行经验反思与对策建议。

第三节　城乡义务教育一体化政策
运行研究的方法与逻辑

一、研究方法

根据本书的研究对象和研究目标的特殊性，在进行研究时，第一，以哲学理

---

① [美]詹姆斯·E. 安德森. 公共决策. 唐亮译. 北京：华夏出版社，1990：31.
② 刘雪明. 政策运行过程研究. 南昌：江西人民出版社，2005：85.

论作为指导，坚持认识事物的二元论方法，即我们认识事物，既需要"先验"的知识理论框架，也需要将这种理论框架通过经验的认识过程（即对教育政策运行过程的实例考察）去完善。第二，综合运用现象学、诠释学、批判理论以及符号互动理论对教育政策进行分析，即首先通过对教育政策运行现状的调查获取有关资料，然后对其进行解释和批判性的分析，进而构建新的教育政策理论。第三，在具体的研究方法方面，本书综合运用定量研究和定性研究，运用定量研究对数据资料进行量化处理，运用定性研究对访谈资料进行分析、解构，具体而言，主要采用如下研究方法。

第一，文献研究。笔者利用绵阳师范学院图书馆，南京师范大学图书馆，同济大学图书馆，成都市、区、县教育局文书档案，特别是用互联网收集城乡义务教育一体化发展及政策的相关资料和文献，包括政策文本、法律法规、政府官员讲话、媒体报道、文献专著、期刊著作、学位论文、数据年鉴等，在对各类资料分类汇总的基础上，对城乡义务教育一体化政策的演进与确立、执行与评估等方面进行政策运行的分析与解读。

第二，政策文本分析。政策文本分析是基于文本的政策分析，政策文本是教育政策的重要形式，是政策的可见存在与载体，是教育政策研究的重要对象与依据来源。政策文本分析立足于政策，但不拘泥于文本，而是通过分析与文本相关的历史、制度以及政策实践的对话来解释文本的深层意蕴。本书通过对城乡义务教育一体化政策文本的解读来了解如下内容：①政策确立的深层背景；②政策文本的制定者与目标群体或利益相关者是谁？其对文本的解读如何？③政策文本与政策实践之间的差距有多远？形成了什么样的关系？有哪些因素促成这种关系的形成？

第三，访谈调查。笔者以成都试验区为例，通过半开放式访谈、个别访谈、团体访谈等方式，对教育行政部门相关人员、校长、一线教师、学生、家长等进行访谈，以了解政策制定者、政策执行者、政策对象或政策利益相关群体对城乡义务教育一体化政策运行的态度、看法，以及该政策运行过程中存在的问题与困难。

第四，案例研究。由于城乡教育本身定义上的相对性，故选取有代表性的区县进行政策研究。为了避免"代表性问题"的困，本书只将案例作为笔者阐述问题、表达理论关怀以及修正理论或构建理论的载体，在个案中进行分析、概括、总结和提升，得出具有普遍性意义的结论。

在案例选取方面，根据成都市教育局《关于深化城乡学校结对发展工作的意见》(成教统〔2010〕1 号)文件规定，城乡学校结对包括跨区(市)县城乡学校结对和县域内城乡学校结对。文件规定了跨区(市)县的中心城区学校与三圈层区(市)县及青白江区的农村学校实现结对发展名单，以实现城乡学校在学校管理、教学教研、干部教师、德育工作等方面的交流与互动。为此，本书结合结对区县的教育发展情况及研究的需要，选取中心城区 Q 区和第三圈层 P 县的城乡学校为案例进行阐述和分析：一方面，将 Q 区与 P 县的义务教育发展水平进行对比分析，以此为载体考察城乡学校交流互动的落实情况，以及城乡学校在办学条件、师资、管理等方面的一体化发展情况；另一方面，在 P 县内进行城乡义务教育一体化水平比较分析。

概括而言，笔者通过查阅文书档案、收集各种公开或内部的文献材料、访谈政策过程的当事人和利益相关者等方法，掌握尽可能详尽的事实资料，从实然的政策现象中去挖掘、抽象本土概念，并最终探寻或构建新的具有解释力的新的理论，从这种意义上说，本书是以理论为导向的教育政策经验研究。[①]

二、研究逻辑

如上所述，本书是一种理论导向的教育政策经验研究。首先通过成都城乡义务教育一体化的相关政策文献与制度安排，全面认识和把握该政策的形成背景、目标、内容，并深入分析其政策运行中所存在的种种问题，然后在深究问题原因的基础上来反思这种政策运行的合法性或合理性机制，进而为城乡义务教育一体化发展的未来之路提供政策建议。具体而言，第一，对城乡义务教育一体化政策背景、政策演进与确立、政策目标、政策内容进行全面的论述与分析；第二，以成都试验区为案例对城乡义务教育一体化政策运行现状进行调查，在此基础上对政策执行存在的问题及执行差距进行多维度的全方位阐释；第三，以理论为导向，对影响政策地方运行的复杂因素进行

---

① 阿特斯兰德曾对理论与经验研究的关系进行过精辟的论述："没有理论，经验性社会研究工具的使用就是经验主义；而缺少经验性的检验，关于社会的理论就是一种不负责任的或轻率的意识形态。"

特定视角的深入剖析；第四，结合本土情境，科学化解城乡义务教育一体化进程中城乡教育面临的问题，对城乡义务教育一体化发展的方略步骤做理论上的提升，构建科学、有效、可操作的城乡义务教育一体化发展的政策建议。研究逻辑的简略示意图见图1-1。

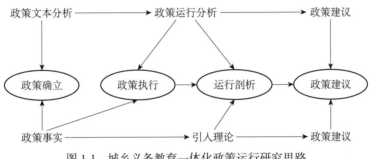

图 1-1　城乡义务教育一体化政策运行研究思路

本 章 小 结

首章绪论作为开篇，对本书进行了总体概要分析，以奠定研究之"蓝图"与"成竹"。笔者对城乡义务教育一体化政策的价值与意义、成都城乡义务教育一体化实践探索的典型性与代表性，以及城乡义务教育一体化与政策等重要概念进行了详尽而深入的分析。在此基础上，笔者提出了本书研究的视角方法与逻辑框架，即先观察、收集和描述成都城乡义务教育一体化政策事实，形成初步的经验概括，然后再引入相关理论分析教育政策运行中的问题，在此基础之上，提出政策建议。简言之，就是通过定量研究与定性研究的结合，对城乡义务教育一体化"政策文本分析"到"政策运行状态、政策运行结果分析"再到"政策运行问题分析"，最后"提出政策建议"。

第二章 城乡义务教育一体化政策的确立

一项政策在国家层面与地方层面是如何确立的？城乡义务教育一体化政策的确立演进过程在国家层面与地方层面又分别体现出什么样的特点，在此过程中，中央政府与地方政府又产生了怎样的政府间互动？本章对上述问题进行了较为详细的探讨。

第一节　城乡义务教育一体化政策的演进

一、经济社会背景：由城乡隔离走向城乡一体化

　　教育的发展总是植根于一定的经济社会背景中，要研究城乡教育政策的嬗变，必然要考察城乡关系的演变历程。马克思认为，城乡关系有一个发生、发展、消亡的过程，这个过程按照逻辑和历史的顺序，可以分为城乡分离、城乡对立、城乡差别和城乡融合 4 个阶段。对比马克思、恩格斯的城乡关系理论，新中国成立后的城乡关系主要表现为由城乡差别逐步走向城乡融合，由城乡隔离逐步走向城乡一体化。具体而言，我国城乡关系的演变主要经历了如下 3 个阶段：第一，1949—1978 年：政府控制下的城乡隔离。1958 年 1 月 9 日，第一届全国人大常委会第九十一次会议通过并正式颁布实施《中华人民共和国户口登记条例》，其在城乡人口流动方面实行严格的户籍管理制度，限制农村人口流入城市，实现了国家对农村人口迁徙的严格控制，农村人口被排除在国家工业化进程之外，形成了城乡隔离的、坚实的、影响深远的制度堡垒。政府通过户籍管理制度和统购统销制度，使城乡二元社会结构得以形成和稳固。第二，1978 年至 20 世纪末：市场调节下的城乡差别。1978 年年底开始推行的农村家庭联产承包责任制使农民获得支配自身劳动的自由，市场自由买卖逐渐替代计划供应，农村经济率先走上了市场经济之路。1985 年开始，城市改革逐渐铺开，计划经济体制在国民经济中的多个领域逐渐退出历史舞台，阻隔城乡交流互动的各种制度障碍受到了市场力量的强大冲击。1985 年 1 月 1 日，中共中央、国务院发布的"中央一号文件"《关于进一步活跃农村经济的十项政策》，提出了改革统购派购制度、扩大城乡经济交往、加强小城镇建设、放活金融等搞活农村经济的 10 项政策，城乡生产力要素逐步实现了合理配置，城乡关系得到进一步的改善。但在此阶段，"农业支持工业、乡村支持城市的趋向并没有改变"，因

为"农民和农村主要是通过直接投资（乡镇企业）、提供廉价劳动力（大量农民工）、提供廉价土地资源三种方式为工业和城市的发展提供强大的动力"[①]。在此背景下，城乡生产力差距进一步扩大，城乡经济要素流动"单向度"化程度进一步加深。第三，21世纪以来：科学发展观指导下的城乡一体化。21世纪以来，国家加强了对"三农"问题的重视程度，采取了一系列政策，形成了工业反哺农业、城市带动乡村、城乡统筹协调发展的新型城乡关系。2002年，党的十六大从国家层面上明确提出了"统筹城乡经济社会发展"的政策思想，并指出"统筹城乡经济社会发展，建设现代农业，发展农村经济，增加农民收入，是全面建设小康社会的重大任务"。2003年10月，党的十六届三中全会提出了科学发展观，强调按照"统筹城乡发展、统筹区域发展、统筹经济社会发展、统筹人与自然和谐发展、统筹国内发展与对外开放"的要求推进各项事业的改革与发展，建立有利于逐步改变二元经济结构的体制。2004年12月，在中央农村工作会议上，中央提出了"两个趋向"的论断，强调了"工业反哺农业、城市支持农村，实现工业与农业、城市与农村协调发展"的社会发展规律，为落实统筹城乡发展方略指明了方向。2005年12月29日，国家主席胡锦涛签署第46号主席令，宣布全面取消农业税，至此，延续了2600年的"皇粮国税"——农业税——走进了历史。2007年，党的十七大报告首次使用了"城乡经济社会发展一体化"这一概念，并在国家政策层面确立城乡一体化的发展目标，强调要"建立以工促农、以城带乡长效机制，形成城乡经济社会发展一体化新格局"。2008年10月，党的十七届三中全会认为我国总体上已进入"着力破除城乡二元结构、形成城乡经济社会发展一体化新格局的重要时期"，并在大会通过的《关于推进农村改革发展若干重大问题的决定》中，把基本建立城乡经济社会发展一体化体制机制作为2020年前农村改革发展的重要目标与任务。2011年3月，十一届全国人大四次会议表决通过的《中华人民共和国国民经济和社会发展第十二个五年规划纲要》，强调要按照统筹城乡发展的要求，推进基本公共服务均等化，建立健全城乡发展一体化制度。此外，在2004—2012年的9个中央一号文件中，都进一步强调了要促进农村经济社会发展，加大城乡统筹力度，促进农业农村持续稳定发展。

---

① 武力.1949—2006年城乡关系演变的历史分析.中国经济史研究，2007（1）：31.

　　根据教育学理论中的教育与社会发展关系的规律可知，教育水平深受社会经济发展水平的制约，教育的性质受制于社会政治制度。由城乡隔离到城乡一体化的发展过程可以看出，新中国成立后的城乡教育关系也深深地受制于城乡社会经济发展关系，政治制度是我国城乡关系演变的基础，由分离走向融合是一个从经济基础到上层建筑的综合改革过程，也是从经济、政治到文化、教育、卫生等方面的系统推进过程。可见，城乡教育政策的演进与城乡关系演变具有高度的内在一致性。

二、教育政策嬗变：从城乡二元教育到城乡教育一体化

　　纵观新中国城乡教育发展的历程，城乡教育关系先后经历了"城乡二元教育"和"城乡教育一体化"两个发展阶段。具体表现为：改革前"城市教育国家办、农村教育集体办"，改革后"城市教育国家办、农村教育靠集资"[①]，两种不同的教育资源配置方式体现了城市教育优先的政策价值取向；21 世纪以来，政府加强了对农村教育的责任，确立了城乡教育协调发展、统筹发展、一体化发展的政策理念。

（一）新中国成立至 20 世纪末期：城乡二元教育政策的兴起与发展

　　城乡二元教育政策的集中体现就是城市教育优先发展政策的大力推行与农村教育"自食其力"政策的落实。新中国成立后，国家的发展重点在工业化和城市建设方面，与之相应，教育的重点也在城市。在城乡教育发展政策方面，国家实行了中小学教育的"有计划"、"有重点"的发展，也即"重点校政策"。自 1952年教育部发布的《关于有重点地办好一些中学和师范学校的意见》到 1994 年国务院颁发的《国务院关于〈中国教育改革和发展纲要〉的实施意见》所强调的"每个县要重点办好一两所中学，全国建设 1000 所左右实验性、示范性高中"。至此，基础教育阶段的国家级、省级、地级、县级的"层层重点"的重点学校格局最终形成，而重点中小学分布集中于县及县以上的大中城市，优势的教育资源流向重点学校，普通学校资源匮乏。在教育经费投入方面，城市教育基本由国家负责，

---

① 邵泽斌. 从"城市教育优先"到"城乡教育均衡". 社会科学，2010（10）：74.

农村教育由农民自己埋单。"人民教育人民办,办好教育为人民"成为 20 世纪 80—90 年代农村教育的真实写照。

(二)2003 年以来:城乡教育一体化政策的确立与推进

在城乡二元教育体制下,城乡教育差距进一步扩大,农村教育的"贫穷"与"落后"成为整个中国教育发展的瓶颈。为此,城乡教育在城乡关系演变的背景下也在自上而下地改变着,集中体现为国家教育政策由城市教育"优先发展、重点发展"走向城乡教育"统筹发展、均衡发展、一体化发展",国家从政策层面肯定了农村教育的地位与作用——农村教育与城市教育一样都是中国教育发展不可或缺的部分,没有农村教育的发展,就没有整个中国教育的腾飞。城市教育与农村教育从原来相互独立、相互分离、相互对立的主权实体,逐步结合成为一个相互依存、协调共生、融合发展的单一实体,在教育方面实现城乡共同发展、共同繁荣,以逐步消除城乡二元教育结构,实现城乡教育的均衡发展,这也是城乡教育一体化政策的本质所在。

为了破除城乡教育二元结构,实现城乡教育一体化发展,21 世纪以来,国家出台了诸多教育政策。2000 年,国家实行了农村税费改革,同时取消了教育集资和农村教育费附加;2001 年,国务院下发的《关于基础教育改革与发展的决定》,确立了"实行在国务院领导下,由地方政府负责、分级管理、以县为主的体制",把义务教育投入重心由乡镇上移至县一级政府,实现了从"人民教育人民办"向"人民教育政府办"的历史性转变。[①]在上述政策的铺垫下,2003 年 9 月,国务院颁发的《关于进一步加强农村教育工作的决定》(以下简称《决定》)明确提出了城乡教育协调发展的理念,文件强调,发展农村教育是实现教育公平、体现社会公正的重要方面,要"优先发展农村教育",要"加大城市对农村教育的支持和服务,促进城市和农村教育协调发展,城市各级政府要坚持流入地政府管理为主、以公办中小学为主,保障进城务工就业农民子女接受义务教育";"地(市)、县教育行政部门要建立区域内城乡'校对校'教师定期交流制度",还明确提出了要促进城乡优质教育资源共享等政策文件精神。2006 年 6 月 29 日,第十届全国人民代表大会常务委员会第二十二次会议通过了《中华人民共和国义务教育法

---

① 袁桂林. 新机制、新希望、新问题——农村义务教育财政政策回顾与展望. 人民教育,2006(10):3.

（修正案）》，一部新修订的《中华人民共和国义务教育法》颁布，其"重要指向是促进城乡义务教育均衡发展"[①]；2008 年，《中共中央关于推进农村改革发展若干重大问题的决定》强调，要大力发展农村教育，促进城乡义务教育均衡发展，以实现 2020 年城乡基本公共服务均等化明显推进，农村人人享有接受良好教育机会的教育目标。2009 年 1 月，温家宝总理在国家科技教育领导小组会议上的《百年大计，教育为本》讲话中，明确提出要"实现城乡统筹，把农村教育放在重要地位"。2010 年 7 月 29 日颁布的《教育规划纲要》正式提出了"城乡教育一体化"这一概念，两次提到"建立城乡一体化义务教育发展机制"以缩小城乡教育差距，促进区域内义务教育均衡发展。2012 年 6 月，教育部印发了《国家教育事业发展规划第十二个五年规划》，提出了"十二五"期间东部地区要基本实现城乡教育一体化，其他地区要逐步实现城乡教育一体化的发展目标。

综上可见，党中央、国务院高度重视农村教育事业的发展，自 2003 年国务院明确提出城乡教育协调发展理念以来，国家先后实施了国家贫困地区义务教育工程、农村中小学危房改造工程、"两基"攻坚计划、农村中小学现代远程教育工程、"两免一补"、农村义务教育"新机制"等政策，特别是 2008 年十七届三中全会《中共中央关于推进农村改革发展若干重大问题的决定》的颁布，"标志着城乡二元教育在国家决策层面的终结"[②]，中国城乡分割的二元教育体制发生了根本性变革，城乡二元教育正通过城乡统筹逐步走向城乡教育一体化发展的新阶段。2010 年《教育规划纲要》的发布，标志着我国正式从国家层面开始了城乡义务教育一体化的伟大实践。

三、城乡义务教育一体化政策内容：从理念到机制，从抽象到具体

在国家众多有关城乡义务教育一体化发展的基本政策文本中，有两个文本充分反映了政府对城乡义务教育一体化认识的深入，也能体现"一体化"政策的合法化过程。一是国务院颁发的《关于进一步加强农村教育工作的决定》（2003 年

---

① 张乐天. 实施义务教育有了更完善的法律保障——解读《新义务教育法》. 江苏教育，2006（9）：22.
② 韩清林. 中国城乡教育一体化发展的理论、实践与对策思路. 首届中国农村教育论坛著作集（一），2011：29.

9 月），二是作为今后一个时期指导全国教育改革和发展的纲领性文件，即中共中央、国务院印发的《教育规划纲要》（2010 年 7 月），对它们的剖析解读，有助于我们全面深入地把握城乡义务教育一体化政策的内容。

（一）从第一次明确提出统筹城乡教育理念到两次强调"建立城乡一体化义务教育发展机制"

2003 年国务院在颁发的《决定》中，第一次明确提出了统筹城乡教育的理念。文件开宗明义指出，《决定》的宗旨是为了加快农村教育发展，促进农村经济社会和城乡协调发展。《决定》第十四条提出，要"加大城市对农村教育的支持和服务，促进城市和农村教育协调发展。城市各级政府要坚持以流入地政府管理为主、以公办中小学为主，保障进城务工就业农民子女接受义务教育"。2010 年 7 月，中共中央、国务院在印发的《教育规划纲要》第九条关于推进义务教育均衡发展中指出，要"切实缩小校际差距，着力解决择校问题"，要"加快缩小城乡差距，建立城乡一体化义务教育发展机制"；在第六十七条义务教育均衡发展改革试点中指出，要"建立城乡义务教育发展机制，实行县（区）域内教师、校长交流制度"。从"理念"到"机制"的转变，体现了国家对城乡义务教育一体化政策认识的进一步发展与深化。

（二）从政府要建立健全农村教育工作领导责任制到政府在城乡义务教育一体化过程中承担主要责任

《决定》提出"地方各级人民政府要建立健全农村教育工作领导责任制，把农村教育的发展和改革列入重要议事日程抓紧抓好"，明确了政府在农村义务教育发展中的重要作用。《教育规划纲要》在工作方针中强调，促进公平是国家的基本教育政策，重点是促进义务教育均衡发展，明确指出教育公平的主要责任在政府。由《决定》到《教育规划纲要》对政府责任的进一步强调，显示了党中央、国务院对城乡义务教育一体化政策着力执行的决心。

（三）从缩小城乡教育差距宏观目标到城乡义务教育"基本实现区域内均衡发展"阶段目标

《决定》针对我国农村教育整体薄弱、城乡教育差距扩大的状况，提出了要加强农村教育发展、缩小城乡教育差距的宏观目标。《教育规划纲要》则细化了

《决定》的宏观目标,《教育规划纲要》第八条指出,均衡发展是义务教育的战略性任务,"到 2020 年,全面提高普及水平,全面提高教育质量,基本实现区域内义务教育均衡发展","加快缩小城乡差距,建立城乡一体化义务教育发展机制","率先在县(区)域内实现城乡均衡发展",再逐步由县(区)域内均衡逐步过渡到市域内、省域内甚至全国内的城乡义务教育均衡。

(四)从建立和完善"教育对口支援制度"、"教师交流制度"到"建立健全义务教育均衡发展保障机制"

《决定》第七条指出要"建立和完善教育对口支援制度",实施"东部地区学校对口支援西部贫困地区学校工程"、"大中城市学校对口支援本省(自治区、直辖市)贫困地区学校工程",建立东部地区经济比较发达的县(市、区)对口支援西部地区贫困县,大中城市对口支援本省(自治区、直辖市)贫困县的制度。另外,第十四条、二十五条强调了城市对农村教育的支持、帮助和服务,以及建立城镇中小学教师到乡村任教服务期制度。《教育规划纲要》则从学校布局、教师配备、教师交流制度等方面更全面地强调了城乡义务教育一体化发展的保障要素。《教育规划纲要》第九条指出,要"建立健全义务教育均衡发展保障机制",具体而言如下,第一,在学校布局方面,要"适应城乡发展需要,合理规划学校布局,办好必要的教学点,方便学生就近入学";第二,着力解决择校问题;第三,配齐音、体、美等学科教师,开好规定课程;第四,实行县(区)域内教师、校长交流制度,建立健全义务教育学校教师和校长流动机制;第五,在教育资源配置方面向农村倾斜,"在财政拨款、学校建设、教师配置方面向农村倾斜";第六,"推进义务教育学校标准化建设,均衡配置教师、设备、图书、校舍等资源"[①]。

(五)从"制度"到"机制",从"给予"到"义务"

从《决定》到《教育规划纲要》,是城乡义务教育一体化政策从"制度"到"机制"的过渡,从"给予"到"义务"的过渡。第一,从"制度"到"机制"的过渡。制度反映了社会价值判断和价值取向,机制强调组织或系统以一定的运

---

① 中共中央、国务院. 国家中长期教育改革和发展规划纲要(2010—2020 年). 北京:人民出版社,2010:
21-22,54.

作方式把事物的各个部分联系起来，使它们协调运行发挥作用。相对于机制而言，制度是概括的，机制是具体的，制度强调是什么，机制强调怎么做；制度强调规范性，机制强调过程与方式。《教育规划纲要》多次强调了"机制"，全文共出现83个"机制"关键词，两次提出建立"城乡教育一体化义务教育机制"，同时强调建立农村留守儿童关爱服务体系和动态监测机制。相对于《决定》而言，《教育规划纲要》更强调城乡义务教育一体化政策的运行机制，关心实现城乡义务教育一体化的过程与方式，包括激励机制、制约机制、保障机制等。第二，从"给予"到"义务"的过渡。城市和农村的巨大经济差异，使得两个名词不仅仅代表着地域的差异，更包含着地位的悬殊。长久以来，我们都提倡城市支援农村、帮扶农村，包括《决定》的诸多政策，都将农村教育视为被帮扶、被支援的对象；在实践中，在"施与"、"给予"、"赐予"思维的影响下，城市政府都心照不宣地将农村教育作为城市教育的拖累，特别是从对待进城务工人员子女教育问题方面可见一斑。《教育规划纲要》前所未有地强调了教育的公平性以及实现基本公共教育服务的均等化；强调城乡教育的一体化，并要求实行县（区）域内教师、校长交流制度，而"一体化"概念本身就蕴含着教育要素的自由流动，蕴含着政府、校长或教师对待城市教育与农村教育所应有的"一元化思维"，以及政府及相关政策执行者给予农村教育发展的支持与服务的义务性，而非一种"爱心工程"、"奉献工程"，《教育规划纲要》还原了其原本的"义务工程"属性。

四、城乡义务教育一体化政策目标：总体目标与具体目标

政策目标（policy goals）是以政府为主的公共组织为了解决有关公共政策问题而采取的行动所要达到的目的、指标，教育政策目标是指教育政策实施所要达到的结果或者要完成的任务。要明确城乡义务教育一体化政策的目标，首先需要明确城乡教育一体化政策的目标。张乐天教授结合《教育规划纲要》的精神与要求，对城乡教育一体化的目标进行了清晰的分解，并对现阶段我国城乡教育一体化分解为如下基本目标或具体目标：①城乡义务教育发展的一体化；②城乡学前教育发展的一体化；③城乡职业教育发展的一体化；④城乡职业教育发展的一体化；⑤城乡继续教育发展的一体化。在分步推进过程中，对于经济发展处于不同

水平的区域而言，城乡教育一体化的推进可因地制宜，但整体而言，我国城乡教育一体化需要由区域一体化（重心是省域一体化）到全国一体化；从城乡义务教育一体化，进而推向城乡学前教育一体化、城乡职业教育一体化和城乡继续教育一体化。①而对于我国城乡义务教育一体化政策，我们可以从宏观目标、总体目标、具体目标 3 个维度进行解析。

在城乡教育义务教育一体化政策的宏观目标方面，通过对政策文本的分析可以看出国家对城乡教育公平的特别强调与价值追求。从《决定》到《教育规划纲要》都以教育公平理念一以贯之，《决定》认为，"发展农村教育，使广大农民群众及其子女享有接受良好教育的机会，是实现教育公平和体现社会公正的一个重要方面，是社会主义教育的本质要求"；《教育规划纲要》则进一步强调了教育公平，把促进公平作为国家的基本教育政策，全文共出现了 7 次"教育公平"关键词。《决定》强调，"教育公平是社会公平的重要基础，教育公平的关键是机会公平，基本要求是保障公民依法享有受教育的权利，重点是促进义务教育均衡发展和扶持困难群体，根本措施是合理配置教育资源，向农村地区、边远贫困地区和民族地区倾斜，加快缩小教育差距"。《教育规划纲要》中的战略目标进一步强调，要"形成惠及全民的公平教育，坚持教育的公益性和普惠性，保障公民依法享有接受良好教育的机会；建成覆盖城乡的基本公共教育服务体系，逐步实现基本公共教育服务均等化，缩小区域差距；努力办好每一所学校，教好每一个学生"。在进城务工人员子女教育方面，《教育规划纲要》强调要"切实解决进城务工人员子女平等接受义务教育问题，保障残疾人受教育权利"，明确强调了城乡教育的平等性。综上可见，对公平的追求是推动城乡义务教育一体化政策嬗变的催化剂，公平理念是一体化政策的灵魂，更是一体化政策的宏观目标。

对于我国城乡义务教育一体化政策的总体目标，通过对宏观目标以及政策术语本身的解读，我们能清楚地认识到，城乡义务教育一体化就是义务教育要实现城乡一体，要打破城乡二元经济结构和社会结构的束缚，构建动态均衡、双向沟通、良性互动的教育体系和机制，促进城乡教育资源共享、优势互补，以消除地域、经济等原因导致的教育不公平，缩小城乡教育差距，促进区域内义务教育均衡发展，使教育资源在城乡之间均衡配置，教育要素在城乡之间自由流动，实现

---

① 张乐天. 城乡教育一体化：目标分解与路径选择. 复旦教育论坛，2011（6）：65.

城乡教育均衡发展、协调发展、共同发展、融合发展。

在城乡义务教育一体化政策的具体目标方面，不同学者基于研究视角的差异给予了不同考量。如邬志辉教授根据城乡义务教育一体化发展的趋势提出了政策实现程度在3个层面上的具体目标[①]，即初步一体化、基本一体化与真正一体化。初步一体化强调城乡教育资源配置的均衡，基本一体化强调城乡教育吸引力的同等化，真正一体化强调后续教育机会的平等化。褚宏启从影响城乡义务教育一体化发展的要素方面提出了城乡义务教育一体化发展的具体目标[②]，如学校办学条件标准的一体化、人员编制标准的一体化、课程标准与学生学业成绩标准的一体化、校长资格标准与学校办学质量评估标准的一体化。本书则从资源配置属性角度提出了城乡义务教育一体化政策的具体目标，即城乡义务教育一体化的初级阶段、中级阶段和高级阶段，初级阶段的具体目标是"硬件"资源配置的城乡均等，中级阶段的具体目标是"软件"教育资源配置的城乡均衡，高级阶段的具体目标是教育质量的城乡均衡。

第二节 成都城乡义务教育一体化政策的
确立与发展

前文对国家城乡义务教育一体化政策的演进及确立过程进行了简要分析，那么一项国家政策是如何在地方得以确认的？地方（成都）是如何成为统筹城乡教育综合改革试验区的？在政策变迁过程中，地方与中央是一种什么样的关系？地方对国家的政策又是如何进行具体化的？本节以成都城乡义务教育一体化政策确立与发展的过程为例，对上述内容进行探讨。

一、"政策之窗"：国家政策在地方确立的多源流分析

本部分内容依据金通（John W. Kingdon）的多源流分析框架，就城乡义务教

---

① 邬志辉. 当前我国城乡义务教育一体化发展的核心问题探讨. 首届中国农村教育论坛著作集（一），2011：22-45.
② 褚宏启. 城乡教育一体化：体系重构与制度创新——中国教育二元结构及其破解.教育研究，2009（11）：10.

育一体化政策在地方政府层面的形成过程进行简要的分析。金通运用多源流分析框架解释了政策形成过程①，他提出 3 种源流——问题、政策、政治——影响着政策的形成。首先，是问题源流，突发的重大事件或官员对实际情况中的某些问题的高度关注，形成了政策中的问题源流。其次，是政策源流，政策共同体共同关注某一政策领域中的问题，进而由政策共同体中的专家们提出多种意见和主张，金通将这些意见和主张形象地比喻为"原始的政策鲜汤"周围的"漂浮物"，正是这些具有技术可行性与价值观念的可接受性的意见主张最终被考虑采用。最后是政治源流，包括 3 个因素，即国民情绪、压力集团的争夺行动、行政或立法上的换届。国民情绪是指在某一既定国家中的相当数目的个体都倾向于沿着共同的方向思考（可以通过民意调查方式获得）。此外，政府官员们经常将利益集团的支持或反对作为更广阔的政治领域内的一致或分歧的衡量标准；当然，主要行政官员的变更也会对政策进程产生很大的影响。金通认为，在政治源流的 3 个重要因素中，国民情绪与主要行政官员的变更或换届因素的结合，将会对政策议程产生最强有力的影响。依据金通的"政策之窗"（policy window）概念，当"问题流、政策流、政治流"三大源流汇合到一起的时候，便是"政策之窗"打开之时，是"提案支持者们推广其解决方法或吸引别人重视他们的特殊问题的机会"。

对于城乡义务教育一体化政策而言，多源流分析同样能够解释地方政府层面的政策议程确定和政策选择过程中的问题。城乡义务教育一体化政策在地方政府层面的形成、接受过程中，同样会面临问题流、政策流和政治流。第一，当中央政府对城乡一体化、农村教育以及城乡义务教育一体化加以强调并以试点或试验区项目的方式推动城乡教育一体化改革时，地方政府从这一信息流中获得反馈，推动了当地政府对义务教育一体化问题的高度关注，形成了问题源流。第二，我国属于中央集权制国家，各级政府之间的冲突与弱政府、地方分权式国家相比已实现了最小化，地方政府与中央政府的垂直公共行政关系距离较短，对于中央高度重视的"问题流"，地方政府自然与中央政府教育决策价值取向保持吻合。同时，地方政府也具有解决"问题"条件与能力，如成都作为四川省省会城市，西部经济、政治、文化、交流中心，具备推行城乡义务教育一体化、试点城乡教育均衡高地的物力、人力及制度条件，具有技术可行性。以上两方

---

① [美]保罗·A·萨巴蒂尔. 政策过程理论. 彭宗超译. 北京：生活·读书·新知三联书店，2004：97-99.

面奠定了地方政府城乡义务教育一体化的政策源流。第三，按照尼古拉斯·扎哈里尔迪斯（Nikolaos Zahariadis）对金通理论的修正，认为对于相对集权的政治系统和强有力政党的国家来说，政治流中的 3 个维度（国民情绪、利益集团、换届）可以整合为一个概念变量——执政党的意识形态，因为"政治现象会受到中央更加集权条件的限制，政党在限制政策选择中的作用相对较大"①。对于中央集权制国家而言，政策过程是集权化的，胡伟对我国公共政策决策过程进行分析后指出，"……中国的决策类型总的来说是精英模式，在决策过程中不存在大的社会集团从事利益表达活动，政策制定完全由共产党组织中的权力精英所把握，而且重大决策往往取决于党的领袖……"②在教育政策领域内也是如此，从中央到地方整个官僚科层制系统内，政党的意识形态或者说当政的主要行政官员的价值取向或决策取向对政策选择就具有严格的控制作用，而当政的主要行政官员与中央的谈判能力、技巧以及大量的灰色因素（如人情、关系等）与城乡义务教育一体化改革试点权的获得也密切相关。如下关于成都统筹城乡教育综合改革试验区的形成，以及成都 P 县试验试点县成立的动力机制的一段访谈，可以在一定程度上对以上分析进行印证。

P 县成为试验县，是县教育局领导牵头，主动和教育部一个主任联系上的，是当政领导积极主动争取的。刚好教育部也需要一个试验点，应该说教育部和 P 县有共同需要吧。……P 县成为试验县在经济上没有获得额外的资助，但在政策上获得了很多帮助，前段时间，北师大（北京师范大学）、东北师大（东北师范大学）、华东师大（华东师范大学）都有专家来调研、座谈，给我们指导，在促进 P 县教育发展方面起了很大的作用。另外（成为试验县后）在名誉上也扩大了一些影响，与外界交流的平台更高了，我们主管教育的副县长很高兴被邀请去成都参加市里的教育会议，感到很受关注和重视，前段时间副县长又被邀请去北京参加了教育会议……我们县的经济在三圈层中是最落后的，但教育搞得是最好的，我们是在用三圈层的经济打造一圈层的教育……成都成为试验区的原因和 P 县差不多的。

——受访人 40

① [美]保罗·A·萨巴蒂尔. 政策过程理论. 彭宗超译. 北京：生活·读书·新知三联书店，2004：104.
② 胡伟. 政府过程. 浙江人民出版社，1998：265.

为此，P 县或成都成为试验县或市，一方面是基于中央政府与地方政府的"共同需要"，教育部将城乡义务教育一体化作为一个重要项目，作为当前中国教育发展中的一个亟待解决的重要课题，而地方政府基于当政的主要行政官员对政策资源、声誉地位、教育发展以及权力的重视，而对国家义务教育一体化发展问题进行了积极回应与主动争取。另一方面，是基于一定的运气和政治因素，中央政府与地方政府的"共同需要"能"相互呼应"，需要一定的"纽带"与"媒介"。上述访谈案例显示了地方教育局领导的个人努力以及与教育部某主任间的"关系"对促成试验县的重要作用，体现出了机遇与政治在这一过程中的关键作用。正如尼古拉斯·扎哈里尔迪斯所言："政策之窗概念的内涵表明，由于问题、解决方案和政治的不同组合，政策可能被改变或修改，但这不是说选择完全是偶然的，仅仅说明运气和政治是同一过程的关键性因素。"[1]关于"活动家"的作用，金通曾强调指出，活动家的地位和战略在多源流耦合中非常重要，具有良好社会关系并坚持不懈的活动家在耦合中成功的概率更大。[2]如果说地方政府在成为试验县或试验市的过程中，"共同需要"是一个重要的前提条件，那么与"共同需要""相互呼应"的"纽带"和"媒介"则是催化剂。

二、政府间互动：城乡义务教育一体化政策变迁中的中央与成都

在中国"行政授权"与"财政分权"的行政管理体制框架下，各层级政府间存在着不同的职责和不同的目标函数，在政策变迁过程中，各级政府也会产生不同的作用。

按照金戈的多级政府间制度变迁模型和互动形式理论[3]，其将中央与地方间的互动总结为两种形式。

第一，由中央政府发起第一次全国性制度变迁，引起地方政府的强制性制度变迁形式。在此过程中，地方政府积极与中央互动，在不违背国家制度的前提下，

---

① [美]保罗·A. 萨巴蒂尔. 政策过程理论. 彭宗超译. 北京：生活、读书、新知三联书店，2004：105.
② John W Kingdon. Agendas，Alternatives and Public Policies，2d ed. New York：Harper Collins. 1995：180-181.
③ 金戈. 义务教育财政制度变迁中的政府间互动：以中央与浙江为例. 社会科学战线，2011（11）：34-40.

主动对部分制度进行创新，获得制度变迁的新经验，当这些经验与国家利益相符时，中央便将其吸收和推广，引起第二次全国性制度变迁（图2-1）。

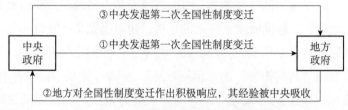

图 2-1 中央与地方的制度互动形式之一[①]

第二，地方政府首先在本区域内发起第一次性制度变迁，地方政府制度变迁的经验被中央政府吸收、借鉴并推广，再由中央发起全国性强制性制度变迁。依据杨瑞龙等学者提出的"中国制度变迁方式转换三阶段论"，对于中央政府而言，地方政府的制度变迁可以称为中间扩散型制度变迁方式（图2-2）。

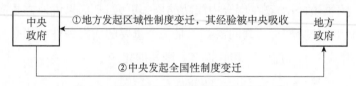

图 2-2 中央与地方的制度互动形式之二[②]

城乡义务教育一体化政策是国家关于教育发展的一种再分配性政策，由第一节的论述可知，城乡义务教育一体化政策的确立是一种渐进性的变革：是先前城乡教育均衡发展政策与城乡教育统筹政策的延伸、拓展与补充。从 2003 年国务院颁发的《关于进一步加强农村教育工作的决定》到 2008 年《中共中央关于推进农村改革发展若干重大问题的决定》，再到 2010 年《教育规划纲要》，成都在吸收落实国家城乡义务教育一体化政策文件精神的基础上，将国家的城乡教育协调发展理念、城乡教师定期交流制度、城乡基本公共服务均等化、建立城乡一体化义务教育发展机制等内容进一步细化，并相应地出台了一系列政策，如《成都市人民政府关于进一步加强农村教育工作的决定》《成都市教育局关于城区和城镇学校教师到农村学校定期服务的实施意见（试行）》《关于城乡中小学干部双向互派和教师交流工作的

---

① 引自：金戈. 义务教育财政制度变迁中的政府间互动：以中央与浙江为例. 社会科学战线，2011（11）：40.
② 引自：金戈. 义务教育财政制度变迁中的政府间互动：以中央与浙江为例. 社会科学战线，2011（11）：40.

通知》《关于做好 2011 年城乡中小学干部教师交流工作的通知》等政策。同时，成都市还结合区域特点进行了实践创新，如以"五大工程"①推进农村标准化建设，以"八大措施"②破解城乡教育二元结构。特别是在《成都市中长期教育改革和发展规划纲要（2010—2020 年）》中，成都把"教育规划城乡一体化、办学条件城乡一体化、教育经费城乡一体化、教师队伍建设城乡一体化、教育质量城乡一体化、教育管理制度和评估制度标准城乡一体化"等"六个一体化"作为发展目标，并形成了城乡教育"六个一体化"的成都模式。

成都在城乡义务教育一体化实践过程中的诸多创新性的经验与变革引起了中央的注意，并将部分经验经过修正与提炼上升为国家经验。2005 年，中国教育学会与成都市政府在成都联合举办了"城乡教育一体化，均衡和谐发展·成都论坛"，在此次论坛上正式提出了"城乡教育一体化"的概念，并对成都进行城乡教育一体化实践的"八大措施"给予了充分的肯定。2006 年，教育部在成都市召开了"全国推进义务教育均衡发展经验交流现场会"，成都市首次系统地提出"城乡教育一体化"的制度体系，并将成都市的"五个机制"③经验上升为国家经验，首次在全国推广。④

由上述论述可见，城乡义务教育一体化政策在中央与成都两级政府间的变迁过程呈现出如下特征：首先，由中央率先发起城乡义务教育一体化政策全国强制性制度变迁，成都地方政府通过与中央政府合作共建"国家统筹城乡综合配套改革试验区"、"共建统筹城乡教育综合改革试验区合作协议"等方式积极与中央互动，形成了诸多创新性的经验与变革，经过不断的试验与修正，中央又对成都城乡教育一体化实践经验进行总结与提炼，并在全国出台新的促进城乡义务教育一体化发展的政策措施，发起第二次全国性制度变迁。

---

① "五大工程"：农村中小学标准化建设工程、教育强乡（镇）建设工程、农民教育与培训工程、帮困助学工程、农村中小学现代远程教育工程。

② "八大措施"：上文中的"五大工程"与"农村教师素质提升工程"、"城乡学校结对子，百万学生手拉手活动"、"免费义务教育工程"共同构成"八大措施"。

③ "五个机制"：填谷追峰的战略机制、软件覆盖的融合机制、一校一品的特色机制、教育反哺的带动机制、倾向农村的投入机制。

④ 吕信伟、罗哲、戴晖、柯玲、文春帆.城乡教育一体化的成都模式：六个一体化——成都统筹城乡教育综合改革试验区建设研究.北京：高等教育出版社，2013：14.

三、成都城乡义务教育一体化发展的基本政策

　　正如国家城乡义务教育一体化政策的演进过程一样，成都城乡义务教育一体化政策也有一个历史的渐进和调整过程。早在 2002 年，《成都市人民政府贯彻实施国务院关于基础教育改革与发展的决定的意见》（成府发〔2002〕26 号）就强调要加强教育统筹，加大对农村教育的扶持力度；2003 年，成都市教育局在《关于创新教育投融资体制实施全市中小学综合改造建设工程的请示》中，提出要推动全市中小学尤其是农村中小学标准化建设和优质教育资源的拓展，拟提出统筹城乡教育资源，实施全市中小学综合改造建设工程的设想。2003 年年底，成都市委、市政府决定以农村中小学标准化建设为突破口，推动以农村中小学标准化建设为代表的教育八大措施。2004 年，出台了《大力推进基础教育均衡发展的意见》，强调要首先解决农村义务教育的"硬件"问题，同步解决农村义务教育的"软件"问题。而成都市教育局关于《成都市农村中小学标准化建设标准（试行）》（成教〔2004〕25 号）通知的印发，正式开启了以"农村中小学标准化建设"为标志的成都城乡教育一体化的探索和实践。成都市人民政府下发了《关于进一步加强农村教育工作的决定》（成府发〔2004〕36 号），提出深化农村教育综合改革，建立农村教育发展保障机制等决定；成都市教育局印发了《关于举办小学骨干校长培训班的通知》《成都市教育局关于城区和城镇学校教师到农村学校定期服务的实施意见（试行）》（成教人〔2004〕43 号）和《成都市教育局关于进一步加强城区和城镇学校对口支援农村学校工作的通知》，上述政策文件对成都各区县的中小学校长培训进行了名额分配，对开展城区和城镇学校教师到农村学校定期服务的工作做了部署和规定；2006 年，成都市人民政府在《2006 年工作奋斗目标》（成委发〔2006〕21 号）中提出，要落实"推进城乡教育一体化，14 个郊区（市）县各创建一个成都市教育强乡镇"的目标任务；同年，四川省教育厅、四川省人事厅、四川省机构编制委员会办公室、四川省财政厅联合下发了《关于进一步加强农村义务教育教师队伍建设和管理的实施意见》的通知，强调要加强对农村义务教育教师队伍建设和管理的统筹；2007 年 5 月，成都市政府连续下发了多个文件，如《成都市教育局关于做好 2007 年进程务工就业农民子女接受义务教育具体工作意见》《成都市教育局全面消除义务教育阶段薄弱学校行动计划》等；在省委办公厅、省政府办公厅联合下发的《关于切实推进城乡义务教育均衡发展的

意见》中强调，四川省将用 5 年时间，使县域内城乡（镇）教育差距明显缩小；在《成都市教育事业发展第十一个五年规划》（成府发〔2007〕32 号）文件中，曾 6 次提到要积极推进"城乡教育一体化"；2007 年、2011 年成都市教育局分别下发了《关于进一步加强干部教师交流工作的通知》《关于城乡中小学干部双向互派和教师交流工作的通知》（成教〔2010〕76 号）、《关于深入开展师徒牵手活动的通知》以及《关于做好 2011 年城乡中小学干部教师交流工作的通知》，以促进干部教师合理流动和教育资源的优化配置，强力推进义务教育的城乡一体化发展；2007 年 10 月，按照"学校选址与重点镇、中心村建设相协调，资源配置与教育需求相统筹"的原则，教育局、市规划管理局和市规划设计研究院公布了《成都市普通中小学（公办）布点规划》（2006—2020）；2007 年，成都被确定为国家统筹城乡综合配套改革试验区，提出用"全域成都"的理念实施城乡统筹，以推进城乡一体化为核心，缩小城乡差距，让城乡教育等公共服务实现基本均衡；2008 年，成都市教育局连续下发了《成都市依法保障教师待遇工作三年行动计划》《成都市关于教师居住工作三年行动计划》《成都市关于学校校舍安全工作三年行动计划》，提出在 2010 年年底前，妥善解决现有的全市城市和农村教师住房困难，稳定教师队伍，促进成都市城乡教育均衡发展。2009 年，四川省教育厅、四川省财政厅、四川省人事厅、四川省机构编制委员会办公室联合下发《关于做好 2009 年农村义务教育阶段学校教师特设岗位计划工作的通知》；2009 年 4 月，教育部与四川省政府、成都市政府共同签订了《合作协议》，成都市出台了《建设统筹城乡教育综合改革试验区实施方案》，确立了"六大机制"创新和"十大行动"计划；2010 年，成都被国务院确立为"探索城乡教育一体化发展的有效途径"的教育体制改革试点城市，为成都教育的优质均衡发展提供了新的平台。2011 年 4 月 12 日，中共成都市市委、市人民政府下发了《成都市中长期教育改革和发展规划纲要（2010—2020 年）》，制定了未来 10 年教育改革和发展规划，把"实现城乡教育一体化"作为发展目标，实现"教育规划城乡一体化、办学条件城乡一体化、教育经费城乡一体化、教师队伍建设城乡一体化、教育质量城乡一体化、教育管理制度和评估制度标准城乡一体化"。2011 年 11 月，成都《关于全域成都城乡统一户籍实现居民自由迁徙的意见》（以下简称《意见》）明确了成都统一城乡户籍的基本思路和目标，即坚持依法推进、统筹协调、积极稳妥的原则，确保已有的惠农政策持续有效，彻底破除城乡居民身份差异，推进户籍、居住一元化管理，充分保障城乡居民平等地享受教育、住房、社保等各项基本公共服务和参与社会管理的权利，到 2012 年，实现全域成都统一户籍。[①]为了有效推进城乡义务教育一体化发展，成都出台了上述诸多政策文件予以指导（表 2-1），将其分类整理，其政策内容主要表现为教育管理规划、学校布局、师资建设、办学条件、评估标准等方面。

表 2-1　成都市有关城乡义务教育一体化发展部分政策一览表

政策名称	年份	制定或公布部门
成都市农村中小学标准化建设标准（试行）	2004	市教育局
统筹城乡教育综合改革试验区实施方案	2009	市委、市政府
成都推进城乡义务教育一体化改革试点实施方案（转发）	2010	教育部
成都市中长期教育改革和发展规划纲要	2011	成都市市委、市政府
成都市教育事业发展第十一个五年规划	2007	市政府
成都市教育事业发展第十二个五年规划	2011	市政府
关于深化全域成都教育均衡发展的意见	2009	市教育局等五大部门
关于深化城乡教育互动发展促进教育圈层融合的意见	2012	市教育局
关于提升全市农村学校办学水平的实施意见	2009	市教育局
成都市城乡中小学标准化建设提升工程实施方案	2012	市人民政府
成都市教育信息化发展规划（2009—2011 年）（试行）	2009	市教育局
关于我省调整完善农村义务教育经费保障机制改革有关政策的实施意见	2008	省财政厅、教育厅
关于进一步深化区（市）县域内公共教育资源均衡配置的意见	2012	成都市政府
关于大力推进基础教育均衡发展的意见	2007	成都市委、市政府
关于深入开展师徒牵手活动的通知	2010	成都市
关于城乡中小学干部双向互派和教师交流工作的通知	2010	市委统筹城乡工作委员会、市人事局、市教育局
关于推进教师"县管校用"工作的意见	2012	市教育局、市委、市人力资源和社会保障局
成都市教育局 2009 年度中小学教师继续教育工作实施意见	2009	市教育局
成都教育扩大对外开放、推进教育国际化工作方案	2012	市教育局
成都市义务教育学校绩效工资实施方案	2009	市教育局

---

① 秦代红. 成都全域统一户籍城乡居民自由迁徙. 理论参考，2011（12）：56.

续表

政策名称	年份	制定或公布部门
关于妥善解决农村中小学教师住房困难的通知	2007	市政府
2009年成都市义务教育校级均衡度检测方案的通知	2009	市政府教育督导团
成都区（市）县教育现代化发展水平监测指标体系	2012	市政府教育督导团
关于深化城乡教育互动发展促进教育圈层融合的意见	2012	市教育局

资料来源：成都市教育局网站及成都市教育局内部文件

以上诸多政策的颁发过程，显示了成都城乡义务教育一体化政策确立的几个阶段：2003年，成都运用统筹城乡的思路开启城乡义务教育一体化的探索与实践；2007年，成都将"全域成都"的理念运用于城乡义务教育的市域统筹；2009年至今，成都将"优质均衡"作为新阶段的城乡义务教育发展目标。政策阶段的分步推进，体现了成都教育试验区在教育规划、办学条件、教师队伍建设等方面实现城乡义务教育一体化的努力和决心。

四、成都城乡义务教育一体化政策的目标分解

通过以上对成都城乡义务教育一体化系列政策文本的梳理可见，成都是在国家城乡义务教育一体化政策目标的框架下，结合地方特色对城乡义务教育一体化政策目标进行了总体性、阶段性和具体化的描述。

（一）总体目标

成都城乡义务教育一体化系列政策显示出成都为推进城乡义务教育一体化、促进"全域成都"义务教育优质均衡发展的总体目标。

（二）阶段目标

中共成都市委办公厅、成都市人民政府办公厅印发的《成都市建设统筹城乡教育综合改革试验区实施方案》（成委办〔2009〕34号）（以下简称《教育试验区实施方案》）文件中提出了2008—2020年成都城乡教育发展工作的阶段目标：第一阶段（2008—2010年），初步构建城乡一体的现代教育体系，基本实现城乡教育服务均等化，高水平发展义务教育，初中毕业生升入高中阶段的比例达到95%

以上;第二阶段(2011—2015 年),形成城乡教育一体化的现代教育体系,基本满足城乡居民子女都享有优质教育的需求,实现义务教育高水平均衡发展,初中毕业生升入高中阶段的比例达 98%以上,到 2012 年"努力实现义务教育高水平均衡发展","推进区域内义务教育高水平均衡发展"①;第三阶段(2016—2020年),城乡教育一体的现代教育体系更加完善,"全域成都"城乡居民子女人人享有优质教育,实现义务教育优质高效发展。2010 年 12 月,成都推进城乡义务教育一体化改革试点实施方案公布,进一步提出了实现城乡义务教育一体化的 3 个阶段:第一阶段为初步构建阶段,到 2010 年年底,初步构建城乡一体的现代教育体系,基本实现城乡教育服务均等化;第二阶段为基本形成阶段,到 2015 年年底,形成城乡教育一体化的现代教育体系,基本满足城乡居民子女都享有优质教育的需求;第三阶段为完善阶段,到 2020 年年底,城乡教育一体的现代教育体系更加完善,"全域成都"城乡居民子女人人享有优质教育。

(三)具体目标

对成都城乡义务教育一体化政策文本进行整理、归纳、提炼,其具体政策目标主要表现在如下方面。

第一,教育机会城乡一体化。从 2004 年中共成都市委、成都市人民政府签发的《关于统筹城乡经济社会发展推进城乡一体化的意见》中第 15 条的规定"建立城乡统一的新型户籍管理制度,取消农业和非农业的户口性质划分,统一登记户籍为'居民户口',到 2007 年,全面建立城乡统一、一元化的户籍登记管理制度",到教育部与四川省人民政府、成都市人民政府关于《合作协议》的规定——"建立适应城市化进程和户籍制度改革的外来务工人员子女入学制度,确保其平等接受教育的权利",再到 2011 年中共成都市委、成都市人民政府下发的《成都市中长期教育改革和发展规划纲要(2010—2020 年)》提出的"外来务工人员随迁子女享受'同城待遇'",都对城乡教育机会一体化进行了强调和论述。

第二,办学条件、教育经费城乡一体化。《成都教育事业发展第十一个五年

---

① 中华人民共和国教育、四川省人民政府、成都市人民政府.共建统筹城乡教育综合改革试验区合作协议
(2009—2012 年)。

规划》提出，要力争政府财政性教育经费投入达到 GDP 的 4%，加快推进农村中小学标准化建设工程，到 2010 年，农村中小学办学条件均达到国家规定的标准；加快教育信息化建设进程，到 2010 年，所有学校均达到现代教育技术装备标准。《合作协议》提出要统一城乡学校公用经费标准，《成都市中长期教育改革和发展规划纲要（2010—2020 年）》提出要实现义务教育阶段城乡学校建设标准统一、装备标准统一、生均经费标准统一；着力推进县域内校际均衡；逐步推进市域内区（市）县间均衡；增强市域统筹，在政策、经费、装备、项目等方面，加大对经济欠发达区（市）县的支持力度。在《成都市城乡中小学标准化建设提升工程实施方案》中，进一步明确了城乡公办义务教育阶段学校生均公用经费财政拨款标准统一工作的目标，即到 2012 年将全市公办义务教育阶段学校生均公用经费拨款标准统一为小学 700 元/生·年、初中 900 元/生·年。

第三，师资队伍城乡一体化。《成都教育事业发展第十一个五年规划》提出，到 2010 年，初中教师的本科学历和小学教师的专科学历层次的比例分别达到 75% 和 85%以上。成都市教育局制定的《成都市依法保障教师待遇工作三年行动计划》（成教〔2008〕75 号）提出，到 2009 年年底，实现农村学校平均工资水平与县城所在地学校平均工资水平基本持平的目标，到 2010 年实现中小学教师工资水平"同县同酬"的目标。《合作协议》规定在中小学教师编制标准、岗位设置、聘用办法、资源配置、考核办法及福利待遇等方面实现城乡统筹，推进教师资源的均衡配置。《成都市中长期教育改革和发展规划纲要（2010—2020 年）》提出要实现城乡师资配置标准统一、教师收入标准统一。

第四，教育质量城乡一体化。《成都市教育局关于 2008—2010 年初中办学水平提升行动计划的意见》（成教普二〔2007〕15 号）提出，力争用 3 年左右的时间，对全市初中阶段学校进行全面建设与改造，全市初中整体办学水平和教育质量全面提升，校际差距明显缩小，初中教育实现均衡、优质、和谐发展。2009 年，《关于深化全域成都教育均衡发展的意见》提出，在全域成都内实现城乡学生成长同进步、城乡教育质量同提高、城乡学校文化共繁荣；要求开展城乡百校结对，以"一对一"的支援形式或共同体模式促进教育资源的城乡交流和共享。2012 年，《关于深化城乡教育互动发展促进教育圈层融合的意见》要求以区县联盟和跨区域学校结对为主要载体形式，促进县域间、学校间的联动发展，促进教育"三圈一体"发展和圈层融合发展。

本 章 小 结

本章在政策文本分析的基础上，对城乡义务教育一体化政策在国家与地方层面的确立过程进行了分析。

分析发现，国家层面城乡义务教育一体化政策的演进过程，植根于城乡隔离走向城乡一体化的经济社会背景中，经历了从城乡二元教育到城乡教育一体化的政策嬗变过程。就政策内容而言，其演变过程体现了政策内容从"理念"到"机制"、从抽象到具体的发展与深化过程；就政策目标而言，城乡教育公平是城乡义务教育一体化政策的宏观目标与价值追求，促进城乡间教育资源的均衡配置、教育要素的自由流动，实现城乡教育均衡、协调发展、共同发展、融合发展是城乡义务教育一体化的总体目标；而在具体目标方面，则体现为城乡义务教育一体化的阶段目标与"关键要素"的实现，阶段目标如城乡义务教育一体化的初步一体化、基本一体化、真正一体化，"关键要素"如学校办学条件标准一体化、课程标准与学生学业成绩标准一体化、学校办学质量评估标准的一体化等方面。

作为地方层面的成都试验区，国家城乡义务教育一体化政策在成都的确立过程，体现了"问题流、政策流、政治流"、"多源流耦合"的特点。在城乡义务教育一体化政策演进过程中，地方政府与中央政府间的积极互动，以及地方政府在政策执行中的创新又进一步促成了城乡义务教育一体化政策的变迁。在"多源流耦合"与政府间互动的作用下，成都出台了一系列城乡义务教育一体化政策文件，构筑成成都城乡义务教育一体化政策的一大总体目标、三大阶段目标和五大具体目标。一大总体目标，即促进"全域成都"义务教育优质均衡，实现城乡义务教育一体化；三大阶段目标，即城乡义务教育一体化的初步构建阶段、基本形成阶段与完善阶段；五大具体目标，即教育机会城乡一体化、办学条件城乡一体化、教育经费城乡一体化、师资队伍城乡一体化、教育质量城乡一体化。

第三章　城乡义务教育一体化政策运行绩效案例考察

　　如何考量一项国家政策在地方运行的成绩和效果呢？本章立足于成都个案，依据城乡义务教育一体化发展指标体系，通过市域、圈层、县域 3 个维度，从教育机会、办学条件、教育经费、师资队伍、教育质量等 5 大方面对成都城乡义务教育一体化发展水平进行了较为全面的考察与分析。

　　从 2003 年至今，成都市积极推进城乡义务教育一体化，在教育机会、师资队伍、教育经费、教育质量等方面取得了较大的成绩。然而如何衡量城乡义务教育一体化发展水平的程度？如何判断这一目标是否实现？这就需要借助一定的指标评价体系。2013 年成都市教育局研制了城乡教育一体化发展指标体系[①]，其指标体系包括 5 个一级指标，17 个二级指标以及 35 个监测点（见附录 2：成都市城乡教育一体化发展监测评价指标体系）。该指标体系立足于市域层面，将成都市的中心城区界定为"城"，14 个区县界定为"乡"，通过对监测点数据的统计分析，呈现了成都城乡教育一体化的现状。为了揭示成都市域范围义务教育一体化发展水平，本书在该指标体系中选取了义务教育阶段的核心指标并进行了较小程度的修订，组成了由 5 个一级指标、13 个二级指标、18 个三级指标组成的"成都市城乡义务教育一体化水平指标体系"[②]（表 3-1）。根据该指标体系，本章主要从教育机会城乡一体化、办学条件城乡一体化、教育经费城乡一体化、师资队伍城乡一体化、教育质量城乡一体化 5 个方面来对城乡义务教育一体化政策运行绩效进行考量。另外，本书特别是本章涉及大量的数据资料，若无特别说明，均来自 2010 年成都市教育局内部数据资料或调研所得数据资料。

表 3-1　成都市城乡义务教育一体化水平指标体系

一级指标	二级指标	三级指标
A1：教育机会	B1：入学率	C1：净入学率
	B2：农民工子女受教育权利保障	C2：农民工子女接受公办学校义务教育比例

---

① 吕信伟、柯玲. 城乡教育一体化水平监测与评价研究——以成都市为例. 北京：人民出版社，2013: 59-62.
② 指标的顺序及具体表述相对于《城乡教育一体化水平监测与评价研究——以成都市为例》原著作有所改变，详情参阅：吕信伟、柯玲. 城乡教育一体化水平监测与评价研究——以成都市为例. 北京：人民出版社，2013: 59-62.

续表

一级指标	二级指标	三级指标
A2：办学条件	B3：学校建设	C3：生均校舍建筑面积
	B4：教学设备	C4：生均教学仪器设备值
		C5：生均图书册数
		C6：生均计算机数
	B5：教育信息化	C7：学校校园网建成率[1]
		C8：多媒体到班率
A3：教育经费	B6：生均教育经费	C9：生均预算内教育事业费
		C10：生均预算内公用经费
A4：师资队伍	B7：教师数量 学科结构	C11：生师比
		C12：小学科专任教师比例[2]
	B8：学历结构	C13：高一级学历教师比例
	B9：职称结构	C14：中高级教师比例
	B10：骨干教师	C15：市级骨干教师比例
	B11：教师培训	C16：接受市级培训教师比例
A5：教育质量	B12：学业质量	C17：义务教育阶段学业测评成绩[3]
	B13：升学率	C18：升学率

由于城乡义务教育一体化的过程本身就是一个由县（区）域一体化到市域一体化，再到省域乃至更大的范畴，为此，本书中的城乡概念正如绪论中所界定的，城乡是作为一个相对的概念而使用的，相对于第一圈层，第二、三圈层为乡；相对于第一、二圈层，第三圈层为乡；相对于第二、三圈层的区（县）政府所在地，其余乡镇为乡。为此，要讨论城乡义务教育发展的一体化水平，本章分3个维度来考察成都市城乡义务教育一体化水平：第一，从整体上探讨成都市20个区县义务教育一体化水平以及分圈层整体比较三大圈层义务教育一体化水平；第二，圈层间义务教育一体化水平个案比较；第三，县域内城乡义务教育一体化水平比较。

---

[1] 学校校园网建成率是将义务教育阶段作为整体来统计的。
[2] 小学科专任教师在本书中特指音、体、美、政治、科学等5门学科专任教师。
[3] 本书中义务教育阶段学业测评成绩指语文阅读、数学运算、科学素养3个方面。

第一节 成都市城乡义务教育一体化发展水平 总览——整体与圈层

一、教育机会城乡一体化水平考察

（一）入学率高：城乡教育机会在数字上的均衡

教育机会一体化是城乡教育一体化发展最基本的也是最容易实现的目标。从成都市整体入学率来看，20 个区县中仅有一个区县小学净入学率为 99.27%，初中净入学率从 99.0% 到 100.00% 不等（表 3-2），差异仍然较小。

表 3-2 成都市各区县净入学率　　　　　　单位：%

区县	小学	初中
1	100.00	100.00
2	100.00	100.00
3	100.00	100.00
4	100.00	100.00
5	100.00	100.00
6	100.00	100.00
7	100.00	99.60
8	99.95	99.50
9	100.00	99.00
10	99.99	99.88
11	100.00	99.18
12	100.00	100.00
13	100.00	100.00
14	100.00	100.00
15	100.00	99.98
16	100.00	100.00
17	100.00	100.00
18	100.00	99.95
19	100.00	99.20
20	99.27	99.43

从圈层维度来看，小学第一、二圈层净入学率都达到了 100.00%，第三圈层为 99.90%；初中第一、二、三圈层分别为 100.00%、99.67%、99.64%（表 3-3）。可见无论是小学还是初中，圈层间的净入学率差距都很小，表明在入学率方面，圈层间发展非常均衡，一体化程度较高。

表 3-3　成都市三圈层净入学率对比

单位：%

项目	小学	初中
第一圈层	100.00	100.00
第二圈层	100.00	99.67
第三圈层	99.90	99.64

（二）高"拒绝率"：城乡教育机会在实质上的失衡

义务教育阶段净入学率高是否就意味着城乡教育机会一体化程度高呢？在城市化背景下，在"三元"社会结构里，农民工子女在城市里的教育权利与教育机会的保障程度是衡量城市内部城乡教育一体化水平的一个重要指标。

如表 3-4 所示，成都市 20 个区县仅有 5 个区县农民工子女接受公办义务教育比例达到了 100.00%，其余区县从 36.79% 到 88.07% 不等。在不符合公办学校就读条件的比例中，有 12 个区县超过了 20%，有的区县该比例甚至达到了63.21%。部分农民工子女在公办学校就读无望的情况下，选择了民办学校就读，该比例较小，20 个区县中仅有 10 个区县有农民工子女就读民办学校，其中有 8个区县该比例在 5.6% 及以下，仅有两个区县该比例相对较高，分别为 13.65% 和42.30%。在不符合就读条件的比例中，仅有 5 个区县该比例为 0，有个 11 区县该比例达到了 20% 以上，其中 3 个区县该比例高达 50% 以上（表 3-4）。可见，农民工子女接受义务教育机会不容乐观。

从圈层比较来看，成都市一、二、三圈层农民工子女接受公办义务教育的比例分别为 57.0%、76.1%、71.3%，不符合公办学校就读比例分别为 43.02%、23.93%、28.67%，第一圈层即中心城区农民工子女接受公办义务教育的机会远远小于二、三圈层。由于第三圈层民办学校相比第一、二圈层民办学校接纳了更高比例的农民工子女，致使第一、二、三圈层不符合就读条件的学生比例呈现出圈层递减的趋势，该比例分别为 37.73%、22.58%、17.00%（表 3-5）。换言之，农民工子女在经济较不发达的第三圈层区县接受义务教育的机会高于经济较为发达的第二圈层，高于经济最为发达的第一圈层，明显体现出了农民工子女接受义务教育机会的"圈层效应"。

表 3-4　成都市各区县农民工子女接受公办义务教育比例　　单位：%

区县	公办学校就读比例	民办学校就读比例	不符合就读条件比例	不符合公办学校就读条件比例
1	83.77	0.77	15.47	16.23
2	88.07	0.00	11.93	11.93
3	79.38	4.31	16.32	20.62
4	50.96	5.64	43.40	49.04
5	36.79	1.56	61.65	63.21
6	61.41	13.65	24.94	38.59
7	100.00	0.00	0.00	0.00
8	66.87	0.00	33.13	33.13
9	82.47	2.92	14.61	17.53
10	100.00	0.00	0.00	0.00
11	42.56	0.00	57.44	57.44
12	50.27	0.54	49.19	49.73
13	48.60	0.34	51.07	51.40
14	100.00	0.00	0.00	0.00
15	57.70	42.30	0.00	42.30
16	57.88	3.88	38.24	42.12
17	100.00	0.00	0.00	0.00
18	67.21	0.00	32.79	32.79
19	100.00	0.00	0.00	0.00
20	73.88	0.00	26.12	26.12

表 3-5 　成都市三圈层农民工子女接受公办义务教育比例对比 　　　单位：%

项目	公办学校就读比例	民办学校就读比例	不合符公办学校就读条件比例	不符合就读条件比例
第一圈层	56.98	5.29	43.02	37.73
第二圈层	76.07	1.35	23.93	22.58
第三圈层	71.33	11.67	28.67	17.00

自国家 2003 年提出农民工子女就学"两为主"政策到 2006 年"新义务教育法"规定流入地政府为农民工子女提供平等接受义务教育的条件的规定，农民工子女义务教育在城市化进程中仍处于尴尬境地，这些流动儿童在城市义务教育对其关闭的情况下，不得不重新沦为留守儿童，城乡义务教育机会一体化在他们身上并未真正实现。

为此，成都市各区县义务教育阶段的高入学率体现了城乡教育机会数字上的绝对均衡，但农民工子女接受义务教育特别是公办义务教育的高"拒绝率"体现了城乡教育机会在实质上的失衡。

二、办学条件城乡一体化水平考察

在本书中，办学条件是指保障学校教育教学顺利运行的物质设备、学校建筑、图书、计算机等硬件设施。就成都市的整体情况而言，在小学阶段，20 个区县生均校舍面积基本达标，从 3.98 平方米到 10.97 平方米不等，只有一个第二圈层的区县仅为 1.47 平方米，低于"两基"、"国检"要求的 2.6 平方米。在生均教学仪器设备值方面，处于最低值的区县为 206 元，最高的区县达到了 2502 元，相差 12 倍，跨度非常大。在生均计算机台数方面，各区县数值在 0.02～0.13，即每百名学生有近 2 台或 13 台计算机，生机比分别为 55∶1、7.8∶1，相差 6.5 倍。在平均每班多媒体系统套数方面，最低值为 0.07，最高值为 0.89，相差约 24 倍，差距非常大（表 3-6）。

表 3-6　成都市各区县小学办学条件情况

区县	生均校舍面积/平方米	生均教学仪器设备值/元	生均计算机/台	平均每班多媒体系统/套
1	10.05	—	—	0.25
2	7.42	1926	0.13	0.70
3	6.82	1043	0.11	0.81
4	6.19	1031	0.07	0.77
5	5.96	1688	0.12	0.38
6	4.48	642	0.07	0.23
7	6.24	552	0.07	0.64
8	3.98	437	0.06	0.34
9	5.13	976	0.07	0.23
10	6.04	878	0.06	0.22
11	6.39	323	0.03	0.06
12	5.84	704	0.05	0.23
13	1.47	206	0.02	0.07
14	4.08	308	0.05	0.25
15	4.56	716	0.05	0.09
16	8.42	902	0.10	0.89
17	10.97	2502	0.12	0.25
18	6.60	585	0.06	0.49
19	8.41	418	0.04	0.04
20	8.12	816	0.08	0.25

　　从圈层对比角度来看，第一、二圈层区县小学生均校舍面积均低于第三圈层，特别是第二圈层的小学生均校舍面积最低仅为 4.9 平方米；小学生均仪器设备值第一圈层最高，为 1236.1 元，第二圈层最低仅为第一圈层的 1/2。在生机比值方面，第一圈层最低，第二圈层最高为第一圈层的 1.7 倍。在班媒比方面，小学班级与多媒体系统比值在第一、二、三圈层均呈升序排列方式，特别是小学第一圈层与第二、三圈层差距较大，其班媒比分别为 1.9∶1、3.5∶1、3.9∶1，也即一圈层每两个班有一套多媒体系统，第二、三圈层每 4 个班有一套多媒体系统（表 3-7）。

　　可见，在小学阶段，成都市各区县除了生均校舍面积由于学龄人数的减少致使第三圈层高于第一、二圈层，在其余办学条件方面如生均教学仪器设备值、生

表 3-7　成都市三圈层小学办学条件对比

项目	生均校舍面积/平方米	生均教学仪器设备值/元	生机比值	班媒比值
第一圈层	6.4	1236.1	10.3	1.9
第二圈层	4.9	652.1	18.1	3.5
第三圈层	7.3	792.7	16.4	3.9

注：生机比值指学生人数与计算机台数的比值；班媒比值指班级数与多媒体套数的比值，下同

机比值、班媒比值方面，相比于第一圈层，第三圈层都处于绝对的弱势地位，差距悬殊。概言之，小学阶段的圈层城乡办学条件在学校建设方面一体化程度较高，在教学设备及教育信息化方面差距较大。

　　在初中阶段，所有区县的生均校舍面积皆已达到国家标准，即 3.3 平方米，其中第一圈层生均校舍面积最低为 6.9 平方米，依次为第二、三圈层，分别为 10.3 平方米和 13.1 平方米，中心城区校舍较边远区县更为紧张。在生均教学仪器设备值方面，除了三圈层的两个区县数值较低，其余区县皆处于较高水平，总体上呈现出第一、二、三圈层生均教学仪器设备值圈层递增。在生均图书方面，也呈现出圈层递增现象，即第三圈层生均图数量最高，其次为第二圈层和第一圈层。在生机比值方面，第二、三圈层大致相当，第一圈层最高为 12.4∶1。在校园网建成率方面，有 10 个区县达到了 100%，但第一、二、三圈层差距较大，分别为 95.3%、77.8%、64.3%，呈现出圈层递减现象，并且处于最低水平的两个区县都属于第三圈层，分别为 3.3% 和 8.2%。在班媒比值方面，第一、二、三圈层班数与多媒体比值分别为 2.3、2.6、2.8，圈层多媒体相对套数依次递减，呈现出圈层发展不均衡。同时，第三圈层中的 4 个区县数值较低，在 0.25 以下，每 100 个班仅有 6～25 套多媒体系统，而同圈层中的个别区县数值较高，又存在着圈层内的发展不均衡（表 3-8 和表 3-9）。

　　可见，在初中阶段，第三圈层除了在校园网建成率和班媒比值方面较第一、二圈层处于弱势地位之外，其余各项如生均校舍面积、生均教学仪器设备值、生均图书册数、生机比值方面都处于较强的地位。概言之，初中阶段圈层间的城乡办学条件在学校建设、教学设备方面一体化程度较高，与小学阶段一样在教育信息化水平方面差距仍然较大。

表 3-8　成都市各区县初中办学条件情况

区县	生均校舍面积/平方米	生均教学仪器设备值/元	生均图书/册	生均计算机/台	校园网建成率/%	平均每班多媒体系统/套
1	12.24	884	5.6	0.09	100.0	0.25
2	8.40	1612	11.0	0.10	85.4	0.50
3	5.55	518	11.2	0.09	100.0	0.79
4	3.33	217	12.3	0.04	90.2	0.27
5	10.13	1062	12.3	0.11	100.0	0.51
6	5.25	827	12.7	0.08	100.0	0.32
7	5.42	803	13.3	0.07	10.2	0.37
8	8.74	989	14.0	0.11	100.0	0.27
9	12.26	1228	14.7	0.09	100.0	0.33
10	6.41	738	15.9	0.07	47.8	0.88
11	8.27	262	16.5	0.04	8.2	0.07
12	10.89	1106	16.5	0.08	98.5	0.22
13	16.05	1340	17.0	0.16	100.0	0.50
14	13.92	840	17.1	0.13	88.4	0.25
15	13.58	1816	19.2	0.08	100.0	0.22
16	13.94	1345	19.8	0.13	100.0	1.08
17	17.37	3173	19.8	0.17	97.9	0.25
18	12.39	1120	20.0	0.10	100.0	0.86
19	13.34	655	26.0	0.06	3.3	0.13
20	15.41	1142	38.0	0.08	98.0	0.25

表 3-9　成都市三圈层初中办学条件对比

项目	生均校舍面积/平方米	生均教学仪器设备值/元	生均图书/册	生机比值	校园网建成率/%	班媒比值
第一圈层	6.9	798.2	10.4	12.4	95.3	2.3
第二圈层	10.3	1061.1	15.2	10.8	77.8	2.6
第三圈层	13.1	1163.8	21.0	10.8	64.3	2.8

三、教育经费城乡一体化水平考察

在小学阶段,成都市各区县生均预算内教育事业费的跨度从 3832 元至 8825

元不等，两者比值为2.3，差距较大；从圈层分布来看，生均预算内教育事业费处于最低20%水平的4个区县中有3个区县属于第三圈层，第一、二、三圈层生均预算内教育事业费呈降序排列，小学方面第一、二、三圈层分别为6457.6元、5961.0元、5162.6元，第三圈层仅为一、二圈层的79%和86%；在生均预算内公用经费方面，最低值和最高值分别为412元和1866元，两者比值为0.22，差距悬殊；第一、二、三圈层该值分别为878.0元、624.3元、589.6元，第二、三圈层仅为第一圈层的71%和67%，第二、三圈层间的差距相对较小；处于最低20%和最高20%的区县中，第三圈层和第一圈层的区县分别占据75%，体现出明显的圈层效应（表3-10和表3-11）。

表3-10 成都市各区县义务教育经费水平

单位：元

区县	小学		初中	
	生均预算内教育事业费	生均预算内公用经费	生均预算内教育事业费	生均预算内公用经费
1	5 382	931	8 107	911
2	8 825	724	8 202	838
3	7 805	1 075	10 031	1 323
4	5 732	819	7 905	1 222
5	6 225	1 163	7 048	1 696
6	5 724	524	6 381	527
7	7 279	535	7 099	935
8	4 897	422	4 307	645
9	4 810	580	6 717	719
10	5 233	573	7 777	735
11	3 832	547	3 469	678
12	6 027	737	8 327	1 111
13	7 072	750	7 871	1 176
14	5 166	502	5 702	798
15	5 391	674	6 532	804
16	8 301	1 866	7 416	734
17	7 062	448	7 467	735
18	4 847	546	5 231	993
19	5 001	430	4 485	654
20	4 467	412	4 660	719

表3-11　成都市三圈层义务教育经费水平对比

单位：元

项目	小学		初中	
	生均预算内教育事业费	生均预算内公用经费	生均预算内教育事业费	生均预算内公用经费
第一圈层	6457.6	878.0	7863.0	1121.3
第二圈层	5961.0	624.3	7238.5	923.8
第三圈层	5162.6	589.6	5276.6	770.2

在初中阶段，20个区县中，生均预算内教育事业费最低值为3469元，最高值为10 031元，两者相差近3倍，差距悬殊。从圈层角度来看，生均预算内教育事业费在6000元以下的有第三圈层的5个区县，其中最低水平为3469元；处于最高水平的5个区县在8000~11 000元，包括第一圈层的4个区县和第二圈层的1个区县；第一、二、三圈层分别为7863元、7238元、5276元，第三圈层仅为第一、二圈层的67%和72%；第一、二圈层间的差距为8%，第一、三圈层间的差距最大，且第二、三圈层间的差距大于第一、二圈层间的差距。在生均预算内公用经费方面，最低值527元与最高值1696元间的差距是3.2倍，三圈层间的差距也较大，第二、三圈层分别为第一圈层的69%和82%，第二、三圈层间相差17个百分点。总体而言，第一、二、三圈层生均预算内公用经费呈梯级递减分布，圈层效应特别明显（表3-10和表3-11）。

由上述数据分析可见，在教育经费方面，成都市各区县水平参差不齐，在生均预算内教育事业费和公用经费方面，都体现出明显的第一、二、三圈层梯级递减分布，圈层效应特别明显，且初中阶段较小学阶段差距更大，教育经费城乡一体化水平程度较低。

四、师资队伍城乡一体化水平考察

师资队伍城乡一体化，主要体现在城乡教师的数量结构和质量结构两个方面。数量结构主要依据生师比来进行考察，质量结构主要包括教师学历结构、骨干教师比例、教师职称结构等方面。

在小学教师数量结构方面，2010 年全国小学生师比为 17.70：1，成都市 20 个区县中有 8 个区县生师比高于全国平均值，最高者达到了 27.51：1，其中 5 个区县属于一圈层，其余 3 区县属于二圈层；生师比低于全国平均水平的 12 个区县中，包括 8 个三圈层区县、3 个二圈层区县和 1 个一圈层区县。第一、二、三圈层生师比呈降序排列，分别为 23.4：1、18.4：1、14.0：1，第一、二圈层生师比均高于全国 17.70：1 的均值，且第一圈层超过国家规定的 19：1 的城市生师比上限值。可见，学生趋向于向一、二圈层即主城区集中，第三圈层及边远区县学生减少（表 3-12 和表 3-13）。即使第三圈层教师生师比较低，但由于班额较小，存在诸多“麻雀学校”，致使教师数量存在着结构性缺编，以致教师的授课节数、工作量甚至高于第一、二圈层的教师。

表 3-12　成都市各区县小学师资队伍情况

区县	生师比值	高一级学历教师比例/%	市级骨干教师比例/%	接受市级培训教师比例/%
1	27.5	58.1	9.2	18.5
2	16.1	62.7	8.9	11.2
3	18.9	75.3	9.3	12.6
4	27.1	52.0	12.0	11.9
5	26.9	71.8	11.7	10.7
6	24.7	64.0	10.6	13.6
7	14.6	39.0	9.0	9.0
8	16.4	27.2	10.9	10.1
9	22.1	25.3	10.4	15.5
10	17.1	37.3	11.1	22.5
11	15.8	11.2	9.6	9.2
12	17.8	36.3	10.7	13.0
13	24.4	22.0	13.0	21.3
14	14.3	8.9	10.6	15.3
15	12.9	14.6	11.5	31.2
16	15.3	30.3	11.6	23.9
17	13.4	19.1	10.9	15.0
18	14.4	15.4	10.0	17.0
19	13.0	10.4	10.9	11.5
20	12.2	10.3	10.2	40.4

表 3-13   成都市三圈层小学师资队伍情况对比

项目	生师比值	高一级学历教师比例/%	市级骨干教师比例/%	接受市级培训教师比例/%
第一圈层	23.4	64.0	10.5	12.5
第二圈层	23.4	32.0	10.6	14.3
第三圈层	23.4	14.0	10.4	18.8

在小学教师学历结构方面，高一级学历教师比例跨度从 8.9%到 75.3%，相差约 66 个百分点。比例最低的 7 个区县皆属于第三圈层，其比例不到 20%，比例最高的 6 个区县皆为第一圈层，其比例超过 50%；第二圈层的区县比例在 20%～40%。第一、二、三圈层高一级学历教师比例分别为 64.0%、32.0%、14.0%，第三圈层高一级教师学历比例仅为第一圈层的 1/4，第二圈层仅为第一圈层的 1/2，可见高一级学历教师比例圈层分层十分明显，呈典型的圈层递减梯级分布。

在小学骨干教师方面，根据《成都市教育局关于全市中小学骨干教师培养工作的实施意见》（成教高〔2008〕1 号），全市遴选 7762 名市级中小学骨干教师，其中小学 3778 名，初中 2561 名，并规定了各区县的名额分配，三年为一个培训周期。由于各区县实际骨干教师数量统计难以获得，为此作者根据成教高〔2008〕1 号文件的附件《成都市中小学市级骨干教师培养对象推荐名额分配表》进行各区县骨干教师的数量统计，结果显示，骨干比例最大差距仅为 4.1 个百分点，骨干教师名额分配比较均衡，各圈层的骨干师资力量旗鼓相当。在小学教师培训方面，接受市级培训教师的比例跨度从 9.0%到 40.4%不等，从圈层分布来看，处于最低 20%水平的区县中有一个区县属于第三圈层，处于最高 20%水平的区县中有 3 个区县属于第三圈层，市级教师培训主要向第二、三圈层倾斜（表 3-12 和表 3-13）。

概言之，由于偏远区县生源的减少，小学教师城乡一体化水平在教师数量上、生师比上，第三圈层优于第一、二圈层；但在高一级教师学历比例方面，各区县的差异十分明显，第三圈层与第一、二圈层的差距非常大，圈层分层现象特别显著；在市级骨干教师比例以及接受市级培训教师比例方面，由于政策的倾斜支持，使得第二、三圈层比较高，圈层发展较为均衡。

在初中教师数量结构方面，从反映师资数量的生师比值来看，20 个区县生师比在 9.8~14.8，差距不大，且均低于全国均值 14.98∶1。从圈层的角度看，第一、二、三圈层生师比分别为 13.3∶1、12.4∶1、12.5∶1，第一圈层处于最高，第二、三圈层差距较小（表 3-14 和表 3-15）。

表 3-14　成都市各区县初中师资队伍情况

区县	生师比值	音乐专任教师比例/%	体育专任教师比例/%	美术专任教师比例/%	政治专任教师比例/%	科学专任教师比例/%	高一级学历教师比例/%	市级骨干教师比例/%	接受市级培训教师比例/%
1	13.4	1.8	4.5	4.5	5.2	0.0	88.0	5.3	25.8
2	12.7	1.7	5.5	1.6	5.2	0.0	93.0	9.5	11.9
3	12.8	1.6	6.0	1.6	4.4	0.3	92.8	8.6	10.2
4	13.7	2.0	5.5	1.3	4.7	0.0	79.1	8.8	5.8
5	13.9	2.5	6.2	2.2	5.3	0.1	85.0	8.8	8.4
6	13.1	2.3	6.3	1.6	5.5	0.1	86.0	8.3	7.0
7	13.0	1.8	5.8	2.3	5.8	0.1	84.4	9.3	8.1
8	13.4	1.7	5.3	2.0	5.2	0.0	90.4	9.5	13.6
9	13.6	1.5	5.3	1.6	4.7	0.1	72.7	9.4	13.7
10	12.2	2.4	5.6	2.3	4.7	0.0	86.0	9.4	19.2
11	14.5	2.0	5.7	1.5	5.6	0.1	53.9	9.5	9.8
12	11.5	2.1	4.7	2.4	5.5	0.3	87.1	9.4	12.2
13	11.5	2.3	5.5	2.2	5.6	0.1	68.9	9.7	17.3
14	11.9	2.2	5.4	2.0	4.9	0.0	73.3	9.8	13.9
15	12.2	2.0	5.4	1.7	5.1	0.1	75.4	10.1	29.0
16	12.2	2.3	6.5	2.0	5.1	0.4	75.9	8.9	22.7
17	9.8	1.8	3.9	1.7	3.8	0.1	67.2	11.3	17.9
18	13.8	1.5	4.8	2.1	5.2	0.0	72.1	10.0	15.2
19	14.8	2.0	3.9	1.6	4.9	0.2	61.8	9.9	16.0
20	10.6	1.4	4.9	2.1	5.8	0.3	77.0	10.0	47.7

在高一级学历教师比例方面，高一级学历教师比例最低区县与最高区县跨度为 53.9%~93.0%，相差近 40 个百分点，约 1.7 倍；比例在 80% 以下的 10 区县中包括第三圈层的 8 个区县和第二圈层的 2 个区县，第一、二圈层区县基本都在 80% 以上，有的甚至达到了 90%。第一、二、三圈层高一级学历教师比例分别为 86.6%、81.6%、68.5%，均呈典型的圈层递减梯级分布，圈层效应非常明显（表 3-14 和表 3-15）。

表 3-15　成都市三圈层初中师资队伍情况对比

项目	生师比值	音乐专任教师比例/%	体育专任教师比例/%	美术专任教师比例/%	政治专任教师比例/%	科学专任教师比例/%	高一级学历教师比例/%	市级骨干教师比例/%	接受市级培训教师比例/%
第一圈层	13.3	2.0	5.7	1.6	5.0	0.1	86.6	8.4	10.1
第二圈层	12.4	2.0	5.3	2.1	5.3	0.1	81.6	9.5	13.6
第三圈层	12.5	1.8	5.0	1.8	5.1	0.1	68.5	10.1	20.9

在市级骨干教师比例方面，根据成教高〔2008〕1 号文件规定，骨干教师按照"倾斜农村"的原则，"市级骨干教师中农村教师原则上应按不低于35%，为保证农村学校教师的适当比例，农村学校（指乡镇及以下学校）教师在各级骨干教师选拔中，在同等条件下优先"，为此，20 个区县市级骨干教师比例按照第一、二、三圈层顺序依次递增，分别为8.4%、9.5%、10.1%，圈层间差距较小，分布较为均衡，且总体上呈圈层梯级递增分布（表 3-15）。

在接受市级培训教师比例方面，也呈现出第一、二、三圈层顺次递增的特点，分别为 10.1%、13.6%、20.9%，第三圈层分别为第一圈层的 2.1 倍和 1.5 倍，第三圈层接受市级培训教师比例最高，其次为第二圈层，最低是第一圈层，与市级骨干教师比例特点相一致。在初中教师学科结构方面，小学科专任教师比例在音乐、体育、美术、政治四门学科方面圈层分布较均衡，三大圈层呈梯级递减分布，但差距较小；在科学专任教师比例方面，最高的区县为 0.4%，属于第三圈层区县，第一、二圈层仅为第三圈层的 63% 和 60%。很多区县科学专任教师存在着结构性缺编，没有专任的科学教师的区县包括第一圈层中的 3 个区县、第二圈层的 2 两个区县、第三圈层的 3 个区县；在有专任科学教师的区县中，数量也很少，为 1～8 个（表 3-14 和表 3-15）。

概言之，初中教师城乡一体化水平在体现数量结构的生师比方面，第一圈层略高于第二、三圈层，但差距较小，比较均衡。在高一级学历教师比例方面，各区县跨度较大，圈层差距也较大，呈现出明显的第一、二、三圈层梯级递减分布。在小学科专任教师比例方面，音乐、体育专任教师比例第三圈层数值低于第一、二圈层，在美术、政治、科学三学科方面，圈层间分布较为均衡。在市级骨干教师比例、接受市级培训教师比例方面，与小学阶段一样，受益于政策的支持，比例向第二、三圈层区县倾斜。

五、教育质量城乡一体化水平考察

在教育质量方面，根据义务教育阶段学业测评结果来看，20个区县语文阅读能力分值在 54.6~80.0 分，差距比较大。第三圈层区县除两个区县分值超过 70 分，其余区县均排在末位，其中甚至有两个区县分值未及格，第一、二、三圈层分值分别为 69.9 分、69.3 分、64.1 分。在科学素养方面，分值跨度从 69.9 分到 87.3 分，分值在 79 分之上的，除第三圈层的一个区县之外，其余均为第二、三圈层的 8 个区县，排在末尾的 10 个区县中有 7 个区县属于第三圈层，第一、二、三圈层的分值分别为 82.3 分、77.6 分、73.7 分。在数学运算能力方面，分值跨度从 61.5 分到 79.1 分，分值排在前 10 位的除第三圈的 2 个区县之外，其余均为第一、二圈层的区县，第一、二、三圈层分值分别为 70.1 分、68.5 分、65.1 分。综合义务教育阶段学业测评结果可见，三圈层间的差距仍然存在，特别是在科学素养方面，第一、三圈层均值相差近 10 分。在初中毕业升率方面，百分比从 85.5% 到 100.0% 不等，升学率都比较高。从圈层分布来看，第一、二、三圈层分别为 97.0%、95.8%、90.4%，圈层差距仍然存在，但差距不显著（表 3-16 和表 3-17）。

表 3-16　成都市各区县义务教育阶段学生学业质量情况

区县	语文阅读能力/分	科学素养/分	数学运算能力/分	初中毕业升学率/%
1	70.1	79.3	79.1	92.1
2	68.6	82.9	73.0	100.0
3	76.5	87.3	75.8	98.2
4	65.1	79.2	62.0	99.0
5	69.3	83.9	69.4	90.8
6	72.4	81.5	70.4	99.0
7	69.8	74.5	69.2	95.6
8	64.9	72.4	66.7	96.7
9	69.6	79.4	73.6	92.9
10	61.4	—	66.4	97.3
11	72.3	73.3	61.5	88.4
12	80.0	81.5	66.0	97.1
13	57.1	74.9	67.5	95.7
14	57.8	81.6	67.9	85.5
15	60.3	74.2	70.0	95.4

续表

区县	语文阅读能力/分	科学素养/分	数学运算能力/分	初中毕业升学率/%
16	60.0	75.0	67.1	94.6
17	71.1	72.2	64.1	93.6
18	63.7	69.9	69.7	91.7
19	54.6	73.9	65.4	86.3
20	62.2	72.9	60.8	92.2

表 3-17　成都市三圈层义务教育阶段学生学业质量情况对比

项目	语文阅读能力/分	科学素养/分	数学运算能力/分	初中毕业升学率/%
第一圈层	69.9	82.3	70.1	97.0
第二圈层	69.3	77.6	68.5	95.8
第三圈层	64.1	73.7	65.1	90.4

概言之，在学业质量城乡一体化方面，从义务教育阶段学业测评方面来看，各区县水平跨度较大，第一、二、三圈层在语文阅读能力、数学运算能力和科学素养方面的分值，均表现出明显的圈层梯级递减分布状态，特别是在前两项的分值上，第二、三圈层的差距均大于第一、二圈层的差距，第一、三圈层间的均值有近 5 分的差距。在初中毕业升学率方面，成都市平均升学率为 93.7%，第一、二、三圈层分别为 97.0%、95.8%、90.4%，第三圈层处于平均水平之下。从义务教育阶段学业测评及初中毕业升学率两方面综合来看，第二、三圈层的差距大于第一、二圈层的差距，第一、三圈层的差距比较明显。

若将前文对教育机会、办学条件、教育经费、师资队伍、学业质量城乡一体化水平的数据分析进行归纳总结，成都市城乡义务教育一体化反映出如下特点。

一是在小学阶段，成都市各区县城乡义务教育一体化水平测度指标数值分布情况呈现出以下特点：第一，圈层差距较小，圈层间呈水平发展的测度指标有入学率；第二，圈层差距较小，圈层间呈梯级递增的测度指标有市级骨干教师比例、接受市级培训教师比例、生均校舍面积；第三，圈层差距较大，圈层间呈梯级递减的测度指标有生均教学仪器设备值、生均计算机台数、平均每班多媒体系统套数、生均预算内教育事业费、生均预算内公用经费、生师比、高一级教师学历比例。

二是在初中阶段，成都市各区县城乡义务教育一体化水平测度指标数值分布情况呈现出以下特点：第一，圈层间差距较小，圈层间呈水平发展的测度指标有入学率、小学科专任教师比例；第二，圈层差距较大，第一、二、三圈层呈梯级递增的测度指标有生均校舍面积、生均图书册数、生均教学仪器设备值、市级骨干教师比例、接受市级培训教师比例；第三，圈层差距较大，第一、二、三圈层间呈梯级递减的测度指标有校园网建成率、生均预算内教育事业费、生均预算内公用经费、生师比、高一级学历教师比例、义务教育阶段学业测评分值、初中毕业生升学率；第四，圈层间差距不大，圈层内差距较大的测度指标有平均每班多媒体系统套数。此外，农民工子女接受义务教育不符合条件的比例在三圈层间呈梯级递减分布。

总之，三大圈层义务教育水平呈现出以下特点：第一，在教育机会方面，三大圈层之间在数字上呈均衡发展，但在实质上体现出较大的城乡失衡；在办学条件与教育经费方面，在学校建设上城乡一体化程度较高，但生均计算机台数、平均每班多媒体系统套数、生均预算内教育事业费、生均预算内公用经费等教学设备和教育经费方面城乡一体化水平较低；在师资队伍方面，第三圈层师资数量最为充足，生师比最低，但存在着结构性缺编，教师工作量大；在反映师资质量指标方面，如高一级学历教师城乡一体化水平较低。由于政策的支持与倾斜，在骨干教师比例和接受市级教师培训比例方面，第三圈层处于最高水平；在教育质量方面，第三圈层处于最低水平，第一、三圈层间的差距较为明显。为此，成都市城乡义务教育发展取得了一定的成绩，但一体化水平与政策目标还存在着较大的差距。

第二节　成都市城乡义务教育一体化发展水平个案比较——Q区与P县

根据 2010 年成都市教育局《关于深化城乡学校结对发展工作的意见》（成教统〔2010〕1 号）规定的中心城区学校与青白江区的农村学校以及第三圈层

区（市）县实现结对发展名单，为了更好地考察城乡学校交流互动的落实情况以及城乡学校在办学条件、师资等方面的一体化发展情况，本书选取了对接区县——第一圈层的 Q 区和第三圈层的 P 县——义务教育一体化发展情况进行对比研究。

Q 区：Q 区位于成都市市区的中西部位，辖区面积 60 多平方公里，是成都市的政治、经济、文化中心。区域内经济结构较为合理，农业比例较小，第三产业发达，2010 年地区第一、二、三产业的比值为 0.02∶22.33∶77.65。Q 区经济较为发达，2010 年地区生产总值和人均生产总值在成都市均排名第二，人均生产总值达到 6 万多元。教育事业财政投入高达 60 000 万元，占据地方财政支出的 20.13%。[①]Q 区基础教育水平较高，是中国教育科学研究院在我国西部地区建立的首个教育综合改革试验区。全区义务教育阶段名校云集，共有义务教育阶段学校 44 所，其中小学 35 所，初级中学 7 所，九年一贯制学校 2 所，此外有完全中学 4 所。

P 县：P 县隶属成都市，位于四川盆地西南部、成都平原西南缘，地貌以浅丘为主，全县面积近 600 平方公里，辖 8 镇 4 乡，总人口 25.6 万人。2010 年 P 县地区生产总值构成比例为第一、二、三产业分别占据 23.3%、45.1%、31.6%。2010 年全县教育财政预算支出为 15 000 万元，占一般预算支出的 17.53%。全县义务教育阶段学校共 23 所，其中九年一贯制学校 12 所，小学 8 所，初级中学 3 所。[②]P 县是一座小家碧玉型的县城，绵延的青山怀抱着县城的一侧，绿树、蓝天交相辉映，让人感觉整个城市就是一座大的别墅。县人民政府驻 H 镇，距成都近 70 公里，县城通达成都、双流机场、彭山火车站的时间分别只需 40 分钟、30 分钟和 20 分钟，交通比较便利。由于 P 县地处成都平原西南缘，按照当地人的理解，P 县就是成都的"西藏"。

基于 Q 区与 P 县经济与教育的现状，加之两区县的对接关系，本书将其作为中心城区与第三圈层的典型代表进行城乡义务教育一体化发展的个案分析。对于 Q 区与 P 县的比较，本部分仍然从教育机会、办学条件、教育经费、师资队伍和学业质量 5 个方面两个维度对两区县义务教育发展情况进行对比分析，以考察两

---

① 数据来自《成都教育统计资料汇编》（内部资料），2011 年。
② 数据来自《P 县年鉴》，北京：中央民族大学出版社，2011 年。

地教育一体化程度：第一，横向维度，以 2010 年 Q 区 P 县数据为基础，对比两区县义务教育发展水平；第二，纵向维度，以 2003 年和 2010 年两个时间点 Q 区、P 县数据为基础，对比两区县义务教育发展水平。

一、Q 区与 P 县：横向发展水平的比较

以 2010 年作为 Q 区与 P 县横向对比的时间点，以此考察两区县城乡义务教育一体化发展的当前水平。如表 3-18 所示，在教育机会方面，义务教育阶段 Q 区与 P 县净入学率都达到了 100%，但在农民工子女在城市接受义务教育机会方面，Q 区公办学校就读比例高于 P 县，但民办学校就读比例远远低于 P 县，仅为 4.3%，有 16.3%的农民工子女不符合就读公办、民办学校的条件，而 P 县农民工子女全部被接纳入学。这表明 Q 区与 P 县公办学校在接纳农民工子女入学方面与"两为主"政策的要求还存在很大的差距。

表 3-18　Q 区与 P 县义务教育阶段学生教育机会比较[①]　　　　单位：%

区县	净入学率	公办学校就读比例	民办学校就读比例	不符合就读条件比例
Q 区	100	79.4	4.3	16.3
P 县	100	57.7	42.3	0

在小学教育发展水平方面，从办学条件、教育经费、师资队伍整体情况来看，如表 3-19 所示，P 县优于 Q 区的指标仅限于生师比值、市级骨干教师比例及接受市级培训教师比例 3 项指标。但在生均校舍面积、生均教学仪器设备值、生机比值、班媒比值等办学条件方面，P 县远远弱于 Q 区。如生均教学仪器设备值 P 县、Q 区分别为 1043 元和 716 元，P 县仅为 Q 区的 68.6%；生机比值差距更大，P 县 18.7 名学生有 1 台计算机，Q 区仅 9.4 名学生就有 1 台计算机；在多媒体套数方面差距更大，P 县 10.9 个班级有一套多媒体系统，Q 区几乎每 1 个班级就有

[①] 为了简化表格内容，该表中的"公办学校就读比例、民办学校就读比例、不符合就读条件比例"的指代对象皆为农民工子女。

一套多媒体系统。可见，P 县与 Q 区办学条件方面的差距是非常大的。在高一级学历教师比例方面，P 县与 Q 区分别为 14.6% 和 75.3%，Q 区是 P 县的 5 倍有余，差距悬殊。

表 3-19　Q 区与 P 县义务教育发展水平的比较（小学）

区县	生均校舍面积/平方米	生均教学仪器设备值/元	生机比值	班媒比值	生均预算内教育事业费/元	生均预算内公用经费/元	生师比值	高一级学历教师比例/%	市级骨干教师比例/%	接受市级培训教师比例/%
Q 区	6.8	1043	9.4	1.2	7805	1075	19	75.3	9.3	12.6
P 县	4.6	716	18.7	10.9	5391	674	13	14.6	11.5	31.2

在初中教育发展水平方面，如表 3-20 所示，两区县在办学条件方面，P 县的大部分指标优于 Q 区，如生均校舍面积、生均教学仪器设备值、生均图书等。但在实际调研中发现，由于 P 县九年一贯制学校较多（占据义务教育阶段学校总数的 52.2%），部分数据与小学阶段的数据"共享"，如部分校舍面积、图书资料、教学仪器、计算机等，从而增加了数据总量，也可以说这是学校撤并带来的数据"规模效应"。但这些数据不是学校或政府主动投入的结果，而是学校撤并过程所带来的附加结果。在主动投入如多媒体系统方面，P 县就落后于 Q 区，P 县每 4.4 个班级有一套多媒体系统，而 Q 区每 1.3 个班级就有一套多媒体系统。在教育经费方面，两区县差距依然很大，P 县生均预算内教育事业费和公用经费分别为 6532 元、804 元，Q 区分别为 10 031 元、1323 元，在这两项指标上，P 县仅为 Q 区的 65.1% 和 60.8%。在师资队伍的生师比与小学科专任教师比例方面，两区县差距较小，在市级骨干教师比例和接受市级培训教师比例方面，P 县优于 Q 区，但在高一级学历教师比例方面，P 县远远落后于 Q 区，其比例分别为 75.4% 和 92.8%。在学生学业质量方面，P 县与 Q 区在语文阅读能力、科学素养、数学运算能力 3 项分值方面分别相差 16.2 分、13.1 分和 5.8 分，仍然显示出了较大差距；在初中毕业升学率方面，P 县为 95.4%，低于 Q 区 2.8 个百分点。

表 3-20　2010 年 Q 区与 P 县义务教育发展水平的比较（初中）

项目	Q 区	P 县
生均校舍面积/平方米	5.6	13.6
生均教学仪器设备值/元	518	1 816
生均图书/册	11.2	19.2
生机比值	11.3	11.8
校园网建成率/%	100.0	100.0
班媒比值	1.3	4.4
生均预算内教育事业费/元	10 031	6 532
生均预算内公用经费/元	1 323	804
生师比值	13	12
音乐专任教师比例/%	1.6	2.0
体育专任教师比例/%	6.0	5.4
美术专任教师比例/%	1.6	1.7
政治专任教师比例/%	4.4	5.1
科学专任教师比例/%	0.3	0.0
高一级学历教师比例/%	92.8	75.4
市级骨干教师比例/%	8.6	10.1
接受市级培训教师比例/%	10.2	29.0
语文阅读能力/分	76.5	60.3
科学素养/分	87.3	74.2
数学运算能力/分	75.8	70.0
初中毕业升学率/%	98.2	95.4

　　基于上述 Q 区与 P 县义务教育阶段教育发展数据的对比分析,可以看出两区县在公办义务教育学校在接受农民工子女入学方面,都没有很好地落实"两为主"政策,从而影响了教育机会一体化的实现。在办学条件、教育经费方面,从政府努力作为的角度来看,两区县的教学设备、教育经费水平相差太远。在师资队伍方面,教师质量的差距突出反映在高一级学历教师比例方面。在学生学业质量方面,两区县学生义务教育阶段学业测评成绩差距较大,特别是表现在语文阅读与科学素养方面。

二、Q区与P县：纵向发展水平的比较

将成都全面启动城乡义务教育一体化实践之前即 2003 年，与城乡义务教育一体化发展的当前水平 2010 年（即本书调查获得最新数据年份）进行纵向时间维度对比，分析 Q 区与 P 县义务教育发展水平，可以更深入地考察两区县城乡义务教育一体化水平随时间变化而表现出的差异情况。

（一）Q区与P县入学率：与日俱增，比较均衡

在入学率方面，2010 年与 2003 年相比，Q 区小学与初中校内外学龄儿童总数不断增长，与之相应在校学龄人数也呈现出不断递增的趋势，小学与初中分别增长了 18.71% 和 143.17%；而 P 县小学在校学龄人数却呈现出递减的趋势，减少了 47.71%，即减少了近一半的在校生数；在入学率方面，Q 区 2003 年与 2010年都是 100.0%，P 县则由 99.9% 增长到 100.0%。在初中阶段，与 Q 区在校学龄人数剧增情况不同的是，P 县初中生的增长是比较缓慢的态势，较之于 2003 年仅增长了 38.12%；在入学率方面，2003 年与 2010 年 Q 区皆为 100.0%，P 县由 98.6%上升至 100.0%（表 3-21）。

表 3-21　2003 年、2010 年 Q 区与 P 县入学率比较

年份	区县	6～11 岁学龄儿童人数/万人	小学在校学龄人数/万人	小学入学率/%	12～14 岁校内外学龄人数/万人	12～14 岁在校学龄人数/万人	初中入学率/%
2003	Q 区	3.1	3.1	100.0	0.7	0.7	100.0
	P 县	1.8	1.8	99.9	0.6	0.6	98.6
2010	Q 区	3.6	3.6	100.0	1.6	1.6	100.0
	P 县	1.0	1.0	100.0	0.8	0.8	100.0

（二）Q区与P县办学条件：由学校撤并带来的差距缩小

在办学条件方面，由于缺损 2003 年数据，能收集到的最早数据是 2007 年的统计资料，为此本部分将 2010 年与 2007 年作对比分析。如表 3-22 所示，在小学生均校舍面积、生均教学仪器设备值和图书资料方面，虽然指标总值几乎没有变化，但由于小学学龄人口数量的变化，使得 Q 区上述各项指标值因学龄人口数量

的增长而呈现略降的趋势；与之相反，P 县各项指标值因学龄人口数量的剧减而呈现猛增的趋势，但小学生均校舍面积却未随在校学龄人数的降低而上升，这是由于 P 县学校在撤并过程中，学校数量大量减少，使得校舍总面积由 2007 年的89 224 平方米减少为 2010 年的 44 031 平方米，近一半校舍面积在撤并中减少。2010 年与 2007 年相比，P 县与 Q 区在上述 3 项生均指标即生均校舍面积、生均教学仪器设备值、生均图资料数方面的比值分别为 90.24%、45.45%、54.44%和 66.86%、70.00%、81.10%，可见，在生均校舍面积上两区县的差距有所扩大，在生均教学仪器设备值和图书资料指标上有所减小。在初中办学条件方面，如表 3-23 所示，2010 年与 2007 年相比，Q 区与 P 县在校舍面积、教学仪器设备以及图书资料册数 3 项指标总量上没有变化，但 Q 区因在校学龄人口增加，3 项生均指标值均减低，P 县因在校学龄人口降低使生均指标值均上升。虽然从数字上看 P 县在办学条件方面优于 Q 区，但如前文所述，由于 P 县九年一贯制学校占据义务教育阶段学校数量的 52.2%，统计口径与 Q 区的不一致，致使初中办学条件方面的数据较实际偏高。

表 3-22　2007 年、2010 年 Q 区与 P 县小学办学条件比较

		2007 年				2010 年			
		小学在校学龄人数/人	小学生均校舍面积/平方米	小学生均教学仪器设备值/元	小学生均实有图书资料/册	小学在校学龄人数/人	小学生均校舍面积/平方米	小学生均教学仪器设备值/元	小学生均实有图书资料/册
Q 区	总值	35 326	249 586	37 915 100	688 617	36 361	247 823	37 915 100	688 617
	生均	—	7.1	1 073.3	19.5	—	6.8	1 042.7	18.9
P 县	总值	13 979	89 224	6 915 300	148 363	9 658	44 031	6 915 300	148 363
	生均	—	6.4	494.7	10.6	—	4.6	716.0	15.4

表 3-23　2007 年、2010 年 Q 区与 P 县初中办学条件比较

		2007 年				2010 年			
		12-14 岁在校学龄人数/人	初中生均校舍面积/平方米	初中生均教学仪器设备值/元	初中生均实有图书资料/册	12-14 岁在校学龄人数/人	初中生均校舍面积/平方米	初中生均教学仪器设备值/元	初中生均实有图书资料/册
Q 区	总值	15 955	90 645	8 451 300	216 874	16 329	90 645	8 451 300	216 874
	生均	—	5.7	529.7	13.6	—	5.6	517.6	13.3
P 县	总值	9 106	114 254	15 280 000	319 694	8 414	114 254	15 280 000	319 694
	生均	—	12.5	1 678.0	35.1	—	13.6	1 816.0	38.0

（三）Q区与P县教育经费：绝对数字与相对比值的差距均在扩大

在教育经费方面，2003 年 Q 区与 P 县小学生均预算内教育事业费分别为 1472.75 元、1111.47 元，生均预算内公用经费分别为 77.95 元、8.09 元；与之相应，2010 年两区县这两项指标分别为 7805.34 元、5391.42 元和 1074.72 元、673.55 元（表 3-24）。在初中方面，2003 年 Q 区与 P 县生均预算内教育事业费分别为 1732.47 元、1973.27 元，生均预算内公用经费分别为 96.53 元、59.31 元，2010 年 Q 区与 P 县生均预算内教育事业费分别为 10 031.42 元、6532.37 元，生均预算内公用经费分别为 1322.55 元、804.18 元。与全国平均水平相比，两年度 Q 区与 P 县初中与小学生均预算内教育事业费均高于全国平均水平，但生均预算内公用经费总体上低于全国平均水平。

表 3-24　2003 年、2010 年 Q 区与 P 县教育经费比较

项目		2003 年		2010 年	
		生均预算内教育事业费支出/元	生均预算内公用经费支出/元	生均预算内教育事业费支出/元	生均预算内公用经费支出/元
小学	Q 区	1 472.75	77.95	7 805.34	1 074.72
	P 县	1 111.47	8.09	5 391.42	673.55
	全国	931.54	83.49	4 012.51	1 071.25
初中	Q 区	1 732.47	96.53	10 031.42	1 322.55
	P 县	1 973.27	59.31	6 532.37	804.18
	全国	1 052	1 27.31	5 213.91	1 454.07

从 2003 年与 2010 年 P 县与 Q 区在生均预算内教育事业费和生均预算内公用经费的比值来看，2003 年小学分别为 75.5%、10.4%，2010 年分别为 69.1%、62.7%；2003 初中分别为 113.9%、61.4%，2010 年分别为 65.1%、60.8%（表 3-25）。可以看出，2003 与 2010 年小学和初中教育经费绝对值都在不断上涨，但小学生均预算内教育事业支出和初中生均预算内公用经费支出的差距却在扩大，2010 年小学和初中在两项指标上，P 县仅为 Q 区的 60%～69%，较之于 2003 年度整体上的比值在下降，可见义务教育阶段的教育经费两区县无论是在绝对数字上还

是在两区县的比值上，其差距不但没有缩小，反而在继续扩大。

表 3-25　2003 年、2010 年 P 县与 Q 区教育经费支出比较

单位：%

P 县与 Q 区经费之比	小学		初中	
	生均预算内教育事业费支出	生均预算内公用经费支出	生均预算内教育事业费支出	生均预算内公用经费支出
2003 年	75.5	10.4	113.9	61.4
2010 年	69.1	62.7	65.1	60.8

（四）Q 区与 P 县师资队伍：差距相对缩小与绝对差距悬殊

高一级学历专任教师比例是反映师资质量的一个可操作、可量化性的重要指标。在反映师资水平的高一级学历专任教师比例方面，如表 3-26 所示，2003 年 Q 区、P 县小学高一级学历专任教师比例分别为 22.5% 和 0.4%，初中分别为 67.3% 和 9.0%；与之相应，2010 年 Q 区、P 县小学高一级学历专任教师比例分别为 75.3% 和 14.6%，初中分别为 92.8% 和 75.4%。2010 年与 2003 年相比，Q 区、P 县高一级学历专任教师比例在小学和初中的差距有所减小，但相差仍很悬殊，特别是小学相差了近 61 个百分点。在教师数量方面，从小学专任教师总量来看，P 县由 2003 年的 944 人减少为 749 人，但由于学龄人数的剧减，生师比值由 2003 年的 19.57 降至 2010 年的 12.89，下降幅度较大；Q 区 2010 年小学专任教师总数随着学龄人数的增加由 1530 人增长至 1927 人，是 2003 年的 125.95%，生师比值为 18.87，较之于 2003 年略有下降；从初中专任教师总量来看，2010 年 P 县为 690 人，是 2003 年的 109.00%，由于学龄人数的增加，生师比值也由 2003 年的 9.62 增至 12.19；Q 区专任教师总数随着学龄人数的剧增也由 2003 年的 605 人增至 2010 年的 1274 人，生师比值也由 11.10 增至 12.82。由上述分析可见，在小学教师数量方面，P 县与 Q 区呈现出相反的态势，与 P 县教师数量下降相伴随的是 Q 区教师数量的剧增；在初中教师数量方面，P 县略有增长，Q 区仍然是剧增。在小学高一级学历专任教师方面，P 县与 Q 区在百分比上的差距在缩小，但两区县仍然差距悬殊。

表 3-26　2003 年、2010 年 Q 区与 P 县师资比较

项目		2003 年			2010 年		
		高一级学历专任教师比例/%	专任教师总人数/人	生师比值	高一级学历专任教师比例/%	专任教师总人数/人	生师比值
小学	Q 区	22.5	1 530	20.02	75.30	1 927	18.87
	P 县	0.4	944	19.57	14.6	749	12.89
初中	Q 区	67.3	605	11.10	92.8	1 274	12.82
	P 县	9.0	633	9.62	75.4	690	12.19

综合上述分析，Q 区与 P 县经过 7 年的城乡义务教育一体化实践，取得了显著成绩，具体表现为：第一，入学率都得到了较大提升，发展比较均衡；第二，办学条件均得到较大改善，差距在逐步缩小；第三，教育经费支出都在"与日俱增"，经费水平今非昔比，增长幅度较大；第四，师资队伍在数量结构方面都得到了进一步优化，生师比较为合理。在学历结构方面，高一级学历专任教师比例均得到大幅度提升，特别是初中专任教师高一级学历比例增长较快。可见，Q 区与 P 县城乡义务教育一体化发展的成绩是毋庸置疑与值得肯定的，但在肯定成绩的同时，我们也不能回避其仍然存在的一些问题：第一，Q 区与 P 县的办学条件差距虽然在逐步缩小，但这种结果更大程度上是由学校撤并带来的"数字规模效益"，而非政府的主动积极作为于 P 县教育而产生的；第二，Q 区与 P 县的教育经费支出在不断增长的同时，在绝对数字与相对比值上的差距却都在扩大；第三，Q 区与 P 县的师资队伍在数量上呈现出此消彼长的态势，在反映教师质量的高一级学历教师比例方面的差距仍然悬殊。为此，我们也可以得出这样的结论，在推进城乡义务教育一体化发展过程中，Q 区与 P 县在提升教育机会、办学条件方面作出了一定的努力，使这两方面一体化的程度比较高，但在需要政府积极作为的财力（教育经费）和人力（师资队伍）方面，政府的努力程度不够，致使义务教育一体化程度在总体水平上仍然较低。

经过纵横两个维度 5 个方面的对比，Q 区与 P 县的义务教育发展水平距离城乡义务教育一体化政策目标仍有很大差距，政府需要强化城乡义务教育一体化思维，在财政投入制度和教师人事制度方面作出更大的努力，使城乡义务教育一体化政策得以真正的贯彻落实，城乡义务教育发展差距才能切实缩小，一体化政策目标才能得到最终实现。

第三节　城乡义务教育一体化发展县域内的差距
——P 县城镇与乡村的比较

《教育发展规划纲要》提出要率先在县（区）域内实现城乡义务教育的均衡发展，本章第一、二节从地域的宏观、中观维度对成都市城乡义务教育一体化现状进行了分析，本节从微观角度分析 P 县城镇与乡村义务教育一体化水平状况。

一、学校规模比较：繁荣与凋敝

2011 年 P 县义务教育阶段在校生近 18 000 人，其中小学阶段 9000 余人，城镇和乡村分别占 86.0% 和 14.0%；初中阶段近 9000 人，城镇和乡村分别占 88.8% 和 11.2%。乡村学龄人口和在校生的急剧萎缩，致使 P 县在学校布局上呈如下分布：P 县义务教育阶段中小学校共有 23 所，小学 8 所，其中镇区小学 6 所，乡村小学 2 所；初级中学 3 所，都在镇区；九年一贯制学校 12 所，其中镇区 7 所，乡村 5 所（图 3-1）。P 县所辖的 8 个镇在镇区均设置有义务教育学校，但到 2012 年年底，所辖 4 个乡中有 2 个乡的义务教育学校已被撤并。

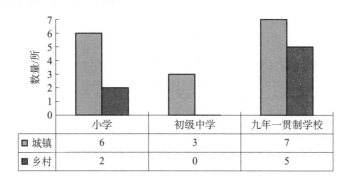

图 3-1 2011 年 P 县义务教育阶段公办中小学统计柱状图

城镇指 P 县所辖的 8 个镇区包括县政府所在地

在班额设置上，义务教育阶段中小学校共有 424 个班级，小学 238 个班级，其中镇区 193 个班级，乡村 45 个班级；初中 186 个班级，其中镇区 162 个班级，乡村 24 个班级。根据班额实际分布情况，将其分为 25 人及以下、26～35人、36～45 人、46～55 人 4 类，与之相应的小学班额班级数分别为城镇依次有 3 个、28 个、101 个、61 个，乡村依次有 19 个、14 个、6 个、6 个（图 3-2）；城镇和乡村班级总数分别为 193 个和 45 个，36～55 人的班级比例分别为 83.9%和 26.7%，35 人以下的班级比例分别为 16.1%和 73.3%，其中 25 人以下的班级比例城镇仅有 1.6%，而乡村则高达 42.2%。初中相应班额班级数分别为城镇依次有 2 个、15 个、38 个、107 个，乡村依次有 1 个、6 个、10 个、7 个（图3-3）；镇区班级总数共 162 个，46～55 人的班级比例高达 66.0%；与此相应，乡村班级总数 24 个，46～55 人的班级比例仅 29.2%。可见，乡村义务教育阶段特别是小学阶段小班额现象突出，25 人以下的小班几近半数；而城镇初中阶段有 66%的班级为 46 人以上。

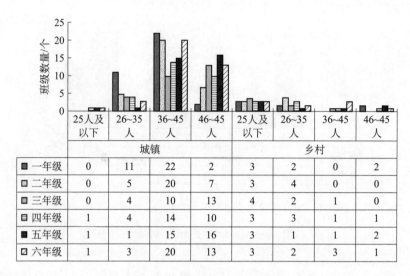

	城镇				乡村			
	25人及以下	26~35人	36~45人	46~45人	25人及以下	26~35人	36~45人	46~45人
■ 一年级	0	11	22	2	3	2	0	2
□ 二年级	0	5	20	7	3	4	0	0
□ 三年级	0	4	10	13	4	2	1	0
▤ 四年级	1	4	14	10	3	3	1	1
■ 五年级	1	1	15	16	3	1	1	2
▨ 六年级	1	3	20	13	3	2	3	1

图 3-2　2011 年 P 县小学班额、班数分布图

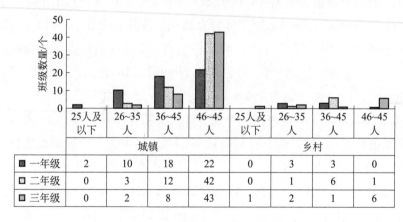

	城镇				乡村			
	25人及以下	26~35人	36~45人	46~45人	25人及以下	26~35人	36~45人	46~45人
■ 一年级	2	10	18	22	0	3	3	0
▨ 二年级	0	3	12	42	0	1	6	1
□ 三年级	0	2	8	43	1	2	1	6

图 3-3　2011 年 P 县中学班额、班数分布图

二、办学条件比较：总体均衡与部分失衡

P 县坚持把项目建设作为改善学校办学条件的基础性工程，采取四大措施，全力改善中小学办学条件：一是在成都市率先实施并完成农村中小学标准化建设后，率先在全市启动完成教育技术装备满覆盖工程；二是全面推动一流校舍建设，

全面完成中小学灾后恢复重建，保障所有学生进入永久性校舍上课；三是全面启动教育信息化建设，全县所有学校均实现高速共享远程教育资源；四是加大农村中小学布局调整力度，促进教育资源的合理利用。

在学校占地面积上，平均每所城镇小学为 16 131.2 平方米，乡村小学为 12 521.0 平方米，城镇初中为 57 303.0 平方米，乡村为 22 748.2 平方米（表 3-27 和表 3-28）；在校舍建设方面，校舍建设包括教室、实验室、图书馆、微机室、语音室、教师办公室、教工宿舍、食堂、厕所等基本设施建设，城镇小学和乡村小学生均校舍建筑面积分别为 4.5 平方米和 6.2 平方米，城镇初中和乡村初中分别为 11.1 平方米和 31.2 平方米，其中城镇中小学当年有新增校舍建设项目及面积，乡村中小学没有；城镇小学具备学生宿舍、语音室，乡村小学没有；城镇中小学校舍砖木结构建筑较少，主要是砖混、框架结构，乡村中小学校舍砖木结构建筑较多，特别是乡村九年一贯制学校校舍没有框架结构建筑。由上述分析可知，虽然乡村义务教育阶段学校面积规模普遍小于城镇学校，但由于乡村在校学生数量远远低于城镇，致使乡村学校生均校舍建筑面积高于城镇学校；但在校舍功能和质量方面，乡村学校普遍弱于城镇学校，这一点是不可忽视且值得注意的。

表 3-27　2011 年 P 县城镇与乡村小学办学条件比较

项目	平均每所学校占地面积/平方米	生均校舍建筑面积/平方米	生均教学仪器设备资产值/元	生均图书/册	生机比值	校园网建成率/%	生媒比值
城镇	16 131.2	4.5	986.2	16.0	18.1	100.0	11.2：1
乡村	12 521.0	6.2	798.9	9.6	16.8	100.0	8.7：1

注：本书中"生媒比值"为学生数与多媒体座位数的比值，下同

表 3-28　2011 年 P 县城镇与乡村初中办学条件比较

项目	平均每所学校占地面积/平方米	生均校舍建筑面积/平方米	生均教学仪器设备资产值/元	生均图书/册	生机比值	校园网建成率/%	生媒比值	音体美器材配备达标率/%	体育运动场（馆）面积达标校数/%	数学自然实验仪器达标校数/%
城镇	57 303.0	11.1	2 082.7	51.4	7.8	88.9	1.9	100.0	100.0	100.0
乡村	22 748.2	31.2	4 683.6	88.7	5.1	80.0	2.2	100.0	80.0	100.0

在生均教学仪器设备资产值和生均图书方面，如表 3-27 和表 3-28 所示，乡

村小学低于城镇小学，但乡村初中高于城镇初中；在生机比值方面，乡村小学和初中均高于城镇；在校园网建成率方面，城镇和乡村小学都达到了100.0%，初中分别为88.9%和80.0%，初中校园网建成率低于小学，这与小学被大量撤并，政府对仅存的为数不多的小学进行信息化建设努力有着密切的联系。在学生数与多媒体座位数比值方面，乡村小学优于城镇，乡村初中弱于城镇；在初中音体美器材配备达标率、体育运动场（馆）面积达标学校数、数学自然实验仪器达标校数方面，仅在体育运动场（馆）面积达标学校数方面乡村低于城镇。可见，在小学阶段，P县在教学仪器设备值和图书册数方面差距较大，在初中阶段发展相对均衡；在教育信息化方面，无论是小学还是初中城镇与乡村都得到了同样的重视，发展较为均衡。

由上述分析可见，P县的学校标准化建设工程以及教育技术满覆盖工程实施得较好，使城镇和乡村学校在办学条件方面总体上差距较小，但在小学阶段仍存在一定的差距，突出表现在校舍功能、校舍质量以及生均教学仪器设备资产和生均图书等部分指标方面存在着失衡。

三、师资队伍比较：失衡的自然结构与逐步协调的文化结构

人口结构可以分为自然结构与文化结构，与之相应，师资队伍结构也可以分为自然结构与文化结构。自然结构即指教师队伍的性别结构和年龄结构，文化结构指教师的学历结构、职称结构以及培训等其他非生理性的结构比例。以下将从教师的性别结构、年龄结构等自然结构方面和职称结构、教师培训等文化结构方面探讨P县城镇与乡村师资队伍的一体化程度。

（一）城乡教师性别结构与年龄结构：乡村教师性别比例失衡与老龄化严重

在小学专任教师性别结构方面，P县共有小学教师732名，城镇和乡村分别占80%和20%，生师比分别为13.7∶1、9.0∶1。在专任教师性别结构方面，城镇女教师为56.3%，乡村女教师为39.7%，城镇女教师比例高于乡村；在年龄结构方面，城镇专任教师多集中于36～40岁，其比例为19.3%，其次为46～50岁，

其比例为 18.8%；乡村教师多集中于 46～50 岁，其比例高达 21.2%，其次为 36～
40 岁，其比例为 15.1%；乡村高于城镇比例的几个年龄段为 26～30 岁、46～50
岁、51～55 岁、56～60 岁（图 3-4）。可见，30 岁以下及 46 岁以上的专任教师比
例乡村高于城镇，特别是 46 岁以上教师比例高达 43.8%，而城镇教师多集中于
31～50 岁，比例高达 71%。

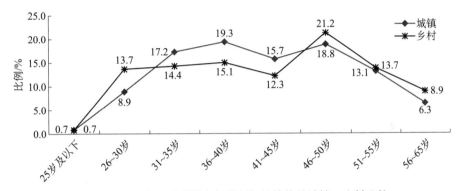

图 3-4　2011 年 P 县小学专任教师年龄结构的城镇、乡村比较

　　在初中专任教师性别结构方面，P 县镇区有初中专任教师 584 人，其中女
性 52.6%，乡村 114 人，其中女性 45.6%，城镇女教师比例高于乡村；在年龄结
构方面，城镇专任教师多集中于 26～45 岁，比例为 72.6%，其中 41～45 岁的
比例最高，为 21.9%；乡村多集中于 26～30 岁，其比例高达 24.6%，其次为 41～
45 岁，其比例为 15.8%；乡村高于城镇比例的几个年龄段为 30 岁以下以及 51
岁以上（图 3-5）。

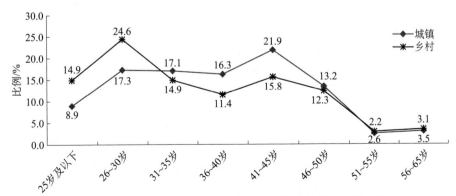

图 3-5　2011 年 P 县初中专任教师年龄结构的城镇、乡村比较

由上述分析可知，在性别结构方面，P县乡村女教师比例低于男教师，同时也低于城镇女教师，尤其是小学阶段与城镇女教师比例相差近17个百分点；在年龄结构方面，P县乡村教师老龄化倾向较城镇更严重，特别是小学阶段更为突出。

（二）城乡教师职称结构与学历结构：职称差距较小，学历差距较大

在小学专任教师职称结构方面，共分为中学高级、小学高级、小学一级、小学二级、小学三级和未定职称6个职称等级，这6个等级城镇和乡村的比例依次分别为0.2%、83.4%、15.4%、0.2%、0.3%、0.5%和7.5%、74.0%、17.8%、0.7%、0.0%、0.0%（图3-6）。在最高级职称方面，乡村高于城镇，但在高级职称（小学高级和中学高级）中，城镇和乡村分别为83.6%和81.5%，城镇高出乡村近2个百分点，差距较小；在初中专任教师职称结构方面，共分为中学高级、中学一级、中学二级、中学三级和未定职称5个职称等级，这5个等级城镇和乡村依次分别为1.9%、67.3%、26.7%、0.3%、3.8%和1.8%、56.1%、36.8%、0.0%、5.3%（图3-7）。在最高的两级职称（中学高级和中学一级）中，城镇和乡村分别为69.2%和57.9%，相差约10个百分点。由于乡村学校规模较小，小学和初中专任教师数量仅为城镇的24.9%和19.5%，每所乡村学校专任教师数量均在25人以下，为此考虑到乡村学校教师规模，义务教育阶段教师职称结构在城镇和乡村的差距相对较小。

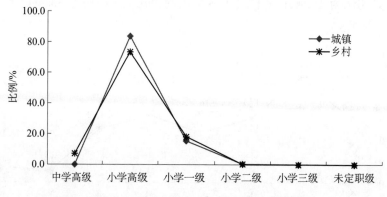

图3-6　2011年P县小学专任教师职称结构城镇、乡村比较

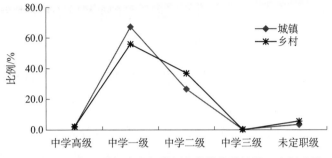

图 3-7　2011 年 P 县初中专任教师职称结构的城镇、乡村比较

在学历结构方面，义务教育阶段城镇和乡村学历达标率都为 100%；在高一级学历比例方面，城镇小学和乡村小学分别为 75.8%、66.4%，相差近 10 个百分点；城镇初中和乡村初中分别为 97.8%、95.6%（表 3-29），相差约 2 个百分点。可见，县域内教师学历存在着差距，特别是小学阶段的差距较大。在县级及以上骨干教师比例方面，由于向农村教师倾斜骨干教师比例政策的支持与落实，乡村在初中和小学方面的比例都高于城镇。

表 3-29　2011 年 P 县城镇与乡村义务教育阶段专任教师情况比较

单位：%

项目	高一级学历教师比例	县级及以上骨干教师比例	调动教师比例（调入）	调动教师比例（调出）
城镇小学	75.8	13.5	6.0	4.4
乡村小学	66.4	14.4	4.1	7.5
城镇初中	97.8	9.4	6.7	5.0
乡村初中	95.6	13.2	0.9	10.5

（三）城乡教师调动："向城性"流动与"逃离"乡村

由上述分析可知，P 县城镇与乡村教师在职称结构、学历结构方面存在一定的差距，但整体差距相对较小，这是否意味着城镇与乡村对教师有着同等的吸引力呢？为此，有必要对教师调动情况进行分析。如表 3-29 所示，城镇小学和乡村小学教师调入比例分别为 6.0%、4.1%，初中分别为 6.7%、0.9%；在教师调出方面，城镇小学和乡村小学分别为 4.4%、7.5%，初中分别为 5.0%、10.5%。可见，乡村学校教师调入的比例均低于城镇，而调出的比例却远远高于城镇。由教师的调动情况可以看出，乡村学校的吸引力远远低于城镇，"向城性"流动以及"逃离"乡村仍然是有选择机会的教师的主流选择。

（四）城乡教师培训：高层次培训中的"缺位"与"不在场"

要发展教育，就必须提升教师的教学水平，教师接受培训的情况是反映教师继续教育机会和水平的重要指标，培训类型一般可以分为国家级、省级、地市级、县级和校级 5 个等级层次。P 县城镇和乡村专任教师在接受培训方面的情况如何呢？在调研中发现，截止到 2011 年，P 县城镇义务教育阶段教师接受国家级和省级培训分别为 25 人次和 20 人次，分别占总人数的 0.4% 和 0.3%，而乡村教师无一人次；在地市级培训层次上，乡村教师的比例明显高于城镇教师，小学和初中均高近 10 个百分点；在县级培训层次上，乡村和城镇培训机会相差不大，但在校级培训层次上，城镇教师明显高于乡村教师，特别是小学阶段相差 11.8 个百分点（图 3-8）。

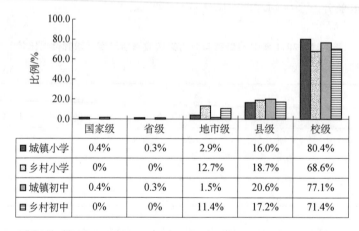

	国家级	省级	地市级	县级	校级
■ 城镇小学	0.4%	0.3%	2.9%	16.0%	80.4%
□ 乡村小学	0%	0%	12.7%	18.7%	68.6%
■ 城镇初中	0.4%	0.3%	1.5%	20.6%	77.1%
▤ 乡村初中	0%	0%	11.4%	17.2%	71.4%

图 3-8 P 县义务教育阶段专任教师接受培训情况的城镇、乡村比较

综上可见，就 P 县城镇和乡村学校而言，短期、便捷的校级培训仍是培训的主体模式，县级培训也占据一定地位。然而国家级、省级等高层次培训机会主要倾向于城镇教师，乡村教师几乎没有这样的机会，地市级培训主要向乡村教师倾斜。可见，城镇与乡村教师培训存在着一定的差异，主要表现为城镇教师接受高层次培训的机会高于乡村教师。

以上从县域视角对 P 县城镇与乡村在学校及班额设置、办学条件、师资队伍 3 大方面进行对比分析发现：第一，P 县乡村学校对学生的吸引力远远低于城镇，呈现出城镇学校发展的"繁荣"与乡村学校的"凋敝"。第二，乡村学校在撤并过程中"被"获得了一些数字规模效应，进而与城镇办学条件的差距缩小，但小学的差距相对较大，突出表现在校舍功能、校舍质量、生均图书等部分指标方面。第三，乡村学校对教师的吸引力远远弱于城镇，具体表现为乡村学校教师调出率远远高于城镇，而调入率远远低于城镇；乡村师资队伍呈现出性别比例失衡、老龄化严重等特点；乡村教师高一级学历教师与城镇有较大差距。第四，由于教师职称政策、培训政策的"向农"倾斜，乡村与城镇教师的职称结构较为协调，地市级培训比例较高，但也存在着乡村教师在国家级、省级等高层次培训中的"缺位"与"不在场"，体现出培训层次的城乡差异。根据本书在第一章绪论中提出的根据城乡义务教育一体化实现程度的 4 种水平，将其划分为 3 个阶段，即初级阶段、中级阶段和高级阶段，P 县在城乡教育硬件资源配置方面虽然存在一定的失衡，但已实现了基本的均衡，可以说在县域范围内城乡义务教育一体化水平已经达到了初级阶段水平，但在师资水平、管理制度建设等软件方面城乡差距较大，距离城乡义务教育一体化的中级阶段还有一定的差距。

本 章 小 结

由上文对成都市 20 区县、三大圈层、Q 区与 P 县以及 P 县城镇与乡村城乡义务教育发展水平的比较分析，对比成都市城乡义务教育一体化政策目标，可以得出如下结论。

第一，教育机会城乡一体化。城乡学生的"高入学率"难掩农民工子女入学的"高拒绝率"。自 2004 年成都"居民户口"改革到《合作协议》的实施，政策文件一再重申确保农民工子女"平等接受教育的权利"，但"不符合（公办学校）就读条件"的比例仍然非常高。

第二，办学条件城乡一体化。学校撤并带来的数据"规模效应"，致使城乡差距缩小难掩政府的消极不作为。通过对 Q 区与 P 县的个案纵向水平对比分析发现，P 县办学条件指标如教学仪器设备值、图书册数在绝对数值上几乎没有随时间的变化而增长，其指标的相对数值产生的变化是由于学龄人数变动而引起的。在政府主动作为的教育信息化方面，如计算机数量、多媒体设备、校园网建设方面，区（县）间、圈层间、县域内的差距仍然较大。

第三，教育经费城乡一体化。绝对数字的巨大差距体现出了城乡二元教育思维的路径依赖。教育经费是教育发展的物质基础，财政支持犹如机器运作的发动机，只有充足的财政保障才能促进义务教育的良性发展。自 2003 年成都进行城乡教育一体化的实践探索到 2010 年，教育经费的差距在区县间、圈层间的差距不但没有缩小，反而在继续扩大，其不符合城乡教育一体化的政策精神，不符合义务教育均衡发展的政策目标，更不符合统一生均经费标准的政策规定。

第四，师资队伍城乡一体化。教师数量充足难掩城乡师资质量的悬殊对比。前文从生师比的角度反映出农村教师数量较城市更为充足，但农村学校班级规模远远小于城市，加之农村学校教师还需承担对寄宿学生的管理工作，致使农村教师工作总量不亚于甚至大于城市教师。在反映教师质量的重要指标高一级学历教师比例方面，按照《成都教育事业发展第十一个五年规划》提出的"到 2010 年，初中、小学教师本科、专科学历层次的比例分别达到 75% 和 85% 以上的"的政策目标，第二、三圈层以及县域内乡村高一级学历教师比例均未达到此标准，特别是小学阶段与目标的差距更大，此外，高一级学历教师比例在城乡间的差距悬殊；但值得肯定的是，在农村骨干教师和农村教师培训方面的"向农倾斜"政策落实较好，虽然仍然存在诸多问题。

第五，教育质量城乡一体化。初中毕业生升学率高难掩城乡学生学业水平的差距。总体上看，初中毕业生升学率城乡差距不是太大，但在语文阅读能力、科学素养、数学运算能力方面的差距较大，反映出教学质量在城乡间存在着实质性的差距。

为此，对比城乡义务教育一体化政策，对照第一章绪论中提出的考量城乡义务教育一体化发展程度的 3 个阶段 4 种水平，笔者认为，成都城乡义务教育一体化水平尚处在前初级水平向后初级水平的过渡阶段，相当于成都官方划分的"初步统筹"与"基本统筹"的中间阶段，而非官方提出的"整体协调"阶段。因此，从以上论述中可见，成都城乡义务教育一体化辉煌成果宣传的背后依然需要面对城乡差距悬殊的尴尬，依然存在着二元教育思维的路径依赖，依然存在着政策目标执行的困境。

第四章 城乡义务教育一体化政策执行差距审视

　　一项政策在实践中运行得如何，不仅需要静态考察政策执行结果与政策目标的一致程度，还需要动态考察执行官员和政策目标群体的行动与政策决定的一致程度。如果执行结果难以被清晰地界定为是否成功执行，或者说成功执行的概念本身就难以界定，那就有必要对执行者的行为进行一个更为广泛的评估。如果说上一章是对前一个问题的考察，那么本章就是对后一个问题的审视。

成都在城乡义务教育一体化发展的推进过程中，在管理体制、办学条件、教育经费、师资建设等方面形成了诸多鲜明的特色，而上述诸因素又从根本上制约着教育发展的质量和水平。所以，本章在研究城乡义务教育一体政策执行差距时，主要以成都在管理体制、办学条件、教育经费和教师政策四大方面的政策执行为例予以分析，以探寻成都城乡义务教育显著成绩背后政策运行的成功经验与存在的矛盾、困惑与不足。

第一节　城乡义务教育一体化管理体制执行差距

城乡义务教育一体化管理体制隶属于教育管理体制的范畴。一般而论，教育管理体制既是指宏观的国家教育行政管理体制，又是指微观的学校内部管理体制。教育管理体制的构成包含两个方面的基本要素：一是教育管理机构，二是教育管理规范，它们相辅相成，共同保障教育管理体制的正常运行。与西方国家议行分离的教育管理体制相比，我国的教育管理体制实质上属于议行合一制性质，从中央到地方分别设置不同的教育行政管理机构，发挥自上而下的教育决策与执行功能。无论是1985年的《中共中央关于教育体制改革的决定》，还是2010年的《教育规划纲要》，都毫无疑问地将教育管理体制改革放在中心地位。其根本原因在于，教育管理体制从静态上构建了系统化的教育组织体系，从动态上又反映了这种教育组织体系所运行的规律，它正如一条主线，将相关教育制度串联起来，共同作用于教育事业的改革与发展。毋庸置疑，城乡义务教育一体化管理体制与现有教育管理体制具有一脉相承性，它是现有教育管理体制的一个分支，其运行的内在机理离不开现有教育管理机构及其相关规范的影响和制约。基于以上原因，本节内容将对城乡义务教育一体化教育管理体制执行差距从两个方面来进行论述：一是城乡义务教育一体化的管理机构；二是城乡义务教育一体化的管理规范。

一、城乡义务教育一体化管理体制演进理路

城乡义务教育一体化管理体制的内在稳定性依赖于义务教育管理体制的不断成熟并渐趋完善。从两者之间关系的意义来看，义务教育管理体制是构建城乡义务教育一体化管理体制的基础；从发展阶段来看，城乡义务教育一体化是义务教育发展的"现在进行时"，两者之间具有一脉相承性。1986 年第一部《中华人民共和国义务教育法》颁布实施至 2006 年新的《中华人民共和国义务教育法》修订，20 年间义务教育管理体制改革贯穿始终，历经不同时期政策上对义务教育管理体制的调整和改革，以 21 世纪为界，义务教育管理体制改革的演变历程大致可分为两个重大时期：一是 21 世纪前，义务教育管理体制主要"以乡镇为主"，体制改革偏重于实现义务教育普及的效率，目标也就在于尽快实现义务教育的全面普及，保障受教育的机会和权利平等；二是进入 21 世纪后， 基本普及九年制义务教育的目标如期实现，义务教育发展开始由追求效率向注重质量转向，义务教育管理体制改革也逐渐从"以乡镇为主"过渡到"以县为主"。

纵观新中国成立后的义务教育管理体制改革历程，虽然在不同发展阶段，具体的政策内容有所不同，但其仍内含着稳定的特征及规律，仍体现出管理体制所具有的在如下方面的内在一致性。

第一，坚持"国务院领导，地方负责，分级管理"的原则。义务教育管理体制改革无法脱离国家教育行政管理体制的影响和制约，城乡义务教育一体化管理体制改革也是如此。综观全国各地建设统筹城乡教育综合改革试验区的经验，无疑均是通过代表中央政府的教育部与地方政府合作共建，而运行的管理体制恰是反映了国务院在城乡义务教育一体化管理体制中的领导地位，而地方政府则主要具体负责本地城乡义务教育一体化政策的统筹与管理。分级管理的主要决定权仍在于省级政府，即由省级政府结合本地实际制定城乡义务教育一体化实施政策，并明确规定省级以下各级政府在城乡义务教育一体化管理中的职责权限。

第二，实行"省级统筹，以县为主"的管理体制。进入 21 世纪以后，义务教育管理体制不断成熟并渐趋稳定，突出表现在"以县为主"管理体制的确立。

"以县为主"既是基于县级政府在义务教育发展中主体角色的担负能力，更是基于县级层面在打破城乡二元结构，实现城乡教育统筹发展中的特殊地位和作用。为此，在 2006 年新的《中华人民共和国义务教育法》中，"以县为主"的管理体制既作为义务教育管理体制正式确立，又用于指导促进城乡义务教育均衡发展的一体化管理体制的形成。其中强化"省级统筹"管理职能的目的在于化解"以县为主"管理体制面临的困境，保障"以县为主"管理体制的正常运行。所以，在有关城乡义务教育一体化发展的政策文件中，最常见的指导意见就是"加强省级政府的指导和统筹力度，强化'以县为主'的管理"，率先在县域内实现城乡义务教育均衡发展。

第三，贯彻"简政放权，转变政府职能"的改革精神。义务教育管理体制改革的演进历程，从形式上看既关涉教育管理机构，又触及教育管理规则、规范；而这种形式背后却反映出了中央"简政放权，转变政府职能"的改革本质。在城乡义务教育一体化过程中，仍将继续"简政放权"。中央并不像以往那样实施自上而下"一刀切"式的城乡教育一体化改革，而是只保留大政方针的制定和宏观层面的指导，将具体权力下放地方，由省级政府牵头，将权力层层下放，实施微观层面的政策执行与落实。

第四，义务教育管理体制改革延续着事权改革与财权改革的关联性发展，事权效能的发挥有赖于财权保障机制的完善。1985 年《中共中央关于教育体制改革的决定》确定九年制义务教育实行"地方负责、分级管理"的原则，所谓"地方负责"在财权上表现为：允许地方征收教育费附加，规定地方机动财力的一定比例和乡财政收入的主要部分用于实施义务教育。1986 年，《关于实施〈义务教育法〉若干问题的意见》指出：义务教育经费由中央和地方负责筹措，省、市（地）、县、乡统一筹措教育事业费，城乡征收教育事业费附加用于实施义务教育，农村义务教育基本建设投资以乡、村自筹为主。可见，上述财权改革的措施充分反映出"国务院领导下，地方负责、分级管理"的事权体制，同时也为"以乡镇为主"的义务教育管理体制奠定了财权保障基础。

进入 21 世纪，国家将县级和乡级政府在教育经费支出的管理权限重新划定，乡级政府的财政支出主体地位上移到县级政府，义务教育管理体制在事权层面也由"以乡镇为主"逐步过渡到"以县为主"。义务教育管理体制中兼具事权管理与财权管理两大部分，从理论上来看，上述两种职权分配应保持高度一致性，而现实执行中却存在较大差异,这种事权与财权不对等的情况在城乡义务教育一体化过程中也时有发生。为寻求事权与财权之间管理上的和谐统一,国家在颁布实施城乡义务教育一体化管理系列政策文件中,采取相应措施对事权与财权进行改革和调适。然而,义务教育管理体制中的事权与财权同样存在城乡二元差异。这种差异主要表现为城市与农村在事权管理与财权管理上主体不一致,从而导致管理权限不明,城乡在人、财、物等方面教育资源分配不均,引发事权与财权在执行层面的矛盾冲突。上述矛盾冲突在城乡义务教育一体化进程中依然明显。为此,国家在城乡义务教育一体化管理体制中进一步强化"省级统筹,以县为主"的职责,并通过完善公共财政投入机制来保障城乡义务教育事权管理效能。

二、城乡义务教育一体化管理体制的运行现状

(一)城乡义务教育一体化的管理机构:"完整的形式"与"权宜的实质"

1. 城乡义务教育一体化的管理机构:"完整的形式"

正如上文所述,城乡义务教育一体化管理体制隶属于义务教育管理体制,是义务教育发展的"现在进行式",为此负责城乡义务教育一体化管理的组织机构与义务教育管理机构具有重叠性,但又体现了义务教育发展"进行式"的城乡统筹特征。由城乡义务教育一体化管理机构层级简略示意图(图4-1)可见,目前我国城乡义务教育一体化的管理机构是在党中央和国务院的领导下,由最高教育行政机构即教育部负责推进城乡义务教育均衡发展和促进教育公平,负责义务教育的宏观指导与协调。同时,国家发展和改革委员会、财政部、人力资源和社会保障部、国务院督导委员会以及政策法规处等其他部委对教育部的工作进行支持与配合,以为教育发展提供宏观规划、财力保障等。同时,教育部对地方教育局如省级教育委员会或省教育厅、市教育局、区(县)教育局的工作进行领导、指导、协调与监督。下面仅以市县(区)教育局为例,说明城乡义务教育一体化管理机构在市县两级的设置。在市级层面,为了贯彻落实城乡义务教育一体化政策,加强市教育局作为市政府工作部门在推进义务教育均衡发展、促进教育公平方面的职责,部分市教育局设置了城乡教育统筹发展处,

负责全市教育事业发展中长期规划和教育事业发展年度计划，负责中心城区公办初中、高中招生计划，负责城乡教育统筹发展综合改革方案的拟订与实施，牵头推进城乡教育统筹发展的重大项目，负责局机关相关处室和区（市）县教育局推进城乡教育均衡发展的专项考核，指导全市中小学校布局结构调整，牵头开展统筹城乡教育综合改革试验区建设的有关工作等。同时，城乡教育统筹发展处与政策法规处、普通教育处、计划基建财务处、人事处、教育督导办公室等其他部门共同协调合作推进城乡义务教育的一体化发展。在区县级层面，与市教育局城乡教育统筹发展处相对应，部分区县（成都市 20 个区县中仅 2 个区县）设置有教育统筹发展办公室，其负责县域范围内的统筹城乡教育体制改革政策的拟订及实施，牵头推进城乡教育统筹发展的重大项目，承担城乡教育综合改革试验区的日常工作，负责全县各学校推进城乡教育均衡发展的专项考核等工作。尽管设置有统筹城乡教育发展办公室，但促进义务教育均衡发展和教育公平，公办初中、高中招生计划职责，规划、组织、实施区县教育互动，学校布局结构调整等工作则仍由基础教育科来负责。其他未设教育统筹发展办公室的区县，一般由基础教育科负责城乡教育统筹及统筹城乡教育综合改革试验区建设工作，而计划财务科、人事科及督导室则对城乡教育统筹工作提供财力、人力、制度等方面的支持和协助。

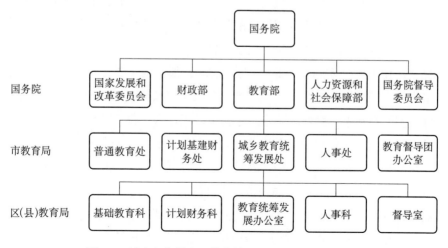

图 4-1 城乡义务教育一体化管理机构层级简略示意图

2. 城乡义务教育一体化的管理机构:"权宜的实质"

如此严密、完整的组织领导机构,是否同样有着内在的严密结构和功能呢?为此,下面将以城乡义务教育一体化管理机构的职能及结构为例,对城乡义务教育一体化管理机构的内在实质进行探究。

第一, 组织机构职能的"符号性"。如图4-1所示,城乡义务教育一体化政策的组织领导机构设置比较完整,从国务院到地方政府,从地方政府的市级层面到区县级,均设置有负责城乡教育一体化政策运行的组织领导机构,只不过其职责范围在各层级略有差异。但纵观省、市及区县级政府层面及其相应的教育行政机构的职责目标和任务,城乡义务教育一体化及义务教育均衡发展也仅仅是作为其总体职责加以强调,在各部门的职责细则要求中并未见到对城乡义务教育一体化的强调和重视,没有明确的执行授权,对政策调适对象没有明确的行为要求和明确的利益提供,缺乏严密的组织程序,更没有将其作为政府或教育行政机构的考核指标。从这种意义上讲,城乡义务教育一体化政策在地方政府的理解中是不要求实质性执行的,对其重视程度也仅仅是停留在宣传层面,只是一种号召或舆论。为此,从政策是否产生实质性功能的角度来说,地方政府逻辑中的城乡义务教育一体化政策通过政府机构职能的过滤,已将国家的实质性政策演变为一种符号性政策。

第二,组织机构人员的"兼职"性。区(县)级政府教育局下属办公室专门成立了教育统筹发展办公室,负责全区(县)统筹城乡教育体制改革政策并组织实施,承担城乡教育综合改革试验区的日常工作,负责城乡教育均衡发展的专项考核等工作。但在实际调研中笔者发现,教育统筹发展办公室的成立看似重视城乡教育一体化工作,实际上只是"应景之作",如某区(县)虽然名义上规定某办公室为教育统筹发展办公室,但在楼层分布指引及门牌上并未见到"教育统筹发展办公室"的标志。教育统筹发展办公室的工作人员都是兼任教育统筹发展工作,教育统筹发展工作仅仅是其工作中很小的一部分,暂且可称他们为"兼职"人员。在某县的"兼职"人员中,除教育统筹发展办公室主任外,其他工作人员都是从小学或中学借调到教育局来负责文件的起草、整理,或是为城乡教育一体化发展进行理念设计等工作。当借调期满后,再回到原学校或其他学校管理层任职。可见,在教育实践中,"教育统筹发展办公室"还未有其"立足之地",并未享受到宣传中所说的重视。上述现象表明,城乡义务教育一体化的组织领导机构在实质上具有"权宜性"和"流动性",当推进城乡教育一体化形成热潮时,组织领导机构就存在，当热潮消退时，组织领导机构便不再"兼职"城乡教育统筹工作。

（二）城乡义务教育一体化的管理规范

1. "以县为主"：财权与事权的矛盾与冲突

自 2001 年《国务院关于基础教育改革与发展的决定》正式提出"以县为主"的义务教育管理体制，到 2006 年新的《中华人民共和国义务教育法》中确立的中央与地方政府职责共担，明确"省级统筹经费、县级管理为主"的新机制，"以县为主"的管理体制不断得以规范和完善。"以县为主"的管理体制主要包含两大方面：一是事权，二是财权。事权即县级政府是本地区义务教育发展的责任主体，负责县域内义务教育的实施工作，如学校规划、布局调整、师资配置、教师流动等。在财权方面，以县为主的管理体制不能等同于投入以县为主，义务教育公共投入并不实行"主管者负担"的原则，县级政府一方面按照省级政府确定的比例承担教育经费，另一方面按照科学原则合理预算、分配义务教育经费，并对经费的使用加强监督和检查。可以说县级政府是义务教育发展的管理主体、责任主体，但并不是投入主体。但笔者在实际调研中发现，县级政府在有限的教育经费投入方面仍然存在着投入能力有限的问题，如成都的 P 县。近年来，P 县在改善城乡中小学校办学条件，提升城乡中小学标准化工程方面做了大量工作，并取得了一定实效，进一步提高了城乡义务教育办学水平。但在加大农村地区及薄弱学校资金投入上还存在如下问题：就教育经费投入机制而言，在宣扬县财政对教育优先发展的政策支持方面可谓"重金投入"，足以反映出 P 县对城乡统筹义务教育均衡发展的重视。但仔细分析经费投入数据及所占财政收入比例不难发现，一个县的教育经费超过县财政收入的一半多是何等状况。而在调研中，受访的教育部门领导、老师们则多少道出了一些实情："P 县经济不发达，地域上被称为成都的'西藏'，义务教育免费和推行教师绩效工资后，县级财政拨款压力增大，实现'穷县办大教育'的教育经费投入仅能满足教育基本所需。"在对外宣传与报道中，P 县教育发展成果宣传中有这样一句话：2008 年，P 县在成都市率先启动并全面完成农村中小学标准化建设和义务教育阶段教育技术装备"满覆盖"工程。在实地调研中，一些真实的数据资料使我们对引号里的"满覆盖"表示质疑，同时揭示出城乡统筹义务教育发展经费投入不足。以 2010 年全国普通中小学生均公用经费拨款标准为例，小学为 929.89 元，初中为 1414.33 元，而 2012 年，P 县才根据成都市相关文件要求，将生均公用经费拨款标准统一调为小学 700 元，初中 900 元。可见，县域内的生均拨款与国家标准相差甚远。即便如此，若按照市、县 6∶4 的比例分担，仅是这一项对 P 县刚过亿的财政收入而言，势必会给经济欠发达的 P 县带来巨大的负担和压力。

可见，根据县域经济情况，在中央、省、市、县各级政府间合理分配财政负担比例、建立科学的财政转移支付制度显得尤为重要，如若投入重心过低必将影响义务教育均衡发展，影响城乡义务教育一体化发展。在此，以成都 20 区县教育经费水平为例进行简要分析。首先，笔者对第三章第一节中"教育经费城乡一体化水平考察"中的部分内容进行简单的回顾，在小学阶段，成都市各区县生均预算内教育事业费最低和最高的区县分别为 3832 元和 8825 元，两者相差 2.3 倍；从圈层分布来看，第一、二、三圈层生均预算内教育事业费分别为 6458 元、5961 元、5162 元，呈降序排列；在生均预算内公用经费方面，区县最低值和最高值分别为 412 元和 1866 元，两者相差 4.5 倍；第一、二、三圈层生均预算内公用经费分别为 878 元、624 元、590 元，仍然呈现出圈层降序排列。在初中阶段，20 个区县中，生均预算内教育事业费最低值为 3469 元，最高值为 10 031 元，两者相差近 3 倍。从圈层角度来看，第一、二、三圈层分别为 7863 元、7238 元、5276 元；在生均预算内公用经费方面，最低值 527 元与最高值 1696 元之间的差距是 3.2 倍，三个圈层之间的差距也较大，第一、二、三圈层分别为 1121 元、924 元、770 元。由上述数据分析我们可以看出，20 个区县中教育经费水平参差不齐，差距较大。这反映出在"以县为主"的义务教育体制下，一方面，由于事权与财权的紧密关联性，义务教育经费主要由地方负责，致使经济发达区县与经济不发达区县义务教育经费水平呈现出较大差异，经费圈层差异便是经济水平与教育经费水平差异的集中体现，财权与事权的失调致使财权难以保障事权管理效能；另一方面，由于转移支付制度的不完善，实行"以县级财政投入为主，转移支付为辅"，外部财力支持的弱化难以从根本上缩小城乡间的教育经费水平差距。当前的转移支付制度没有根据地区财政差异进行合理平衡，为此就难以从根本上缩小教育经费的区县差异、城乡差异。

2. 学校布局调整：利益"共谋"的动力机制

2006 年成都市出台了《成都市普通中小学（公办）布点规划（2006—2020）》

学校布局调整文件,文件对 2006—2020 年中小学数量进行了整体规划,即到 2020
年中心城区及部分近郊区、县(即第一、二圈层)共规划小学 356 所,中学 188
所,小学服务半径原则上为 300～500 米,分散布局;中学服务半径为 800～1000
米,相对集中布局。对于外围区(市)县也即第三圈层要加大对中小学资源的整
合力度,结合区市县域总体规划,重点镇、新市镇以及新型社区规划,合理配套
中小学,乡村地区逐步撤销规模小、生源少的校点,同时结合农村新型社区的布
点合理安排小学,鼓励城镇设立九年制学校和完全中学。布局原则主要以人口密
度为依据, 1.5 万～3 万人可配套小学一所,3 万～5 万人可配套中学一所,均衡
布局,保证就近入学。2009 年,成都市教育局下发了《成都市教育局关于提升全
市农村学校办学水平的实施意见》,文件对中小学布局调整的目标任务和工作措
施进行了规定。在目标任务方面,要科学合理地规划现有村小学的撤并和保留,
到 2009 年年底,将现有 294 所村小学撤销 150 所以上,剩余村小学改设为乡镇
中心校校区或改为独立建制小学。通过调整布局、整合资源,大力改善农村学校
办学条件,切实提高全市农村学校办学水平。在工作措施方面,要科学规划,合
理布局,根据成都市学校灾后重建总体规划,结合当地农村新型社区布点规划,
确定各区(市)县现有村小学点位的撤并和保留。距离乡镇中心校 3 公里以上,
学生人数每个年级一个班以上的村小学,可设立为独立建制的小学;距离乡镇中
心校 3 公里以内的村小学,原则上全部撤销,合并到乡镇中心校;距离乡镇中心
校较远、确需保留的村小学,设立为乡镇中心校校区。上述文件的出台进一步加
快了学校布局调整的实施步伐。

第一,布局调整的现状:"小学进镇、初中进城"。

P 县,在统筹城乡经济社会发展推进城乡一体化过程中,加快了城镇化建设
步伐,经过多次合并及重组,P 县行政区划由 1999 年所辖 10 镇 9 乡调整为 2011
年的 8 镇 4 乡。根据统筹城乡事业发展规划、生源分布特点等实际情况,义务教
育阶段的中小学校也相应地通过撤并、重组等方式进行了布局结构调整和优化,
将学校布局与城乡基础设施建设同步规划、同步实施。按照《成都市普通中小学
(公办)布点规划》的要求,即"学校选址与重点镇、中心村建设相结合,规模
扩大与人口集聚相适应,资源配置与教育需求相统筹,校舍调整与功能划分相协
调"的原则,2009 年撤除了全部村小学,2010 年撤并了两个乡所在地的九年制
学校,进一步对中小学布局结构进行了调整。P 县所辖的 8 个镇在镇区均设置有

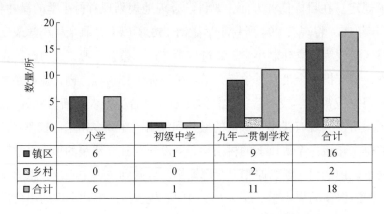

义务教育学校，所辖 4 个乡中有 2 个乡的义务教育学校已撤并。到 2012 年撤乡并镇与学校撤并仍在继续，"还有三个乡了，这三个（乡）是故意留着的，找政府要钱的，其余的都撤了，精简机构……（乡上的）学校也基本都撤了，并在镇上了，只有 B 乡还有小学，其余的都在镇上来上学了"（受访人 42）。

2012 年全县公办小学 6 所（全在镇区）；初级中学 1 所（在镇区）；九年一贯制学校 11 所，其中镇 9 所，乡村 2 所（图 4-2）。由村小学的消失，乡级以及学校与镇区学校数量上的悬殊对比，足见农村学校的凋敝。从第三章第三节"城乡义务教育一体化发展县域内的差距——P 县城镇与乡村的比较"中对中小学班数与班额的分析对比发现，乡村义务教育阶段特别是小学阶段小班额现象突出，25 人以下的小班几近半数，与镇区班级数与班额形成了鲜明对比。

	小学	初级中学	九年一贯制学校	合计
■ 镇区	6	1	9	16
□ 乡村	0	0	2	2
▨ 合计	6	1	11	18

图 4-2　2012 年 P 县义务教育阶段公办学校数统计柱状图

第二，布局调整的两大动力：学生生源的急剧减少、政府与学校利益的"共谋"。

其一，学生生源的急剧减少。随着 P 县经济社会的发展、城镇化步伐的加快，以及广大家长对优质教育资源的追求，农村人口不断向城镇集中，加之计划生育成效的显现，农村学龄生源逐年递减，乡村中小学校班级数、班额锐减，而经济较发达的城镇却因优质教育资源日益短缺，学生上学难、教学班额大、择校现象突出的问题仍未得到有效解决，城乡教育布局又出现了新的不均衡。

调研数据显示，P 县城镇平均每所初中、小学班级数为 19 个，乡村则分别为 11 个和 6 个，乡村小学仅每个年级 1 个班级的规模；城镇小学班额集中于每班

36～55 人，乡村小学班额仅以 25 人及以下居多，初中班额情况与之相似，呈现出镇区初中班额大、乡村初中班额小的问题。就学生人数变动情况而言，城镇小学当年转入学生 161 人，转出 139 人，学生人数变动呈增长趋势；乡村小学当年转入学生 16 人，转出 37 人，学生人数变动呈减少趋势；城镇和乡村初中转出学生数均大于转入学生数。

分析以上数据差异的原因，XS3 学校的领导和老师道出了部分缘由："按照该镇 2010 年的人口统计，约为 1.05 万人，以前这所学校在校生约 800 人，近年来生源不断萎缩，现目前（一至九年级）在校生不到 500 人了（小学 269 人，初中 182 人）。"一是计划生育政策的执行和落实，一定程度上限制了生育人口增长。加之孩子抚养和培育成本的增加，农村部分家庭即便超生，也最多不超过 2 个小孩。二是外出务工人员子女流出到务工所在地就读。该镇城镇化水平约为 40%，外出人员较多，有 70% 的家庭都外出务工了，外出务工人员或是将其中一个孩子留在家乡，另一个带到外出务工地区；或是将 2 个小孩子都带到外出务工地区。这些因素都在一定程度上制约了学校生源的增长。三是追求优质教育资源的迫切需求。部分家庭经济状况明显好转，受"知识改变命运"传统观念的影响，以及部分家长鉴于自己因为读书少在外打拼辛酸的体会而寄厚望于孩子身上，"望子成龙，望女成凤"，愿意花大量的择校费，动用一切人脉关系将孩子送到发达地区、优质学校去读书，"P 县的 S 学校虽然是民办的，但它是我们县最好的初中，招收了该县 1/3 的生源，很多学生都去了那里。……（按照就近入学的原则）该镇 40% 的生源去了别的学校就读"（受访人 40）。譬如，一位农村家长向笔者介绍说，"我女儿在 S2 学校读初中，教学质量好，比以前读的学校好多了，现在上学离家比较远，但住校一周才回来一次远点也莫得关系。……到县城里读书不容易，你不是城里人就进不去，费了好多工夫，不是她姑父帮忙也读不成"（受访人 25）。对于手握一定权力、人脉关系广泛的"行政人员"来说，择校更是常态，"就拿领导的孩子来说吧，读的都是好学校，XS8 小学副校长的女儿读的就是我们县最好的中学，'受访人 38'的女儿在成都市中心城区也就是第一圈层的一所名校读初中"（受访人 40）。可见，多种变通方式的"择校"也是部分学校生源减少的一个重要因素。

2011 年，在 P 县的 12 所九年制学校中，在校生数最少的 G 学校为 65 人，最高为 X 学校 1050 人，此外，200～300 人的有 1 所，400～500 人的有 2 所，

600～700 人的有 4 所，700～900 人的有 3 所。县政府所在地的 XS1 初级中学和 XS2 镇完全中学的初中人数较之 12 所九年制学校在校生人数更多。值得一提的是，P 县县政府所在地的民办完全中学初中在校生人数高达 3000 多人，生源在全县是最好的。

面对学生人数剧减，特别是对于像 G 学校这样的只有几十个学生的"麻雀"学校，教育行政人员感到撤并成为学校发展的客观要求。在笔者调研结束后不到半年，G 学校就被教育局正式发文撤并了。

有的学校（G 学校）小学只有 50 几个人，初中十来个人，怎么设置学校，氛围都不够哇，学生学起来没感觉，老师教起来没感觉，不撤怎么办？

——受访人 38

我们学校学生很少，初中和小学一共只有 100 多人，每个年级只开得起 1 个班，（小学每班）平均下来只有 20 几个人，但周围几个村子的学生都来这里上学，有一大半（约 55%）的学生都在住校，我们学校已经是重新组合后的学校了，怎么有法撤呢？没法撤。

——受访人 04

其二，政府与学校利益的"共谋"。布局调整与政府的经济效益取向相吻合。有学者根据义务教育学校的班级数和在校生人数划分了班级规模序列[1]，就小学而言，每个年级只有 1 个班，每班学生平均为 25 人，在校生总数在 150 人以下的学校为超小规模学校；每个年级 2～3 个班，在校生总数在 150～500 人的学校为小规模学校；每个年级 4～6 个班，在校生总数在 500～1400 人的为中等规模学校；每个年级 7 个班以上，在校生总数在 1500 人以上的为大规模学校。就初中而言，每个年级 1～3 个班，平均每班 30 人，在校生总数在 360 人以下的为超小型学校；每个年级 4～6 个班，在校生总数在 360～800 人的为小规模学校；每个年级 7～12 个班，在校生总数在 800～1600 人的为中等规模学校；每个年级 13 个班以上，在校生总数在 1700 人以上的为大规模学校。什么样的学校规模对于

---

[1] 傅维利、刘伟. 学校规模调控的依据与改进对策.教育研究，2013（1）: 49-50.

学校的最优经济效益、教育效益与社会效益来说是最适宜的呢？有学者指出[1]，对于九年一贯制学校来说，每年级 2～4 个班，全校 720～1440 人为宜；其中独立设置小学的每年级 2～4 个班，在校生总数 480～960 人为宜，独立设置初中的每年级以 6～8 个班，在校生总数 720～960 人为宜。根据以上学者的划分标准，P 县设置有小学的 18 所公办学校中，17%的学校在校生总数在 150 人以下为超小规模学校，61%的学校为小规模学校，22%的学校为中等规模学校。在 14 所设置有初中的公办学校中，有 79%的学校为超小型学校，7%的学校为小规模学校，14%的学校为中等规模学校。在 6 所公办独立设置小学的学校中，仅有 1 所人数在 480～960 人的适宜范围，有 1 所人数高达 2000 余人的大规模学校，远远超出最近人数范围，其余的 4 所学校人数均小于最适宜范围。在 12 所九年制义务教育学校中，仅有 4 所学校人数在 720～1440 人，其余学校人数均低于 720 人，仅有独立设置初中的 XS1 学校在校生总数近 1300 人，超出了 720～960 人的最佳范围，而生源最好的民办 S 学校（为完全中学），其初中人数近 3500 人，也远远超出了适宜范围。

要改造、提升众多的"麻雀"学校办学条件，实施学校标准化建设，投入的财力成本及物力、人力成本都是非常大的，难以形成规模效益。教育局一位行政官员的言语反映出了这种担心："星星点点的学校怎么去建设呢？学校（学生）几十个人，一百多人，把钱投进去打水漂了。"此外，对于超小规模学校或小规模学校的经费拨款，相对而言，人数越少意味着政府拨款相对越多，要减轻县财政负担，撤并学校自然成为政府的理性选择。

> 生均经费县域统一，按学生人数来划拨，越小的学校相对拨的越多，因为（在校生总数）500 人以下的按 500 人来拨（款），500～800 人按 800 人来拨（款）。
>
> ——受访人 01

为此，通过学校的撤并整合，特别是将超小规模学校进行资源优化重组，一方面能够实现"在合理的生均花费下，最有效地利用学校空间和人力资源"[2]；另一方面，合并后的学校也能集中多个被撤学校的资源，从而实现学校办学条件

---

① 耿申. 学校适宜规模及相关设施标准.教育科学研究，2003（5）：53.
② 耿申. 学校适宜规模及相关设施标准.教育科学研究，2003（5）：53.

的"数字规模效益"（详见第三章第二节中的相关论述），政府何乐而不为呢？

布局调整易彰显政府教育发展绩效。布局调整成为政府进行标准化学校建设的一个前提和基础，布局调整在一定程度上能实现资源优化重组与提升"数字规模效益"，自然在学校布局调整基础上进行学校标准化建设就更易体现政府的教育绩效。为了缩小城乡义务教育硬件差距，2004—2007 年成都实行了农村中小学标准化建设工程。市、县两级财政共投资近 15 亿元，采取统一投资、统一规划、统一设计、统一标准、统一风格和统一建设的方式，新建、改建、扩建的农村中小学占据全市 96% 的乡镇，使农村中小学基础设施水平改善提前了 20 年，取得了卓越成效，缩小了城乡义务教育学校硬件差距。

我们学校是 2004 年合并的，学校占地近 46 亩，（2004 年）年底进行标准化建设，政府出钱打造绿化等，2005 年我们学校成为（成都）第一所标准化建设学校，现在我们与城市里的学校（硬件）条件差不多是一样的，差距不大。

——受访人 22

城乡中小学标准化建设取得的成果，吸引了全国省市义务教育均衡发展现场会相继在 P 县召开，与会领导给予较高评价。教育部原副部长陈小娅曾高度评价："P 县的标准化建设学校堪称全国一流，令人耳目一新，城乡教育差距明显缩小，县委县政府实施的教育优先发展战略成效非常显著。"

布局调整能迎合学校发展利益。一方面，布局调整客观上有利于加快农村学校建设的步伐；另一方面，按照"小学进镇、初中进城"的原则，将分散在各个村落的学校撤并到交通比较便利、经济较发达的镇区或城区，能为教师的工作和生活带来便利。下面两段受访人的观点可以体现之。

撤村并乡后，我们学校重组为九年制学校。2005 年年底，在城乡教育均衡的推进中，学校完成了标准化建设，不仅修建了标准化教学楼，还修建了 600 平方米的学生宿舍楼，改建了厨房，配备了远程教育设备，建成了标准化运动场。这个政策让家长非常满意，放心地把学生送到学校住宿，这样免除了一些学生因为离家遥远而每天经受的行走山路之苦，家长也能安心外出打工了。

——受访人 14

学校撤并后，我们学校是距离 P 县城区最远的学校，（但）到县城也只有 10 分钟的车程，我们大部分老师一般住在县城里面，因为现在政策不允许给老师修公寓。他们一般自己从县城开车去学校，好点的开大众车，不好的开 QQ 车。

——受访人 07

第三，布局调整的结果：利弊共存。

正如上文所述，对学校进行撤并确实在一定程度上能促进教育资源的优化重组，形成规模效益，对教育发展产生积极的作用，但同时学校撤并也减少了学校数量，增加了学生上学的平均距离，为此部分学校不得不实行弹性寄宿制，由此增加了教师管理寄宿学生的工作量和工作压力。

（在寄宿方面）有生活老师负责清洁和打扫宿舍楼的公共卫生，兼任宿舍值班，但一般让科任教师轮流查寝，额外也会给教师增加很多的工作量，这些都是义务的。

——受访人 05

我们早上 8 点钟来，晚上 5 点钟回去。我们（九年制）学校都是住校生，没有专职管理学生的老师，都是老师来兼任管理学生住宿，一般正常情况下我们是 4 点半左右放学，从下午 4:30 放了学一直到第二天早上 8 点，我们老师要管理他们的学习、安全、吃饭、睡觉，包括洗澡，一、二、三年级的学生自己都不能洗澡，都是老师带去洗澡，这些工作都是额外的、义务的，是没有报酬的。晚上 8:40 的样子（即"8:40 左右"）学生进寝室，老师都要去管理纪律，到第二天早上这段时间特别辛苦。而不能待在自己的娃娃身边，感觉很难受。回城里一般都是和大家拼车，没有公交车。赶集的时候有面包车，但到晚上一般都没有，回家一般半个小时的车程。每周一般有两晚上可以回去，其余都要在学校值班，一个班 35 个人左右。以前是两个人睡一张床，现在条件得到了改善，每个人一张床，一个寝室住 8 个人，条件还是很不错的。感觉现在农村学生很受重视，受到关注了，但农村老师却被忽视了。

——受访人 15

大部分学校要求学生住校，只有 2～3 所学校不是寄宿制了，每次开会这两三所学校校长都要被批评，主要是学生距离学校太远，担心安全问题。当然学生住校又必然会增加管理上的负担。

——受访人 01

教师管理寄宿制学生的工作是额外的、义务的，特别是对于低年级的小学生，教师不仅要负责其住宿、学习、纪律、安全、吃饭、睡觉，还要负责给孩子洗澡，可以说此时教师已经不是教师了，而是担负了母亲或父亲的角色，为了照顾学生却难以陪伴在自己孩子的身边。即使偶尔能有时间回家，也是披星戴月，与同事拼车，还要担心个人安全问题。为此，农村寄宿制学校教师的"难受"或感觉"被忽视"是可以理解的，而且是可以感同身受的。

学校撤并致使学生上学距离加长以及生活寄宿在学校，由此又增加了学生上学的交通费用和生活成本，从而使家庭教育成本总量增加。

虽然如"受访人 43"所言，"成都与重庆相比搞城乡一体、搞均衡化有一定的地理优势，因为行政区域少，学校布点不是很宽"，"P 县将社区居民区与学校布局进行统筹整体规划，将居民区集中在城镇中小学附近，以便于孩子就近入学"。而农村集中居住区建设实质上是通过集中人口、整合村庄、土地和产业等区域空间范围内的资源要素，提高农村土地利用率，增强居住区公共服务功能。但农村集中居住区制度的实施是需要一定保障条件的，如强有力的支撑产业、乡镇财政支持、社会管理服务制度的配套等。基于上述条件的限制，致使农村居住区的县域全覆盖是有难度的，它与农村经济、社会的发展是紧密相连的。据调查，截止到 2011 年，P 县也仅在示范片区建设了部分集中居住点，覆盖人数仅占县域人口总数的 4%，其余 96% 的人口仍主要以分散居住为主。为此，大部分孩子必然面临上学路途遥远的现实，也不得不在住校和长途跋涉之间进行无奈的选择。

学生上学大部分都超过 3 公里，所以基本上都要求住校，甚至幼儿园都要求住校，不住校的只有 2～3 所。如 XS4 学校附近 6～7 个村的孩子都在那儿上学，有的村肯定就相对较远。但生源减少，有的学校就几十个学生，不撤并比较浪费资源，教师、管理者都存在着浪费，撤并后能有效地利用资源，撤并后的学校都选址在交通比较便利、地理位置较好的地方，经过学校标准化建设后，办学条件都很不错，也更容易吸引一些很优秀的教师。

——受访人 01

（三）城乡学校对接发展中的责、权、利

1. 城乡学校对接发展的内容

根据成都市教育局城乡统筹发展处《关于深化城乡学校结对发展工作的意见》（成教统〔2010〕1号），为了充分发挥城区学校资源优势和辐射带动作用，彰显农村教育的本土知识优势和田园特色，推动城乡教育共享资源、共同发展与繁荣，文件规定在中心城区与三圈层区（市）县及青白江区组建区域互动发展联盟的基础上，实现城乡学校深度结对发展，并确立了城乡学校结对发展的范围与名单，即在县域范围内，实行城区学校与农村学校的结对发展；在市域范围内，乡镇中心校与城区学校结对发展。成都市确立了112所学校作为"龙头学校"带领其他学校发展，形成教育联盟集团。文件还明确了结对交流互动的内容，具体包括学校管理、教学（教研）、学生互助以及干部教师的交流互派等多方面的城乡结对学校的交流与互动。

2. 城乡学校对接发展中的责、权、利

按照成教统〔2010〕1号文件精神，结对学校在学校管理、教学（教研）、干部教师等方面进行了交流互动，但在调研中笔者发现城乡学校对对接发展中的责、权、利存在不同的看法，其看法也表明了此制度中存在的一些问题。

第一，结对学校制度的现状：责、权、利不匹配，可操作性不强。

市域内的城乡学校结对，主要是以校-校对接方式来推进的。根据文件规定，成都市Q区与P县是对接区域，Q区YS9学校与P县XS1学校是结对学校。但由于结对学校之间的责、权、利不匹配，致使深度对接难以实现，以下受访人关于结对学校的观点反映了这种现状。

Q-P互动是好事，但如何持续发展，名校下乡的动力在哪里必须解决。如果只是任务，没有动力机制，就不完善，名校下派人员，要负担工资、交通等费用，一年下来一个人费用差不多要6万；而因为下派人员学校缺岗，又需另外请人，又是一笔费用。所以，应该正视编制和经费的问题，这样名校下乡的动力就更足，

薄弱学校也能受益更多。

——受访人 01

Q 区来了一名教师到 XS1 学校进行交流，但与本校教师相比，他/她的工作量要相对较少，我们希望他/她上的学科与他/她想上的学科不对接，很多教研任务分配不下去，因为他/她的人事、工资等没有下放到交流学校，碍于对接两校的关系，管理工作也不能真正地落实下去。所以城乡教师交流，从实际效果来看，并没有实现预期的目标，相反还产生了一些不好的影响。一方面，让农村学校在对交流教师的管理工作方面受阻；另一方面，城区交流教师的"懒散"作风动摇了农村学校教师的军心，加之他/她们还有额外的交流补贴，更让农村教师觉得自己"多劳少得"。所以，我觉得要让城乡教师交流真正落到实处，必须将交流教师的人权、事权、管理权、考核权、财权下放到被交流学校，否则，只会流于形式。

——受访人 34

"受访人 01"的上述观点反映了结对学校责权划分上的不明确，在结对制度中，城市学校承担哪些责任？农村学校享有哪些权利？城乡学校各自获得哪些利益？在结对学校制度的运行中，如果未能对责、权、利有清晰的认识，明确的划分，那么制度运行的受阻、变异、没有可操作性，便是预料之中的事。

第二，结对学校制度的效果："平台"意义大于"实质"意义。

县域内的城乡学校结对，主要是以名校集团的方式来推进的。P 县有八大教育联盟（或称八大名校集团），主要是为联盟内各校之间的交流搭建一个平台，可以共同开例会，共同开展教研活动等。如 P 县建立了八大名校集团，以 P 县几所名校牵头，如 S 中学牵头（又称"龙头学校"）的联盟，成员有 W 小学、R 小学、 XS2 学校、 Z 职业学校、K 中学，以及两所幼儿园等 8 所学校形成的 S 联盟。S 联盟中的 XS2 学校又带了 10 所学校，形成了 XS2 学校联盟，以滚雪球的方式，以大带小、划区进行带动，把所有的学校都吸收为联盟成员。

名校集团实际上就是联盟学校，联盟学校是以大哥带小弟的形式带领其他学校发展，形成教育联盟集团。"龙头学校"派教师到成员学校上课，通过学校间教师的相互现场听课、评课以及网上教研活动交流、学生（学生代表）间的文化交流等方式进行交流，实现双方教学资源共享……这样的活动一学期搞（举行）2~3次，如开学工作布置、学期总结等，但基本上是以网络的方式交流的，联盟学校间以师傅带徒弟的方式，一对一落实到人头上进行交流……在奖励机制方面，各自学校自己来进行奖励。

——受访人 39

可见，联盟学校内部的互动仍处于一种松散的状态，交流的积极性不高，缺乏明确的激励措施，随着时间的推移，联盟学校只剩下联盟的名义，却没有交流的实质。

综上所述，结对学校制度仍处于探索阶段，其交流的程序、奖励措施还未能制度化、可操作性不强，所以在某种意义上说，结对学校的平台意义大于实质的交流互动意义，正如主任 W 所言："同一联盟或结对学校相当于自己人，有这样一个交流的平台，在此基础上产生'自己人效应'，为以后的深度交流合作打下了一定的'心理'和'情感'基础。"

第二节　城乡义务教育一体化办学条件政策执行差距

一、办学条件政策执行成效

（一）"五大工程"联动推进办学条件的改善与提升

2004 年成都市教育局下发的《成都市教育局关于实施"五大工程"推进城乡教育一体化的意见》（成教〔2004〕1 号），决定全面实施"农村中小学标准化建设工程""农村中小学现代远程教育工程""教育强乡（镇）工程""农村教师素质工程"和"帮困助学工程"，科学规划城乡学校布局，推进办学模式改革，促进教育资源优化配置，实现城乡教育、区域教育一体化发展，保障不同社会阶层、群体平等接受教育的权利。第一，将农村中小学标准化建设工程与学校布局调整、重点镇建设相结合，学校布局调整与城镇建设规划相互协调、相互促进，城镇建设规划以人口变动趋势为参照，现实性与前瞻性相结合，一次规划与重点分层推进相结合，修订与完善教育发展规划。第二，大力推进农村中小学现代远程教育工程，市教育局每年安排 1000 万元，用于全市中小学信息化建设，到 2007 年，全市所有独立建制的中小学校和各级教育行政部门全部实现了教育信息化，各级各类学校均能实施信息技术教育。第三，以教育强乡（镇）建设工程为推手，以资金奖励和激励为动力激发乡（镇）政府对教育均衡发展的统筹协调作用。第四，通过农民教育与培训工程提升农民职业技能，加快农民增收致富，以从根本上提升家庭投资教育的经济能力。第五，实施帮困助学工程，进一步完善帮困助学机制，建立以政府为主渠道、学校出资、社会和个人积极参与的助学资金筹措渠道，完善义务教育阶段减免助的资助体系，保障农村经济困难家庭孩子的就学机会。

（二）倾斜农村的学校标准化建设资金分担方式

为了改善农村中小学办学条件，促进农村教育事业发展，创造适合农村学生德智体全面发展的学校环境，成都市教育局特制定学校标准化建设相关系列文件，以保障学校标准化建设项目的顺利实施。

2004 年，成都市教育局下发了《成都市教育局关于实施"五大工程"推进城乡教育一体化的意见》（成教〔2004〕1 号），规划 2004—2007 年全市投入 10.5 亿元，严格按照中小学建筑标准和技术装备标准建设农村学校；2004 年成都市教育局印发了《成都市农村中小学标准化建设标准（试行）》（成教〔2004〕25 号），对农村学校的建设规模、建设用地、项目构成、学校总体规划、校舍建筑面积标准、学校建设标准等方面的规格进行了规定，保证了农村学校校舍建筑用地、体育运动场用地、绿化用地的总规格标准和生均规格标准。

在学校标准化建设资金保障方面，成都市按照圈层根据经济能力规定市区县资金分担比例（表 4-1），第一圈层的 6 个中心城区由各区级财政自行负责学校标准化建设的全部资金，第二圈层的 6 个区县所需资金按市、区县 2∶8 的比例分担，第三圈层的 8 个县（市）所需资金由市级财政全额承担。这种根据圈层经济能力划分资金分担比例的方式，一方面充分地调动了经济能力较强地区投资教育的积极性，另一方面有力地缓解了经济能力薄弱的第三圈层学校建设的资金压力，体现了资金分担方式的合理性、科学性，从根本上保证了学校标准化建设特别是农村学校标准化建设的顺利实施，到 2007 年成都市学校标准化建设就已全部完成。

表 4-1　成都市三圈层学校标准化建设资金分担比例构成表　　单位：%

圈层	市	区	县
第一圈层	—	100	—
第二圈层	20	80	—
第三圈层	100	—	—

（三）农村学校办学条件发生"翻天覆地"的变化

在五大工程联动推进、办学条件改善工程严格的时间进度安排以及合理的资金分担方式的合力作用下，农村学校办学条件发生了"翻天覆地"的变化。

农村学校的设备、办学条件发生了"翻天覆地"的变化，我们学校的硬件逐步到位，2013 年全部农村学校（硬件）到位。

——受访人 10

硬件方面城乡几乎没有差距，有些方面，农村甚至比城市好，比如白板，在 XS1 学校大部分教室都有，我们学校还没有。

——受访人 03

2005 年进行学校标准化建设，将校址搬到现在学校所在地。目前（2012 年）成都在实施学校标准化建设提升工程，本校计划塑胶跑道建设在年内来完成……信息技术与课堂整合，每天都有一节课进行网上对外直播教学，整个成都市进入网络教学平台就可以看得见，以此来促进本校教学的发展，形成校际教学互动。

——受访人 04

我们学校搞选修活动课，器材学生自备，太贵的学校提供。器材费 5 万多元，局里配了 3 万多，都是通过项目（经费）来驱动。我们学校的图书资料，县教育局有专项资金配备图书，图书资料比较齐全。8:20—17:00 开放，学生可以在图书馆借阅图书。

——受访人 02

农村学校还充分利用独特的环境优势，在学生宿舍后面的小院里开辟了一大块苗圃地，种植了蔬菜、水果等，这些种苗都是学生家长免费提供然后和学生一起来义务种植的。在此活动中，一方面加强了家长与学校的互动；另一方面，绿色开放的环境有利于学生形成和谐人格、健康人格，并在劳动中形成坚强人格。正如 SX2 学校校长所言，我们"不能将孩子当成学习的机器、应试的机器，将学生的智力榨干"，应充分发挥农村学校自身的优势促进学生成长。

二、办学条件政策执行中的偏离

（一）城乡学校标准化建设存在差异

历时 3 年投资 10 亿元的成都市农村中小学标准化建设于 2007 年 9 月全面竣工，农村中小学校舍标准和办学条件得到了整体提升。但 20 个区县的学校办学条件差距仍然非常大，第一、二、三圈层在生均教学仪器设备值、生机比值、校园网建成率、平均每班多媒体系统套数等方面仍然差距显著，第三圈层的办学总体水平最低，与第一、二圈层仍存在着较大差距。在县域范围内，以成都 P 县为例，按照学校标准化建设相关要求，P 县基本完善了义务教育学校硬件设施建设任务，但在标准与质量上，则远远落后于市域内发达地区城乡学校建设规格，如体育场馆、语音室、微机室、卫生室等方面的建设滞后，以及在教育信息化方面城乡差距更大。另外，县域内镇区与乡村中小学校舍质量与标准差距也较大，城镇学校多以框架、砖混结构为主，乡村学校没有框架结构校舍，则以砖混、砖木结构为主；以 2011 年为例，城镇小学、初中当年新增校舍分别为 6552 平方米、2331 平方米，而乡村中小学均无新增校舍；相比镇区中小学校，乡村中小学均无语音室。

（二）基础设施重形式而轻实质

标准化学校建设虽改善了办学条件，但对于中小学校如何维持标准化学校的运行，如多媒体教室投影仪灯泡的更换，教学电脑、塑胶跑道和体育器材的维修、更新，无形中又会增加学校，特别是乡村中小学校的经济压力。正因为如此，部分农村中小学现代化的办学条件并没有在教学实际运行过程中得以充分的利用和体现：为了节约资源、减少开支，部分农村学校仍是多采用黑板教学，很少用到多媒体仪器；体育设施被闲置，塑胶跑道上"门可罗雀"，造成现代设备的另一种形式的浪费。如在对 XS2 学校的调研中，我们发现标准化学校建设后，该校不但有室外的塑胶跑道，还有室内的体育运动馆，学校将两件较大的屋子作为室内体育运动馆，馆内有乒乓台、泡沫垫等运动设施，但健身器材却很少，使屋子看起来很空荡。校长向我们介绍，"局里（教育局）会配套一部分健身器材费，但那点钱不够，学校自己得出一部分，这个东西（健身器材）是个消耗品，学校也没那么多钱"。为此，学校标准化建设后，如何完善相关配套制度，使农村中小学有效、充分地利用学校现代化设施，服务于教育教学，促进农村教师和学生的发展，是我们应当进一步关注和思考的问题。

（三）学校建设资源的争取：城乡间的地位差异

在争取学校建设资源方面，各个学校间的地位也并非一视同仁的，县教育局直管学校、城镇学校在争取资源方面相对于乡村学校处于更为有利的地位。换言之，在教育系统中学校地位的排序天然地存在着，学校地位与权力中心的距离成反比，县教育局直管学校地位高于镇区学校，镇区学校地位高于乡村学校。"我们学校直接属于 P 县教育局管，属于县域中学，在享受资源上得到了一些优惠。"这充分体现出资源与地位有着密切的联系，地位越高，在资源争取中越处于有利地位，资源获取越多，其地位越加巩固，呈现出一种良性循环的"马太效应"。

第三节　城乡义务教育一体化经费政策执行差距

一、区（市）县经济发展水平的差异：穷县办大教育的尴尬

（一）区（市）县经济发展水平的差异：区县差距悬殊

经济发展水平是教育发展的经济基础，决定着教育发展的水平，经济与教育

之间的这一规律对国家如此，对区县经济与教育间的关系而言，亦同样适用。对于政府作为投入主体的义务教育而言，政府的财政能力从根本上制约着义务教育的发展。"一般而言，经济发展水平高的地区，有较好的经济基础为义务教育提供丰富的教育资源；反之，经济发展水平较低的地区，教育投入则相对较少，要缩小与发达地区的教育差距也有一定的困难。"①

　　根据2010年的数据来看（表4-2），成都市各区县间经济发展水平差距较大。地区生产总值从569 630万元到5 024 990万元不等，两者相差近9倍。以区县3、区县15为例，在地区生产总值方面，区县3和区县15分别为4 902 714万元和569 630万元，后者仅为前者的11.62%。在人均地区生产总值方面，区县15为23 269元，区县3为60 490元，前者为后者的38.47%。在地方财政预算收入和支出方面，区县15仅为区县3的8.09%和28.91%。从上划中央增值税和消费税来看，区县15和3分别为7406万元和182 522万元，前者仅为后者的4.06%。从农业人口比例来看，区县3全部为非农业人口，区县15农业人口高达73.0%。纵观成都市19个区县在地区生产总值、人均地区生产总值、地方财政一般预算收入、地方财政一般预算支出和上划中央增值税和消费税②等主要经济指标方面，各区县经济发展参差不齐、差异较大，呈现出典型的圈层梯级递减分布，即第一圈层地区各项主要经济指标最高，第二圈层其次，第三圈层最低。在农业人口比例方面，各区县也存在较大差异，整体上第一、二、三圈层呈梯级递增分布，农业人口比例较大的区县一般属于边远区县，经济处于粗放型的发展阶段，第二、三产业不发达，产业结构水平优化程度较低，致使区域经济发展水平低下，居民家庭收入较差，对子女的教育投资水平不高。在经济发展差距悬殊的背景下，县域经济基础是制约各区县在义务教育经费投入、办学条件、师资资源、教师待遇等方面水平的重要因素。

---

① 彭青. 从教育经费视角看义务教育均衡发展——以河北省为例. 河北师范大学学报（教育科学版），2010（4）：77.

② 上划中央增值税和消费税即通常称的"上划中央两税"，指的是从1994年开始按分税制财政体制规定，原属地方财政收入的增值税的75%部分和消费税100%由地方财政收入上划为中央财政收入，由中央给予税收返还，返还额以各地上划中央增值税和消费税收入增长率为基数逐年递增。

表 4-2　2010 年成都市各区县主要经济指标情况

县区	地区生产总值/万元	人均地区生产总值/元	地方财政一般预算收入/万元	地方财政一般预算支出/万元	上划中央增值税和消费税/万元	农业人口比例/%	非农业人口比例/%
1	—	—	—	—	—	—	—
2	4 313 879	62 784	285 219	298 607	141 809	0.0	100.0
3	4 902 714	60 490	300 243	305 570	182 522	0.0	100.0
4	5 024 990	43 929	269 530	327 563	150 432	0.0	100.0
5	4 713 141	45 210	312 724	360 521	146 076	0.0	100.0
6	3 900 121	42 676	300 258	278 035	139 281	0.0	100.0
7	3 708 206	53 463	210 812	270 228	925 173	60.0	40.0
8	1 996 575	50 431	105 069	139 970	77 095	64.4	35.6
9	3 213 431	44 452	201 243	229 905	101 280	50.5	49.5
10	2 162 673	50 518	182 592	226 552	63 931	21.1	78.9
11	1 309 944	17 752	60 175	177 113	25 727	74.7	25.3
12	4 711 247	43 940	335 098	380 211	93 409	42.1	57.9
13	3 893 404	53 080	232 537	248 026	47 255	53.2	46.8
14	927 392	18 437	55 594	190 254	27 383	62.7	37.3
15	569 630	23 269	24 289	88 353	7 406	73.0	27.0
16	1 191 684	39 097	79 102	129 594	58 824	64.9	35.1
17	1 435 446	22 036	129 579	618 379	43 299	71.6	28.4
18	1 492 148	19 343	72 214	428 107	42 193	67.5	32.5
19	1 047 389	17 114	51 897	171 498	28 953	66.7	33.3
20	1 124 613	17 331	97 474	325 155	30 996	72.9	27.1

注：20 个区县中，由于区县 1 在上述统计年鉴中未单列，为此，本表仅列出 19 个区县的数据
资料来源：《成都统计年鉴（2011）》、《四川统计年鉴（2011）》

（二）区（市）县生均教育经费水平的差异：城乡间差距较大

1. 区（市）县人均教育总经费水平的差异

人均教育经费支出=教育经费总额/区域人口总数，是衡量教育经费水平的基本指标，最能反映各地的教育投资差异。

如表 4-3 所示，在 20 个区县中，人均教育经费支出最高的达到 1757.4 元，最低的仅为 528.6 元，后者仅为前者的 30%，各区县之间的差异较大。从第一、二、

三圈层分布来看，第一圈层人口总数最少，经费支出总额却最高，人均教育经费也最高，达到 1482.87 元；第三圈层总人数最多，但经费支出总额最低，人均教育经费支出也最低，为 789.93 元，仅分别为第一、二圈层的 53.27% 和 57.28%（表 4-4）。

表 4-3   2010 年成都市各区县人均教育经费支出情况

区县	人均教育经费支出/元	2010 年年末人口数/万人	经费支出总额 /万元
1	1 365.5	33.2	45 299.3
2	1 757.4	42.3	74 405.6
3	1 584.6	56.8	89 984.7
4	1 489.8	71.8	106 930.5
5	1 513.1	61.2	97 469.9
6	1 160.7	64.3	74 662.9
7	1 463.0	59.2	86 658.7
8	959.0	41.1	39 393.4
9	1 177.8	68.3	80 425.7
10	1 438.9	37.0	53 229.5
11	528.6	88.5	46 750.5
12	1 618.0	92.0	148 852.6
13	1 415.9	50.9	72 014.8
14	883.5	51.8	45 762.1
15	793.0	26.3	20 859.2
16	1 286.3	30.8	39 587.2
17	1 071.4	61.0	65 310.4
18	766.6	80.0	61 351.3
19	633.7	65.8	41 713.4
20	759.2	66.9	50 802.4

表 4-4   2010 年成都市三圈层人均教育经费支出情况比较

项目	人均教育经费支出/元	2010 年年末人口数/万人	经费支出总额 /万元
第一圈层	1 482.87	329.6	48 8752.9
第二圈层	1 378.98	348.5	48 0574.7
第三圈层	789.93	471.1	37 2136.5

2. 区（市）县生均教育经费水平的差异

城乡教育经费差距悬殊一直是一个不争的事实，它不仅是一个历史问题也是一个现实问题，更是一个未来需要逐步化解的问题。成都教育经费水平呈现出的明显地域差距，集中体现为圈层差距。前文笔者对圈层差距进行了详细的分析（详见第三章第三节）。例如，2010 年成都 6 大中心城区小学阶段生均预算内教育事业费为 6458 元，而处于偏远地区的第三圈层 8 个区县生均预算内教育事业费仅为 5163 元；生均预算内公用经费分别为 878 元和 590 元；与之相应，初中阶段中心城区和第三圈层在生均预算内教育事业费方面分别为 7863 元和 5277 元，生均预算内公用经费分别为 1121 元和 770 元。同年，全国在生均预算内教育事业费和生均预算内公用经费两项指标值在小学阶段分别为 4013 元和 1071 元，初中阶段分别为 5214 元和 1454 元。对比全国数据，成都市生均预算内教育事业费高于全国平均水平，但生均预算内公用经费水平却较低，中心城区和第三圈层都低于全国平均水平，尤其是地处偏远地区的第三圈层更是仅为全国水平的 50%。自 2003 年以来，成都市政府对经济水平相对薄弱的第三圈层的经费投入加大，但随着时间的推移，城乡间的差距并未缩小，反而差距扩大，与城乡义务教育经费一体化的政策目标背道而驰。

圈层间的教育财政投入差距很大，比如，在生均公用经费方面，我们县和中心城区的 Q 区相差在 2 倍左右，我们每个学生的公用经费只有他们的一半。即便是在同一个圈层，用于教育投入的财政经费也因地而异，比如，以初中晚自习的教师补贴为例，对于晚自习给教师所增加的额外工作量，在 D 市（属于第三圈层）这笔经费由 D 市财政埋单，市财政划拨。而对于 P 县，因为财政吃紧，无力承担这笔经费，晚自习的额外工作量也就自然而然地由教师义务免费。我们县已经用将近一半的财政收入来发展教育了，但我们县是最穷的，教育经费仍难以与第一、二圈层甚至是同一圈层的其他区县相比，别人的经济发展开的是飞机、跑车，我们骑自行车的哪能和他们相比，永远都赶不上，差距肯定是存在的。加之经济条件比较好的区县，企业对学校赞助很多，我们 P 县那些企业本身就没有几个发展得比较好的，也都是比较小型的企业，对学校也没有能力赞助。

——受访人 39

二、公用经费"低保"政策：城乡统一公用经费拨款标准

（一）公用经费"低保"政策：保农村学校运转，难保城乡均衡发展

2012 年，在成都市人民政府办公厅下发的《成都市城乡中小学标准化建设提升工程实施方案》中，对城乡公办义务教育阶段学校生均公用经费财政拨款标准统一工作进行了规定。文件强调到 2012 年，全市公办义务教育阶段学校生均公用经费拨款标准统一为小学 700 元/生·年、初中 900 元/生·年，同时建立动态调整机制，每两年调整一次；在资金分担方面，对高出国家规定标准部分，中心城区所需资金由各区自行承担，二圈层区县（不含青白江区）所需资金按市、区（县）3∶7 的比例分担，青白江区、邛崃市、金堂县、浦江县和新津县所需资金按市、区（县）6∶4 的比例分担，都江堰市、彭州市、崇州市、大邑县所需资金按市、县（市）8∶2 的比例分担。

现在（2014 年）生均公用经费在 2012 年的基础上调高了些，以前（2012 年）小学和初中分别是 700 元/生·年、900 元/生·年，现在差不多涨到 800 多和 1000 多了，基本上能维持学校的正常运转。

虽然文件规定了高于国家规定公用经费标准部分，P 县所需资金按市、区（县）6∶4 的比例分担，但县财政没钱，副县长都明确表示了，所以也没有学校超支，超支了也没钱。对于有钱的区（县），这个政策还是有一定的扶持作用的，但对于我们这个成都市最穷的县，6∶4 的分担比例还是比较高，应该分担少点，8∶2 还行。

——受访人 41

生均公用经费一部分用于日常的设备维修，一部分用于教师培训，对于三四百人的学校，剩下的经费也仅能维持学校的日常运转。

——受访人 01

可见，对于相关政策文件规定的统一城乡教育经费标准政策，确实在实践中得到了贯彻落实，对于经济不发达的农村地区、第三圈层的（市）县的农村学校的正常良性运行有一定的积极作用。但从某种意义上看，规定生均公用经费最低标准政策类似于一种低保政策，可以基本维持农村学校的正常运转，但对于经济较薄弱的第三圈层区县，绝大部分地区财政吃紧，无力按比例承担公用经费的超

支部分，县教育局也只能明确"表态"超支也没有钱。对于生均公用经费早已达到政策规定底线标准的第一、二圈层，区（市）县财力丰厚，加之企业捐赠，学校生均公用经费水平远远高于第三圈层。为此公用经费"低保"政策确实能对提高农村学校公用经费水平有一定的作用，但囿于县财政有限的财政能力，农村学校的生均公用经费水平也仅仅是停留在最低保障水平线上，市、区（市）县规定的比例分担方式也在一定程度上成为一种"点缀"。

（二）公用经费分担原则：如何科学确定经费负担能力

受益原则与能力原则是确定义务教育经费投入主体的基本原则。受益原则是指根据义务教育经费投入主体受益水平确定经费负担水平；能力原则是指根据义务教育经费投入主体的财政能力水平确定经费负担水平。义务教育作为一种纯公共产品，国家是最大的受益主体，其经费应由政府公共财政予以保证已达成一种共识，且 2008 年全国城乡义务教育免费政策已将这种共识变成一种现实。但如何根据各级政府的公共财政收入比例确定负担能力，各级公共财政如何分担义务教育经费投入比例，如何有效地缩小教育经费投入在区域间、城乡间、县域间的差距，却成为义务教育经费投入体制机制亟待解决的问题。面对成都市义务教育经费投入在圈层间、城乡间、县域间的悬殊差距，面对各圈层、各区（市）县在投入能力上的较大差异，仅靠公用经费"低保"政策，难以有效缩小城乡教育投入差距，以致难以缩小城乡教育差距。如何围绕缩小城乡教育经费投入差距目标，科学考证各区县的经费负担能力，确定合理的分担比例，使经济薄弱地区，特别是第三圈层区（市）县在落实"低保"经费政策之上，有能力分担"超支"部分的经费投入，有争取"超支"部分经费的积极性和主动性，当然制定科学的、合理的经费分担比例是前提，也是基础。

分税制改革后，财力越来越向上一级政权集中，中央财政收入迅速增长，与中央、省、地市、县四级政府财力分配格局的变化相伴随的是财力的改变，有学者对中央、省、地市、县四级政府的总体财力和人均财力进行比较发现，从财力强弱顺序看，中央财力强于省级，省级财力强于地市级，地市级财力强于县级，县级政府财力是最弱的。[①]这种财力分配格局与现有的"以县为主"管理体制下

---

① 胡延品. 政府财力分配与义务教育经费负担主体困境分析. 教育与经济，2003（4）：33.

的县级政府承担主要的事权不相适应，县级政府自然难以承担均衡之重。

从三级教育经费投入比例结构[①]来看，2005—2008 年四川省财政性三级教育支出结构比例分别为 4.0∶1.2∶1、3.2∶12.∶1、2.7∶1.2∶1、2.6∶1.2∶1，三级教育支出结构偏重于高等教育，较为忽视中等教育和初等教育。以 2009 年的数据为例，四川省高等教育、中等教育、初等教育的生均预算内教育经费分别为 7841.66元、3249.07 元和 2899.21 元，三级教育生均经费比值为 2.6∶1.12∶1，较之前 4年高等教育生均经费有所下降，但总的比值仍居高不下（表 4-5）。相对于 OECD国家三级教育生均经费比例结构，其高等教育、中等教育、初等教育三级教育比例为 1∶1.25∶1.9[②]，可见，四川省在三级教育经费支出结构中高等教育比例偏高，而初等教育和中等教育比例偏低，支出结构较为不合理。从生均教育经费占人均GDP 的比例来看，2009 年四川省人均 GDP 为 17 000 元，高等教育、中等教育、初等教育三级生均教育经费占人均 GDP 的比例分别为 46.13%、19.11%和 17.05%。相关研究认为，在人均 GDP 为 2000～5000 美元（若按美元汇率 6.43 折算，相当于人民币 12 860～32 150 元）这一经济发展水平的国家或地区，高等教育、中等教育、初等教育投资所占人均 GDP 的比例应分别为 23.2%、22.4%和 31.6%。从此角度也反映出了高等教育投资比例过大，而中等教育和初等教育投入不足。

表 4-5　2005—2009 年四川省财政性三级教育生均教育经费　　单位：元

年份	普通高校	普通中学	普通小学
2005	3539.07	1016.37	874.24
2006	3713.69	1411.18	1154.17
2007	4629.32	1946.99	1691.91
2008	5859.62	2604.6	2255.22
2009	7481.66	3249.07	2899.21

资料来源：2006—2011 年《中国教育经费统计年鉴》

---

① 三级教育生均经费比例结构，即初等教育、中等教育、高等教育生均经费的比值关系，由于普通小学、普通中学、普通高校是三级教育的主要部分，为此，本书以普通小学、普通中学和普通高校的教育生均经费数据比例来代指三级教育生均经费比例结构。

② Education at a Glance[N/OL]. Ta02/07：table4.1,4. 2. OECD. http://www. oecd-ilibrary. org/education/ education-at-a-glance-2007_eag-2007-en.

正如受访者 P 县教育局局长 Y 所言：“目前的义务教育投入方式，县级政府负担了大部分的义务教育经费，我们县是成都最穷的了，我们以三圈的经济办一圈的教育，热情高，但很难，没钱啊。”为此，建立高重心义务教育投入方式，提高义务教育投入占政府财政预算的比例，提高义务教育生均经费在三级教育生均经费中的比例，均等城乡义务教育生均经费投入，对于均衡区县教育经费、平衡城乡教育经费显得尤为重要。

第四节　城乡义务教育一体化教师政策执行差距

我们在成都 P 县的调研中发现，虽然 P 县在师资队伍建设和管理方面做了大量创新工作，如“县管校用”的教师管理机制、“城乡结对”的教师帮扶模式，但仍存在着诸多的问题。

2008 年，四川省教育厅下发了《四川省教育厅关于进一步推进城镇教师支援农村教育工作，加快中小学教师城乡交流的通知》（川教〔2008〕41 号），2009 年成都市政府目督办①、市财政局、市人事局、市机构编制委员会办公室、市教育局联合发出《关于深化全域成都教育均衡发展的意见》，2010 年成都市教育局出台《关于深化城乡学校结对发展工作的意见》（成教统〔2010〕1 号）。上述文件明确规定成都市将积极开展城乡学校互动发展联盟建设，实现五城区、高新区与三圈层区（市）县以及青白江区教育的联动发展。联盟学校之间按 2%～5% 的比例互相交流干部和教师，城区学校（含县城所在地学校）干部和教师赴农村学校挂职，承担指导管理、教学及教研工作，农村学校干部和教师到城区学校顶岗、跟岗和培训。与此配套的是，将建立激励导向机制，在晋职晋级、评优评先、职称评聘等方面都向派出到农村地区任职任教的干部和教师进行倾斜。今后到农村学校任职任教的干部和教师将享受农村学校教师补贴；派出干部和教师完成任务经考核优秀者，可破格提拔使用。干部和教师的交流互动是城乡学校联盟结对发展的关键。通过城区学校干部和教师到农村学校挂职锻炼、指导教学教研、“送

---

① 即成都市人民政府目标管理督查办公室。

教下乡"、"示范课"等教学交流制，提高教学能力和科研水平，提高教学质量。农村学校干部和教师到城区学校参与管理和顶岗、跟岗学习培训等方式，提升了农村学校管理和教学水平。鉴于教师交流在我国城乡义务教育实践中的普遍性，本节内容将不对校长交流进行分析而主要对教师交流进行探讨。

一、教师流动：由"单位人"到"系统人"

（一）"系统人"政策目标

《成都市教育局关于城区和城镇学校教师到农村学校定期服务的实施意见（试行）》（成教人〔2004〕43 号）和《成都市教育局关于进一步加强城区和城镇学校对口支援农村学校工作的通知》（成教人〔2004〕64 号）规定，义务教育阶段学校 2000 年及以后新进的大中专毕业生，每人都要有一年以上（含一年）在农村学校任教的经历，作为评聘高级教师职务、评选区及以上学科带头人、区及以上优秀教师、区及以上优秀青年教师等的必备条件之一，选派教师人数原则上应不低于在岗专任教师数的 1%，城区中学每校选派教师人数应不少于 1 人，参加定期服务的教师应当具有一年以上工作经历，有较强的教育教学能力和良好的职业道德。支教工作由区（市）县教育局人事科统一组织和管理，对口支援计划和年度支教方案，由支援学校校长负总责。

为进一步优化全市教育人才资源配置，推进义务教育均衡发展，2006 年成都市人事局、财政局、教育局联合下发了《关于推进中小学干部教师定期交流工作的意见（试行）》（成人发〔2006〕17 号），文件规定区（市）县教育行政部门所属的公办义务教育阶段学校中，在同一所学校任教满 9 年的教师，需纳入中小学教师定期交流的范围（年满 50 周岁的男教师和年满 45 周岁的女教师可不纳入交流范围）；每学年全区（市）县教师交流面应达到应交流人数的 10% 以上，每期（批）2~3 年。交流教师的人事、工资关系可保留在原单位不变，坚持"人走岗不动，宁空不挪聘"的原则，鼓励城区（镇）学校教师自愿将人事、工资关系转到农村学校。自 2007 年起，申报特级教师、省学术技术带头人、市教育专家、市学科带头人和市级以上模范、优秀教师（教育工作者）的，应当在薄弱学校、农村学校任教 2 个学年以上，教育行政部门通过编制、职称、工资、评优等政府杠杆引导干部和教师有序流动。

按照《四川省教育厅、四川省人事厅、四川省机构编制委员会办公室、四川省财政厅关于进一步加强农村义务教育教师队伍建设和管理的实施意见》（川教〔2006〕60 号）的精神和《成都市人事局、成都市财政局、成都市教育局关于推进中小学干部教师定期交流工作的意见（试行）》的要求，在部分区（市）县试点的基础上全面推开教师定期交流工作，将每年交流人数要提高至应交流人数的15%以上，每期（批）3 学年。同年 9 月 1 日起，成都市教育局直属学校教职工档案移交成都市人才流动服务中心教育分中心（以下简称"教育分中心"）集中管理。2012 年，成都市教育局、成都市委机构编制委员会办公室、成都市人力资源和社会保障局印发了《关于推进教师"县管校用"工作的意见》（成教发〔2012〕12 号），对"县管校用"政策做了进一步的明确规定，对教育主管部门、教师管理服务机构和学校对公办中小学校义务教育阶段在编教师管理方面的工作职责与权限进行了划分，教育分中心与教职工签订人事聘用合同，学校与教职工签订岗位管理合同，实行"县管总量控制，学校按岗配备"，"县管岗位结构，学校按岗定员"，"县管人员身份，学校合理使用"，"县管全局统筹，学校择优选派"，"县管体系标准，学校考评执行"，以加快推进县域内教师无校籍管理，实现教师队伍县城内统管统用、合理配置，促进教育事业均衡发展。

上述一系列教师交流政策文件的颁布落实，促进了教师人事制度的改革，教师交流制度改变了原有的学校用人制度，促使教师由"学校人"逐渐过渡为"系统人"、"职业人"，实行教师集中管理、统一调配，也即"县管校用"。具体而言，就是将教师的编制、晋升、工资待遇等涉及其切身利益的事项由县级教育部门统一管理，而学校则主要负责教师的使用、考核等事项，使教师由"学校的人"转变为"社会的人"，缩小了校际、地区间的待遇差异，推动优秀教师向基层流动，从根本上推动了教育的均衡化发展。

（二）"系统人"悬置

1. 系统内的师资差距

系统内的师资差距集中体现为城乡教师队伍结构有失均衡。P 县教师队伍整体学历水平较低，综观 P 县 2012 年城乡中小学教师学历情况，小学教师队伍中本科毕业占 14%，专科毕业占 60%，高中阶段毕业占 26%；初中教师队伍中本科毕业占 78%，专科毕业占 20%，高中阶段毕业占 2%。按照教育部《关于大力加强中小学教师培训工作的意见》（教师〔2011〕1 号）的精神，到 2015 年成都市公办小学专任教师取得专科及以上学历的比例达 95%，公办初中专任教师取得本科及以上学历的达 90%，针对这一目标 XS2 学校的中小学教师整体学历水平提升还有一定难度。

教师公招政策的双向选择原则造成城乡师资水平在起点上的差距悬殊。根据成都市教师公招政策，应聘人员在报名表上需填写应聘学校及岗位，如"XX 中学，中学语文教师 A"，在招聘过程中，根据应聘者的笔试和现场考核（面试、专业技能测试和试讲）和招聘领导小组审定，竞争择优，学生和学校之间遵循的是"校竞生择、生竞校择"的双向选择原则，而农村学校在自由竞争中本身就处于先天条件不足的弱势地位，致使农村学校在师资招聘中处于劣势，进而导致了城乡师资水平在起点的悬殊。

大学生在教师公招考试过程中，就填写了就业学校意愿，如果填写学校的竞争较大，他就被淘汰了。当然优秀的学生一般都选择县城里的学校，选择条件好的学校，去农村学校的学生是在竞争中的失利者或者是本身条件不太优秀的。

——受访人 41

我们区的学校招的都是重点大学的毕业生，特别是教育部直属的六所师范大学，应聘条件中都是有规定的，竞争还是比较激烈的，都是择优录取。

——受访人 34

农村优秀教师的"向城性流动"，使城乡师资差距进一步恶化。正如 XS3 学校教研组组长所言："问题主要在于师资、生源两方面，这是最大的不均衡，优秀的师资和生源都被城区优秀学校挖走。"近年来，P 县教师工作变动相对频繁，优秀师资流失严重，呈现出乡村教师流向城镇中小学校，城镇教师流向其他地区优质学校的现象。以 2011 年为例，城镇小学教师调出 26 人，初中教师调出 29 人；乡村小学教师调出 11 人，初中教师调出 12 人。令人惋惜的是，许多优秀的农村中小学教师流向了城镇学校，壮大了城镇中小学师资力量，发挥了锦上添花的作用。与之相反，农村中小学师资队伍流失严重，因此而雪上加霜。教师的单向流动加剧了城乡师资力量的失衡，进一步扩大了城乡义务教育之间的差距。城市学校通过考调方式从农村选走大量优秀教师，农村优秀教师只要有机会、有条件都千方百计地"挤进"城市学校，致使农村在师资水平上更是雪上加霜，其结果使农村教师在学历结构、年龄结构上更加落后于城市，城乡师资差距进一步拉大。XS6学校教导主任的一番话让我们更直观地认识到了这种现象。

我们学校差不多每年都要调走几个老师，优秀的老师能走的都走了，剩下的都是合校（撤并学校）时剩下的一些小学或初中老师，无法调到其他地方的或调不走的老师，大多数都是年龄比较大、能力比较低的，（他/她们）思想僵化，你改变不了，做工作很恼火（麻烦）。现在教师调动都需要考调，考很难，对（于）他们那批，教学技能或许可能过关，但在知识方面与年轻人相比就处于劣势，如数学老师数学题都做不起（不会做），你说怎么办。

——受访人23

面对农村教师的"向城性"流动，农村学校的领导是比较理解和人性化的。一位老师告诉我们："我们的领导一般对于能往高处走的老师都比较理解，一般都不会拖他的后腿。"

2. 教师交流政策的变异

教师交流意味着城乡学校教师的"双向互派"，一方面城市学校下派教师到农村学校支教，另一方面农村学校上派教师到城市学校顶岗学习。从调研情况来看，教师交流主要是以城市教师到农村学校支教[①]为主，由农村派教师或校长去城市顶岗、跟岗的数量较少，甚至逐渐停止这种顶岗、跟岗的交流形式，如P县自2013年开始就没有派去Q区的校长和老师了。为此，本章主要对城市教师支教现象进行探讨。

教师交流政策实施后，城乡学校教师对此政策的看法如何，评价如何？教师交流对于农村教育发展而言是否达到了预期的目标呢？下面以城乡交流教师对交流政策的看法、评价为例来剖析教师交流政策的变异。

城市支教教师是如何看待"下乡"支教的呢？以下是两位支教教师关于支教的感受和看法。

[①] 在教师交流制度的实践运行中，受访对象通常将城市教师去农村学校交流称为支教，与之相应，老师被称为支教老师或支教教师，派出支教老师的学校称为支教学校，支教老师支教的农村学校称为被支教学校。

2012 年 9 月，我来到 XS1 学校，支教时间一年，任教科目为地理，原单位是成都市 Q 区（中心城区）的 SZ 学校。2008 年我大学本科毕业，毕业到校工作（职称）为中学二级，晋升高一级职称必须支教一年。我刚结婚几个月，住房在 Q 区，每周回去一次，周末回去。从 XS1 学校到家单程需要两个半小时左右，双边为 4~5 个小时。2012 年 9 月，Q 区派出 10 名教师到 P 县小学和初中支教，SZ 学校共有 80 多名教师今年派出 1 名教师，对原来学校的教学影响应当是不大的。

（在支教津贴方面）每个月给我们支教老师补贴 600 元，仅够交通费，但对补贴还是较为满意的。（在支教时间方面）我认为 1 年还是比较合适的，长了接受不了，毕竟 1 年时间的变化还是很大的，特别是城区学校与外界交流的机会多、平台高，出来时间长了（笔者注：到农村支教时间长了），自己就落后了，支教本来就是一种爱心工程，是一种奉献。

（在支教考核方面）被支教学校评定支教老师表现优秀还是合格，原单位结合我们的支教表现对支教教师予以考核，被支教学校对支教教师都比较照顾，如排课时间、排课课程等方面。

（对城乡差距的看法）城乡差距主要表现在软件方面，又集中表现为教师的观念、态度方面和生源质量的差距。教师的负责、认真的态度城乡差距是很大的，我以后一定要把娃娃送到名校去，教师的负责态度是不一样的，态度差异太大了。（教育质量）小学开始就有差距了，特别是习惯和智力方面，学生的学习习惯、行为习惯和城市孩子相差太远了。城乡差距太大，（农村）教师工资太低，城乡还需要更多的交流、互动，比如，在教学方面、教学理念方面。

——受访人 03

我是 P 县 XS7 学校的老师，在 XS4 学校支教。由于住在县城里，拼车过来上课，路况不好，30 公里的路程安全无法保证，每星期一次晚自习，所教的班级 1~9 年级都上。这里的学生质量差一点，教起来费劲，有的 1+1=2 都不会算，智力方面差一些，费的心思多一些，有个孩子 4 岁还不会说话，但学生淳朴。（在支教津贴方面）成都市去年的钱（支教津贴）还没到位，上学期的钱还没给，如果能按时给还是可以接受的。我工作 25 年了，小学高级，每月两千多。这儿的氛围宽松和谐，由于老公在这里，自愿来的，换个环境。对于支教时间，如果老师愿意，可以有伸缩性，3~5 年都没问题，只是希望能得到原来学校的支持。

——受访人 17

农村学校领导和教师又是如何看待城市支教教师"下乡"支教的呢?

教师交流只是一种形式,真正的交流没有。缺少优秀教师的交流,城里学校不会派优秀教师来农村,派的都是要评职称的,我们学校很需要体育学科的老师来交流,但一直没有,城里没派这个学科。现在来上课的老师比较少,一般都是中层干部来交流,就去年来了一个老师到我们学校,交流了一年,只承担一半的教学工作量,兼任校长助理,实际上的课堂交流只有一天。

——受访人 01

以下是被支教学校的两位农村教师对于支教教师的感受和看法。

我们和县城里学校老师工资收入差距不大,但额外收入的差距很大。现在绩效一年18 000元。但那些外调的老师一年要比我们多一两万,他们没在这儿上课,但工资从我们学校这儿出。还有县城里来的支教老师(当地一般称"交流老师"为"支教老师"),他们每年有1万多元的补贴,如果他们真正地起到了带头作用,或者是真正地支了教,我们也认了,但他们也没有起到这些作用。

每年都有两次支教,每次开会就说他们来奉献,我们来这儿工作了这么多年,难道还比不上他们来这儿工作一两年的?心里感觉很不舒服,感觉我们没被承认,真正地没被承认。他们一年就可以另外多领1万多元钱,两年就可以多领2万多元钱,两年工资就相当于我们工作三年挣的钱,而且他们在这儿来是拿双份工资,这到底是给的啥子政策哟,让我们山区教师觉得我们又不会教书,又不会做人,就等到人家来教我们,我们在这儿工作的很多老师都有这种感觉,让我们觉得确实不舒服。

我们县的任何一个学校的老师来我们山区学校,都算支教。都是我们县的(县域内)老师来我们学校,他们一般的老师不得来,来我们这儿的就是为了考聘职称,考聘完就走了。有上数学的,有上语文的,一般根据支教老师的要求来,说实话,他们的工作量一般也不多,也是学校领导特别关照的。每年都有一两个老师,时间一般是两年。一般都是镇上(学校)的老师来我们山区学校支教。

笔者问:如果这部分老师不是县域内的老师,而是成都市主城区学校的老师,比如是L小学(成都中心城区某知名小学)的老师来这里支教了,他们当地的教育局给他们工资和额外的多这么一两万元的补贴,你们的态度是怎样的呢?

也要看情况，看他们是否配合，如果是让他们上公开课，不愿意上，上专业课，不愿意上，不愿意起带头作用的话（我们是不愿意的）。如果能给我们带来经验，给我们交流的话（即"与我们积极互动"），我们还是愿意的，关键是能不能给我们带来有意义的东西，如果是那样我们心服口服，让我们心里很舒服，现在是哪个都想上我们这儿来。

——受访人 15、受访人 16

上文的案例反映了城乡教师对支教的不同看法和态度。笔者在调研过程中，关于交流制度听到更多的是老师们的抱怨、不满：城市学校教师的抱怨、农村学校教师的不满。对于外调老师或支教老师原校同事对其不满，认为其没在本校工作，但工资还从原单位出。对于支教学校教师而言，认为支教老师工作量比自己少，工资却比自己多。可见，教师交流政策与预期的目标和效果产生了偏离和变异。

第一，支教目标的变异。交流政策的目标是通过城市支教教师的"送教下乡"、"示范课"、教学教研指导等方式，提升农村教师的教学能力和科研水平，提升农村教育质量。为了达到上述政策目标，配之以一定的激励措施，如晋职晋级、评优评先、职称评聘等方面都向派出到农村地区任教的教师进行倾斜。但在实际执行过程中，晋职晋级、职称评聘等个体利益成为支教教师追求的主要目标，而将支教对于农村教育教学的示范、提升作用置之不顾，丧失了教师交流的本质追求，使政策目标异化为个体利益的附带结果。为此，城市支教教师将支教看作是"一种奉献"，一种"爱心工程"，而不是自身应尽的义务，在"奉献"、"爱心"的思维下，干多、干少农村学校都应当感恩戴德，在"义务"思维下，干好"本职"工作却是支教者应尽的义务。

第二，支教过程的变异。按照交流政策的规定，支教教师的作用不仅限于影响自己所教班级的学生，更重要的是通过"送教下乡"和"示范课"将其教学理念、教学方法、教学设计、教学模式与农村教师分享，供其借鉴和剖析，促进农村教师的反思与成长。但在实际的政策执行过程中，支教教师的作用仅仅体现在所教的学生身上，缺少与农村教师的教学、教研探讨，缺少"示范课"的共享、反思平台，没有将支教教师的应有作用充分发挥。一方面受制于支教教师的意愿，另一方面受制于支教教师评价的偏差。支教教师基于"奉献"、"爱心工程"的心理,从个人理性选择的角度是不愿意增加自己除任教所安排课程之外的"示范课"等"额外负担"的,而被支教学校碍于与支教学校的上下级关系(因为支教学校是教育局安排下来的,支教教师是支教学校安排的,被支教学校会从心理上将支教教师看作是"上级"单位派下来的人;或者由于城市与农村、城市学校与农村学校、城市教师与农村教师二元等级优劣思想作祟),从人情-社会关系层面一般都会给予支教教师优秀考核,所以支教教师在实践操作中是不受制于被支教学校的束缚的,正如前文 X 校长谈到的,"要让城乡教师交流真正落到实处,必须将交流教师的人权、事权、管理权、考核权、财权下放到被交流学校,否则只会流于形式"。

第三,支教效果的变异。对比支教教师的工作与收入,农村教师感觉自己的工作没有得到承认,"让我们山区教师觉得我们又不会教书,又不会做人,就等到人家来教我们",这句话里包含了很多的不满与委屈,而这种不满与委屈又不可避免地会对其职业情感产生影响,进而影响教育教学质量(这句话已改)。正如前文 XS1 学校校长(即受访人 01)关于城乡教师交流所谈及的,"城区交流教师的'懒散'作风动摇了农村学校教师的军心,加之他/她们还有额外的'交流'补贴,更让农村教师觉得自己'多劳少得'"。

为进一步说明教师群体对城乡义务教育一体化相关政策的支持度与执行效果,下文以成都市教师交流制度执行数据为例予以分析。教师交流政策①规定,每年交流人数要提高至应交流人数的 15%以上,就 2007 年全面实施教师定期交流制度的数据来看,如表 4-6 所示,20 个区县实际交流教师占应交流教师的比例为 14.5%,低于 15%的政策目标,其中有 9 个区县交流比例低于 15%,最低比例达到了 7.4%,中心城区仅有 1 个区县实现了 15%的目标,有 3 个区县低于10%。与教师交流相反,实际交流校长比例却远远高于应交流校长比例,所有区县都远远超出了 15%的政策目标,实际交流人数与应交流人数的比例最高甚至达到了 19:0。

---

① 如《成都市教育局关于进一步加强干部教师交流工作的通知》(成教人〔2007〕46 号)、《成都市人事局、成都市财政局、成都市教育局关于推进中小学干部教师定期交流工作的意见(试行)》等文件皆有规定。

表 4-6 2007 年成都市教育系统干部教师交流情况统计表

区县	应交流人数/人		实际交流人数/人		实际交流人数所占应交流人员比例/%		
	校长	教师	校长	教师	小计	校长	教师
1	18	579	7	48	9.2	38.9	8.3
2	0	977	15	72	8.9	—	7.4
3	0	1 064	19	173	18.0	—	16.3
4	8	771	10	109	15.2	125.0	14.1
5	7	1 625	21	136	9.6	300.0	8.4
6	1	811	3	120	15.2	300.0	14.8
7	13	1 251	29	283	24.7	223.1	22.6
8	11	368	3	61	16.9	27.3	16.6
9	7	1 585	11	256	16.8	157.1	16.2
10	21	1 056	21	138	14.8	100.0	13.1
11	1	1 376	3	209	15.4	300.0	15.2
12	7	2 245	36	339	16.6	514.3	15.1
13	1	667	1	107	16.2	100.0	16.0
14	4	620	6	99	16.8	150.0	16.0
15	26	898	8	133	15.3	30.8	14.8
16	10	771	10	119	16.5	100.0	15.4
17	7	2 580	3	336	13.1	42.9	13.0
18	63	508	45	137	31.9	71.4	27.0
19	26	2 174	15	271	13.0	57.7	12.5
20	7	688	7	124	18.8	100.0	18.0
合计	238	22 614	273	3 270	15.5	114.7	14.5

从 Q 区与 P 县的教师交流情况来看,Q 区下派校长和教师来 P 县进行支教工作始于 2006 年,属于第一批支教队伍,10 位青年教师进行了为期 4 个月的支教工作。2007—2008 学年度 Q 区有 8 位教师来 P 县支教,2008—2009 学年度共有 4 位教师来 P 县开始了新一轮的支教工作。直至 2012 年每年都有一定数量的教师来 P 县支教,但支教教师数量总体上呈逐年减少趋势,自 2013 年开始,Q 区就

没再派支教教师到 P 县，只派了 3 名校长，其中义务教育阶段有两名，皆任职于小学。以上成都市的整体情况以及 Q 区 P 县对接交流数据，充分显示了教师交流政策执行的阻滞。

W 主任谈及城乡教师交流时语重心长地说："昔日孟母三迁，现在有钱的'孟母'要不在城里买房，要不租房都要孩子到城里去读书，现在优质教育资源可以用钱来买。现在提的优质均衡，只能是慢慢地缓解，通过改变农村教育的现状去改变。现在大学生在城里教书必须到农村工作两年，但另一方面，农村却成为城市老师的练兵场了，不可能达到均衡。"虽然 W 主任对城乡教育均衡的结果比较悲观，但他的言语中却透露出了这种交流的形式化，甚至是对农村教育发展带来的负面影响。

3. "县管校用"管理制度对教育公平作用的有限性

现有的教师轮岗交流属于"人走，关系不走"，部分支教教师对被支教学校没有认同感，将自己作为"匆匆过客"，为此，B 县教师管理中心 L 主任认为，"教师支教的模式并非一种正常的机制运转"，而"县管校用"将教师个人编制从学校中剥离出来，实行教师无校籍管理，"举个简单例子，如果甲校英语老师有富余，而乙校英语老师不够，在'校管校用'模式下，就会出现甲校的英语老师闲着，乙校花钱去请代课老师的现象。但'县管校用'就可以对全县区域内的师资进行统一调配和管理，最大化地进行资源整合"。为此，四川省教育学会秘书长 J 认为，由于县管校用管理模式在全国鲜有实践操作，缺乏已有经验的支撑、借鉴，目前在成还仅是一种探索，但从理论上而言，"县管校用"可以对区域内的师资资源进行整合、平衡，但教师的"户籍"脱离学校之后，能否服从学校的统一安排，能否更好地执行教学任务，还有待考证。

在"县管校用"管理模式下，教师与学校是一种合同关系，一方面教师面临优胜劣汰的压力，另一方面身份更自由了，可以与学校进行双向选择。B 县 T 小学的 M 老师说，当时来 B 县竞聘时，感觉很奇怪，以前教师身份都在学校，现在却变成了三年就要与学校签一次合同，尽管会随时担心因教学不好而被淘汰，但现在却可以灵活地选择学校，只要努力就会赢得更好的发展空间。在"县管校用"模式下，优秀教师将有更多的选择机会，去选择更好的发展空间，那么如何在"人往高处走，水往低处流"的自然规律下，引导教师去薄弱学校、农村学校任教呢？如何发挥学校的激励机制，如何增强农村学校对优秀教师的吸引力？如果"县管校用"模式不能解决上述问题,那么其对教育公平的作用就相当有限。

二、教师培训:"分配不等"与"脱离实际"

(一)骨干教师:县级分配不均

根据 2008 年成都市教育局《关于全市中小学骨干教师培养工作的实施意见》(成教高〔2008〕1 号)的精神,成都 2009—2011 年三年内在全市中小学选拔培养 7700 余名市级骨干教师,确保每所中小学至少有一名县级以上骨干教师。骨干教师的遴选坚持"面向全体、公开选拔、择优推荐的原则,兼顾不同类型、不同层次、不同学校、不同学科的合理分布"。该文件还明确规定了市级骨干教师中,农村[①]骨干教师为 2659 名,不低于骨干教师总数的 35%,县级骨干教师中农村教师原则上不低于 45%,在获得并保持骨干教师称号的在评优、评职、晋级上给予倾斜。为了市级中小学骨干教师培训工作的顺利推行,成都市教育局设立了市级骨干教师培养培训专项资金,每年按骨干教师培养培训工作任务安排使用专项经费。此项政策惠及广大农村教师,农村学校骨干教师比例得到了较快的提高,特别是"市级农村骨干教师为 2659 名,不低于骨干教师总数的 35%","通过骨干教师培养工作,实现全市所有普通中小学校都有一名县级以上骨干教师"的政策得到了切实的落实,有效地缩小了城乡间骨干教师数量方面的差距。

2012 年,我校 76 名教职工中有 3 名高级教师、1 名名师,在农村比例算比较高的了。

——受访人 22

目前(2012 年),我们学校专任教师共有 54 名,其中有 3 名县级及以上骨干教师,小学 2 名,初中 1 名,占市骨干、县骨干的比例较大。

——受访人 07

在市级骨干教师中,农村教师的比例提升了,但县域内镇区和乡村学校骨干

---

① 《关于全市中小学骨干教师培养工作的实施意见》(成教高〔2008〕1 号)中的农村学校指乡镇及以下学校"农村教师指乡镇及以下学校的教师。

教师的比例仍较悬殊。调研统计发现，截止到 2012 年，P 县义务教育学校共有县级以上骨干教师 170 人，镇区学校占 79%，乡村学校占 21%，低于文件规定的"县级骨干教师中农村教师原则上不低于 45%"的比例，县域内中小学骨干教师人数比例的差距在一定程度上折射出了城乡中小学校培养骨干教师机会在实践操作中仍存在着分配的不均等。如下 XS4 学校校长的言语反映了县域内镇区学校与乡村学校之间在骨干教师方面的差距，也从一定程度上反映了竞争博弈无处不在，如果没有"硬指标"的"关照"，政策在各层级的博弈中就会走样，难以得到落实，处于弱势地位的农村学校也就难以真正受益。

骨干教师是择优选择的，各个学校之间也有竞争，如果不下硬指标到我们学校，我们是选不上的。但即使下了指标，人数也很少，不能与县城的学校比。

——受访人 18

（二）培训机会与层次：分配不等

教师专业发展对提升农村教师素质和水平有着重要的意义。P 县在统筹城乡义务教育师资培养方面，偏重对城镇教师的培养，较为忽视乡村教师的培养工作。而较之于师资培训工作，同样存在不均等的现象，即城镇中小学教师培训机会多、层次高、时间长，乡村中小学教师培训机会少、层次低、时间短；骨干教师培训机会多、层次高、时间长，普通教师培训机会少、层次低、时间短。

P 县 XS3 学校是一所九年制义务教育学校，2009—2011 年小学阶段专任教师接受国家级、省级、地市级、县级和校级层次培训分别为 2 人次、0 人次、1 人次、13 人次、31 人次（图 4-3），其占总人次的比例分别为 4.25%、0%、2.13%、27.66% 和 65.96%；与此相应，初中接受国家级至校级层次培训分别为 2 人次、1 人次、5 人次、33 人次、34 人次，比例分别为 2.67%、1.33%、6.67%、44.00% 和 45.33%。

P 县 XS2 学校是一所完全中学，在当地声誉较高，生源较为充足。2009—2011 年，全校初中部专任教师接受培训达 363 人次，培训机会较多。从培训层次来看，参与国家级、省级层次的培训为 0 人次，参加地市级、县级培训仅分别为 10 人次、60 人次，最为普遍的是校级培训，达 293 人次（图 4-4）。地市级、县级、校级培训比例分别为 2.8%、16.5% 和 80.7%。从培训时间来看，363

人次中仅 2 人为培训时间为 1～3 个月以内，占总人次的 0.55%，99.45%的人为一个月内的校级培训。

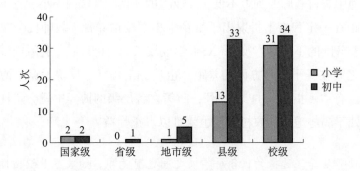

图 4-3　2009—2011 年 P 县 XS3 九年制学校专任教师接受培训情况

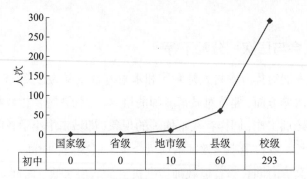

	国家级	省级	地市级	县级	校级
初中	0	0	10	60	293

图 4-4　2009—2011 年 P 县 XS2 完全中学初中部专任教师接受培训情况

如图 4-5 所示，P 县 XS5 学校专任教师接受国家级层级培训的人次，小学和初中分别为 4 人次和 2 人次，分别占据培训总人次比例的 12.12%和 6.06%，省级、地市级、县级层次培训无一人次，校级培训分别为 29 人次和 31 人次，占据比例分别为 87.88%和 93.94%。

对比 XS3、XS2、XS5 三所学校义务教育阶段专任教师接受培训的情况，可以看出培训层次分配比例各不相同：相比而言，XS3 学校各层次培训均有涉及，其地市级和县级培训比例较高；而 XS5 学校虽与 XS3 学校性质相同，但其仅涉及国家级和校级两个培训层次，且校级培训比例最高；作为完全中学的 XS2 学校，其初中专任教师培训也仅涉及地市级、县级和校级，而没有国家级和省级。可见，培训机会和层次在各校之间的分配是非常不均衡的。面对上述几所学校间教师培训机会和层次的差异，教育局某主任在如下一段话中道出了学校经济实力与培训机会之间的密切关系。

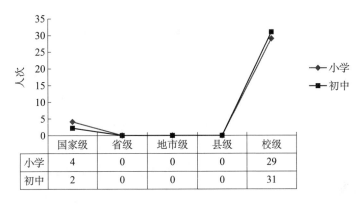

	国家级	省级	地市级	县级	校级
小学	4	0	0	0	29
初中	2	0	0	0	31

图 4-5 2009—2011 年 P 县 XS5 九年制学校专任教师接受培训情况

各个学校的培训由县教育统一安排，包括培训的层次与人次，在经费方面，学校要承担受培老师的一些费用，有的学校公用经费承担不了这笔开支，所以在安排的时候，也要考虑到学校的实际承受能力来决定选派教师的培训层次与人次。

——受访人 40

在校长培训方面，也存在着城乡机会的不均衡。"（校长工程）分级分批进行，今年 A 校明年 B 校，让每个学校都有这个机会，但比例比较小，整个 P 县从幼儿园到高中一年只有 20 多个名额，乡镇的学校更多地参加省内的培训，县城和市里学校参加国家级培训的机会更多，肯定会存在着机会的不均等。"

——受访人 18

（三）培训内容：脱离实际

对于教师培训，成都市教育局出台了很多文件和政策，培训工作亦顺利推进，老师们对教师培训的评价如何呢？从笔者对乡村学校两位教师的一段访谈可见一斑。

我们每学期都有机会出去培训，比如，出去听课哇，但有些科目偏少，如物理、化学，像语、数、外就比较多，到底培训哪些科目是县教育局在统一安排。我们出去住宿一天80元，吃饭30元，超出的是自己贴。培训一般占用的是假期（周末），我们去成都市培训，早上6点多就要起床，7点钟就要出发，晚上回来就7点多了，第二天又要上班。

（笔者问：培训效果怎么样？）有的有培训的价值，有的没有。我们农村学校学生剩下的都不是很拔尖的，我们出去听课，比如，听实验学校的课根本就没有多大的意义，我们要听就去听做得好的乡村学校的课，听同层次的、基础都差不多学校的课。

出来讲课的老师和专家，讲的内容容易重复，这儿听的是这个内容，那个地方听的也是这个内容，千篇一律，他们就爱上那几节课。我听过两次，在不同的地方，同一个老师，讲同样的内容（编者按：固定的场所，固定的人，固定的课）。

——受访人15、受访人16

第一，培训科目失衡：自上而下的决定方式，脱离了受培学校的实际情况。我们在调研中了解到，教师培训科目以语文、数学、外语为主，而物理、化学较少，历史、地理、政治、生物更是几乎没有，造成培训科目的分配失衡。在语文、数学、外语培训机会较充分的背景下，农村学校教师更希望对忽视的科目如"理、化、生""政、史、地"等进行培训，在这些科目上，城乡教学水平差距更大。但在培训科目的安排决策上，是由县教育局或市教育局自上而下统筹安排，缺乏与受培学校与教师的交流与沟通，其结果必然会导致忽视受培训主体的意愿，脱离受培训学校的实际。

第二，培训范式：以城市学生学情为基础，"表演性"的示范课。在一贯的培训中，都是以城市学生的学习基础作为培训课的学情，以城市学生为培训示范课的授课对象，在农村教师眼里，这样的培训课堂是在"表演"，不适用于农村课堂的教学，这样的授课经验拿到农村的课堂上自然会"水土不服"。面对不同的学生，农村教师难以将受培经验成功地迁移到学习基础较弱的农村学生课堂上。如能让培训课的经验更切合于农村教师、农村学生和农村课堂的实际，必定会大大地增强培训实效，当然这也对培训教师因材施教的能力提出了更高的要求。

第三，培训内容："固定的人"、"固定的课"。正如受访老师谈到的，讲课的老师和专家"他们就爱上那几节课"，受培内容容易重复，"在不同的地方，同一个老师，讲同样的内容"，这种现象也可以说是普遍的，或者也可以理解为是允许的。因为对于某些老师或专家来说，那样的课对他们来说已经成为一种"代表作"、"一种典型"或"一种模板"，其中承载了他们的教学理念、教学思想，是达成教学目标的最好教学设计载体，可以供大家来参照、解析或借鉴甚至是批判。也正是基于这种原因，我们说"就爱上那几节课"的"固定的人、固定的课"现象在现实中是允许的也是普遍的。但关键是如何将这种重复不转嫁到受培教师身上，这就需要县教育局或市教育局在对培训教师和受培教师的安排上做到有序决策、统筹安排。此外，要保证培训效果，还需要从根本上严把培训人员教育素养和教学水平关，实施中小学教师培训资格证书制，对培训人员的理论素养、教学技能水平等方面由中小学教师培训考核委员会考核通过方能获得资格证书，以免教师培训沦为机构、组织、个人获利的工具，而不见其具体成效。

第四，培训主体："重外部培训、轻校级培训"。县级培训或市级培训作为一种本校之外的培训——可以称其为"外部培训"——需要受培教师给予一定的时间保障，而且主要占用受培教师的周末或假期时间，这也决定这种"外培"方式难以"常态化"和持续进行，而校级培训恰好能弥补"外培"的上述缺陷。

> 我们学校的国培点是 XX 师范大学和 YY 师范大学，分学科分学校逐次进行培训。我们学校已有 4 位老师接受了国培，但我们认为教师培训的主战地仍是学校，这样才具有系统性和连续性。
>
> ——受访人 07

校级培训相比其他层次的培训有时间和交通上的优势，但也面临着培训水平低、效果差的困境。如何进一步优化校级培训，深化县级培训，值得进一步深思。

> 县级培训和校级培训是目前农村学校的主要培训方式，但校级培训需要培训教师有一定的专业能力和理论水平，学校有这种能力和水平的老师比较少，

所以校级培训只是一种浅层次的培训，此外也没有经费支撑，因为绩效政策很多方面不许发钱，很多老师没有积极性，活动也不敢组织，对校级培训有一定的影响，现在校级培训都搞得很少了。县级培训要好一点，毕竟县里有专门的教研培训员。

——受访人 01

（四）培训经费：捉襟见肘

在培训经费方面，对于国培、市级骨干教师培训，国家或市教育局、县教育局都安排了专项经费，每年按教师培养培训工作任务安排和使用专项经费，学校承担一定的费用，如生活费、交通费、住宿费，都在公用经费里开支，有的学校承担不起这笔费用，进而对学校教师参加培训的机会和培训的层次产生了不利影响。

面对农村学校的"囊中羞涩"，校长们建议"培训方面向农村多倾斜，多在县城培训，太远公用经费不够"。但是对于广大农村学校来说，国培、省市级、县级培训只是总培训的冰山一角，校级培训占据总培训的半壁江山，甚至是80%或90%以上。但校本培训的经费全在公用经费里，"捉襟见肘"的农村学校的公用经费本身就难以维持日常开支，再用公用经费开展校本培训显得"心有余而力不足"，致使其成为制约学校发展的一个因素。为此，调研中校长们建议"最好有教师培训的专用经费"，而不是在公用经费中支付。

三、教师待遇："同城同薪"的困境

（一）"同城同薪"的政策理想与"同县差距"的现实状况

2007年，成都市中小学教师"县管校用"改革工作现场会在温江召开，会议决定在教师人事"县管校用"制度改革的基础上，实行分配上的同职级教师（校长）"同区（市）县同酬"，并逐步过渡到"同城同薪"。5年后，2012年成都中小学教师"县管校用"工作现场会在成都市召开，会议决定在"同县同酬"的基础上，努力实现"市域同酬"标准。自政策精神确立以来，"同县同酬"是否得以落实，"市域同酬"能否得以实现呢？本章以 P 县教师待遇为例对其进行一简要分析。

在 P 县, 农村中小学教师福利待遇问题也较为严重, 县政府教育财政支出仅能保障生均经费和教师绩效工资发放, 工资之外的额外津贴、奖金及福利几乎没有; 福利住房及周转房也仅限于极少数教师申请享有, 大部分教师都需每天舟车劳顿往返于县城与乡村之间上下班, 而无班车、校车接送, 没有任何安全保障的拼车和搭顺风车, 成为教师上下班的主要乘载方式。县域内的收入也存在着一定的差距, 正如一位受访老师所言: "我们和县城里学校老师工资收入差距不大, 但额外收入的差距很大, 现在绩效一年 18 000 元", "城乡统筹为什么不能城乡同酬呢?"面对实实在在的差距, 学校领导也只能从心理、价值观取向上对教师进行疏通、引领。

我们 P 县有个"亲自然"的理念: 尊重规律, 崇尚自然, 返璞归真。现在的教师很浮躁, 当然这也不仅是教师自己的责任, 还有整个社会环境的影响。经济收入差距带来的冲击让老师很浮躁。我们学校有一个理念在引领, 轻松教育, 心灵轻盈才会轻松, 教师要有一种职业的成就感和价值认同感, 他才会感到轻松。现在我们只能这样去引导教师, 毕竟县财政有限……我们的新老师工资一年 16 000 元、17 000 元。成都市规划纲要里的城乡教师收入统一, 但统一必须是分区域的, 只能相对均衡。

——受访人 41

市域内的城乡差距就更大了, 甚至如前文 Q 区支教教师(即受访人 03)所言, 农村"教师工资太低了"。由于成都 20 个区县三大圈层区域经济发展的不均衡, 受制于区县经济实力的差距, 各区县教师工资待遇差距非常大。

县域内绩效工资基本上都差不多, 只是县城里没有交通补贴, 距离县城远的有交通补贴, 越远交通补贴越高, 但每月也都不超过 100 元。圈层内的差距也不大, 三圈层的教师绩效都差不多。但由于教师工资主要由县财政负责, 圈层间的差距较大。就拿二圈层来说, 我一个同学在双流一个中学做校长, 工龄、级别和我一样, 但他一年能拿 10 多万, 是我的 2 倍以上。现在绩效工资涨了, 2 年前只有 1 万多, 现在一年 3 万多。一圈层的龙泉驿区, 他们教师节都要发钱, 我们一分钱也没有, 额外的福利差距也比较大。我们县的 S 学校, 在我们县生源是最好的，待遇也是最好的，是民办中学，S学校的一个副校长去成都七中做了一个普通老师，他都愿意的。

——受访人01

（二）劳与酬之间的巨大差距：义务性质的超额工作量

农村学校生源少，生师比远远小于城市学校，但由于班额小，每个年级开课齐全，专任教师的工作量仍然很大，不少于城市教师。农村小学撤并后，新建或扩建的多为寄宿制学校，专任教师除了承担正常的教学工作之外，还要承担管理寄宿学生的工作。农村在校生中，由于父母外出务工致使留守儿童占据很大比例，对留守儿童的教育、管理仍然是农村教师义不容辞的责任。为此，从上述意义上讲，农村教师的工作量是远远大于城市教师的。

正规的工作量方面城乡差不多，只是农村寄宿制学校多，大多数都是寄宿制，全县只有2~3所学校没有寄宿制，教师额外的工作量较大。

——受访人08

1. 农村寄宿学校教师编制紧缺，专任教师充当多种角色

2012年，P县义务教育阶段在校生总数为17 890人，寄宿生就高达31.26%，其中镇区为81.9%，乡村为18.1%，寄宿生比例是较高的，乡村更是如此。正如前文所谈到的，在寄宿制学校管理方面，没有专职管理学生的老师，一般由科任教师轮流义务查寝，老师兼任管理学生住宿、安全，对于低年级学生甚至还要负责其洗澡、吃饭等，兼任了生活老师的角色。专任教师不但充当学生的生活老师，还是学生的心理辅导老师，在P县大部分学校均没有卫生保健室和心理咨询室，专业的卫生人员、心理辅导老师及生活老师严重缺编，部分学校通过聘用代课教师的方式缓解这一问题。在代课教师人数方面，小学代课教师24人，其中城镇小学代课教师11人，乡村小学代课教师13人；初中代课教师72人，其中城镇初中代课教师56人，乡村初中代课教师16人。在兼任教师人数方面，小学兼任教师16人，全为城镇小学；初中兼任教师3人，全为乡村初中。

我是中师毕业，每个月的钱用于吃饭、买衣服，基本上都够用了。出来后，曾教过书法、语文、美术、体育等，每周20多节课，只有政治、数学和英语没

教过了。以前的孩子是主动学习，不学习就没有出路了，现在的孩子是哄着他学，打不能打，骂不能骂，考几分还要考虑不能把他自尊心伤到了。

——受访人 19

乡镇学校在初中阶段一般都要求全部住校，一方面是学生家距离较远，另一方面便于老师指导学生学习。在第二期的时候，一部分不具备住宿资格的学生，也就是那些调皮捣蛋的，给学校管理带来麻烦的学生，不遵守校规校纪，他们不珍惜机会的，一个班有两三个，表面上是我们把他们住校的权利给剥夺了，实质上这是我们管理的一种手段。学校行政领导每周都要值班一次，每个年级有一位老师要值班，管理卫生、管理纪律，住在学校，都是额外的工作量，很辛苦。

——受访人 20

2. 农村留守儿童比例较大，教师不能承受其重

在留守儿童教育方面，P 县小学段留守儿童共计 1622 人，初中段留守儿童共计 1028 人，分别占据在校生总数的 17.34%和 12.04%。整个义务教育阶段的留守儿童占据在校生总数的 14.81%。但部分学校留守儿童的比例远远高于 P 县总体的比例，甚至一半都是留守儿童，加之单亲家庭孩子越来越多，给农村学校的教育和管理带来了挑战。

生源质量受农村孩子行为习惯的影响，行为习惯受家长素质环境的影响。我们学校一半是留守儿童，（加之）离异家庭高于城市，父母不在家或家庭分裂（家庭结构不完整）使孩子的行为习惯较差，有的甚至自暴自弃。留守儿童或离异家庭孩子（家庭）亲情的缺乏或家庭教育的不完整使这部分孩子比较难管，学习习惯较差，老师需要额外付出很多精力，这很让老师们头疼。

——受访人 11

我们学校留守儿童占了 40%左右，住校遵循自愿原则，学生回家后的学习时间得不到保障，父母也难以对他们进行良好的家庭教育，所以很多学生都申请住校，住宿学生每学期有 500 元住宿补贴。

——受访人 04

2009—2010 年，是留守儿童管理取得成效的阶段，留守儿童的根本、源头在亲情，尽量不外出打工；近年来留守儿童比例在急剧地下降，现在（2012 年）全校留守儿童总共有 207 人（学生总数是 902 人），占学生总数的 23%，包括单亲在内，以前是 305 名学生家长双亲都在外打工。

——受访人 22

我们学校小学和初中共 200 多人，但单亲娃娃很多，主要是离异家庭，最近又多了一个单亲娃娃。

——受访人 14

面对大量的留守儿童以及单亲家庭孩子，农村学校采取了很多措施积极应对。第一，创立了四大机制，即管理机制、沟通机制、激励机制和反哺机制。第二，建立科学的育人途径。尊重留守儿童，特别重视对留守儿童的心灵健康、尊严的重视，培养阳光少年。第三，做好留守儿童后勤保障工作，设置爱心电话、爱心爸妈。第四，让社区参与留守儿童的管理，加强村长、书记、队长与校长的交流，让退休教师、退休干部与留守儿童结对、手拉手。面对留守儿童和单亲孩子，虽然采取了很多措施，但仍然存在很多问题，代理家长毕竟代理不了父母的感情，代理不了家长的法律责任。在心理健康、行为习惯、亲情关爱、学习成绩和安全方面，留守儿童的教育和管理还存在诸多问题，自卑自闭倾向居多，不愿与人沟通，沉默寡言，性格孤僻；待人处事盲目性、随意性突出，做事容易冲动等。但这一切的教育管理责任全都落在教师身上，需要教师在教育教学管理中对留守儿童和单亲孩子积极引导，而这一切工作都是教师在正常工作之外免费义务承担的，学校没有多余的资金给予其相应的报酬——农村教师肩负着无法承受之重。

3. 农村学校社会支持网络薄弱，教师难以承担均衡之责

谈及农村学校、农村教育的发展，农村学校的校长与教师们都表达了积极的关心，下面来看看校长和老师们的观点。

农村学校的发展，面临着很多问题，我们也很困惑。

一是生源流失与质量提升的矛盾。小学毕业后，农村学生更多选择县城里的优质学校，剩下来的都是生源较差的了。特别是初中生，很多行为习惯、学

习困难的学生就以烂为烂（自暴自弃）宁愿去打工，而没有想到认真学习以后去做技术工。所以特色学校打造如何与"发展生"（受访者将"升学无望，很多方面需要发展的学生"称为"发展生"）结合，产生最基本的效果？如何让其人生更精彩？

二是择校的普遍性。农村家长送孩子到城里学校读书有几个前提和目的：第一，经济实力，去城里读书需要家里有能承受的经济实力；第二，人脉资源，在城里读书积累的人脉资源比在农村的好；第三，城里的（教学）条件肯定比农村好些。优质学校是一只隐形的手，把好学生全抓去了，还有的家长通过办暂住证送孩子去城里学校读书，家里条件好的就送到贵族学校去。实验学校的存在是不公平的，如何减少"超级"学校、实验学校、贵族学校对农村学校的冲击？

三是农村学校发展软件提升的问题。城乡学校师资、生源方面的差距相当大，硬件基本无差距，虽然学校的生源质量不好，但最关键的在教师，生源不是最大的影响。如何提高教师的教学方法、教学理念呢？培训方面要向农村多倾斜。

四是学生家长素质的问题。学校、家庭、社区合力，但家长都忙于生计，如M、N是茶乡，他们忙于采茶，没时间、没精力管孩子。我们请村长、村支部书记对我们学校的校风进行监督，起到一种共同约束的作用，如果做得好，对村长和村支部书记来说也是一种光荣，仅靠学校的力量很薄弱。学校有简报，其中有关于孩子们的优秀表现，专门发给家长，家长也能了解到同村孩子的情况，激发家长对孩子的教育动力，还有评优秀家长，给家长戴红花。我们搞了家长培训，有一定的效果，但农村家长意识薄弱，效果持续不长，也缺少家长培训经费。

五是社会不良风气。社会上的网吧很多，学生上网成瘾，尤其是初中生较多，小学生相对较少。

六是安全问题，虽然我们县有很多企业，但不敢带学生出去进行社会实践，去磨砺意志啊，站军资啊，生怕学生站晕倒了，家长来找学校。学校承担太大的责任和风险，安全问题放在学校，不能让孩子更多地体验，吃苦精神从何而来？不能让教育承担太大责任，不然不敢创新，束缚太多了。

七是学校评估科学性的问题。近年来成都都在搞义务教育质量监测，但应当考虑到农村生源质量问题，进行起点质量的预设。

很多时候感到教育的无助，学生自身因素、家庭经济实力、家庭教育都会影响学生学习质量，但现在是把学生发展的责任完全转移到了农村教师身上。但我们农村学校教师要"面对现实、学会接受、积极乐观、自信着、快乐着、忙碌着"。必须要自己把工作干起来，对学生的了解我们都做到了非常细致的程度，对每一个学生的情况（学习、生活、家庭）都如数家珍。

——受访人 12、受访人 13、受访人 18、受访人 21、

受访人 22、受访人 24、受访人 32

关于农村学校在发展中面临的生源流失、优质学校冲击、学校软件"升级"、家-校-社区-企业合作等问题，农村学校校长和教师对农村学校的发展与质量提升产生了上述诸多困惑。的确，教育的发展、学生的成长不仅仅是学校和教师的事，更是家庭、社会合力的结果，农村学校发展离不开社会系统的支持，农村教育发展是一个系统工程，是学校-家庭-社区-企业"四位一体"的联动发展系统。而目前农村学校社会支持网络薄弱，教师难以独自承担均衡之责。

四、教师之眼：政策是如何被接受的？

教师作为政策的重要相关利益主体和政策执行的一线人员，其政策行为直接制约着政策执行的效果。那么，上文中出现的教师政策执行行为偏差是否与其政策认知理解或认同度相关？教师是如何理解城乡义务教育一体化政策的，又是如何看待城乡义务教育一体化发展的？

在调研中，当笔者问及教育局行政官员及中小学校长通过哪种渠道或途径了解城乡教育一体化这个词语时，他们一致的答案是在市（县）教育局开会以及教育局的文件宣传资料中了解到的。当问及教师们对该词语的熟悉程度时，教师仅限于"听说过"、"了解得很少"。当谈及城乡教育一体化时，校长和教师的第一反应便是"不可能均衡"。在校长和教师们的观念里，城乡教育一体化就是城乡教育均衡，而城乡均衡特别是在软件方面的均衡在他们看来是不可能实现的。为此，校长、教师眼中的国家政策只是个理想，城乡差距实实在在地存在着。

城乡教育一体化就是均衡，差距太大不是一体化，千校一面也不是一体化，均衡不是划一而是特色内涵发展……（县）教育局对全县学校进行分类，找出自己的特色，实行一校一品。

——受访人08

城乡教育一体化实质上就是均衡，主要是硬件差距缩小，现在农村的硬件条件反而比城里还好，但在软件方面差距是永远存在的，特别是教师，不可能均衡。

——受访人01

在与城市学校校长和教师利益紧密相连的教师交流制度方面，也存在着观念、文化和经济利益方面的较大冲突，从下文中校长与教师的感言可见一斑。

刚换校长（执行校长或支教校长）时，大家也是充满期待的，想看看城市校长到底怎么管。但过了一段时间后，大家就不太适应了，因为支教校长要求很严，"规矩"很多，老师们的工作（比原农村校长管理时）更累了，主要是（心理）压力都比较大，不过老师们在态度上都比以前工作要认真多了。说实话，校长（执行校长）也不容易，有时候和老师甚至原来学校的领导也会有一些冲突，管理方式不一样啊，但说句内心话，（执行校长的管理方式）对农村学校和农村娃儿来说有好处。

——受访人33、受访人28、受访人32

在我担任（交流学校）校长的半年里，深深地感受到农村教育的改变不是一朝一夕的事，硬件好办，软件很难，特别是师资、生源和观念方面的改变是很缓慢的，一点一滴的进步都很艰难。而且效果不像办学条件改善那样可以取得立竿见影的效果，甚至可能会因为课程设置改革而影响期末考试排名。（同时）还会受到交流学校原来的管理干部和教师的质疑而不配合，认为音、体、美课程是"豆芽"课，是"自习课"，占用了他们给孩子提高分数的"自习课"时间，类似于这种情况的冲突很多。

——受访人27

农村学校管理比较懒散，老师的责任心不强，可能是大家都习惯了安于现状。所以在（担任执行校长）改革的第一年，可以用"开荒破土"来形容，学校对老师的要求严格了，老师的压力增大了，比如实行奖励性绩效，以前大家收入都差不多，现在将收益与工作量和教学质量挂钩，有些老师觉得损害了他的根本利益——钱，所以就不配合，甚至鼓动其他老师一起反对，或者是消极怠工，这些确实都不好"摆平"。也曾有执行校长干了一年就不干了，可能也是因为很多"摆不平"的事"秒杀"了他的激情吧。不过，挫折肯定是有的，我们还是应当有坚定的信心。

——受访人 31

可见，面对城乡师资方面的差距，现有的城乡教师交流制度难以对这种差距起到平衡作用，更何况校长、教师本身对教师交流制度就存在着心理上的不认同、操作上的不规范。为此，城乡差距至少现在或短时间内是难以消除的。城乡义务教育一体化探索自 2004 年开始至今已近十余年，但调研发现，P 县受访校长或教育局行政官员的子女都在或都曾"择校就读"，选择本县声誉最好的初中，有的甚至"择校"到成都中心城区即一圈层某知名初中就读，而这种"费尽心机"的择校行为本身就是对现有城乡义务教育较大差距的一种肯定。

面对城乡义务教育一体化政策的广大受益群体——家长、学生而言，"城乡义务教育一体化"这个词对他们来说很陌生，在他们眼里，他们不关心也不需要理解这个词。借用交流校长的话来说，"城市学生和家长只关心教自己（孩子）的'好'老师是否被交流到农村去了，而农村学生和家长则希望多分配一些城里的优秀教师来农村学校，或将不好的校长给换掉"（受访人 27），"农村家长吃够了没有文化的亏，希望孩子能跳出农门，却又无力辅导，他们对学校、对老师的期望比任何人都高"（受访人 29），学生与家长关心的是眼前的切切实实的与自己密切相关的教育利益。

不同利益主体对城乡义务教育一体化政策的不同解读，彰显了各自的利益诉求，而政策执行一线的教师群体对城乡义务教育一体化相关政策的执行阻滞情况却显示出，政策设计与推动的"高层"性与基层政策执行者或利益群体间的接受认同度之间的巨大落差，在一定程度上为政策的顺利执行埋下了隐患。

本 章 小 结

本章通过对城乡义务教育一体化政策的执行者和政策目标群体在义务教育管理体制、办学条件、教育经费和师资建设等方面为促进义务教育城乡一体化的行为的实践考察与审视，得到如下 3 方面的发现。

第一，政策运行的动力机制问题："二次配置"与"各取所需"。城乡义务教育一体化政策属于资源的"二次配置"，属于再分配性政策。基于再分配性政策的特殊性，其涉及对原有利益分配格局的重新调整，如对教育经费、办学资源等方面向农村的倾斜，甚至需要对城市原有利益进行分割，如城市教师的下乡支教制度，干部、教师定期轮岗制度等。再分配性政策自身所有的特殊性，导致了政策执行的一系列困境。当再分配性政策不得不执行时，各利益相关者基于自身的理性选择"用足政策"、获得政策性资源以及获得自身利益最大化，出现了政策执行的变异，如政策偏离、政策表面化、政策扩大化、政策替换等。

第二，政策运行网络中的"强关系"与"弱关系"。政策执行过程也是一个复杂的政治过程，再分配性政策概念本身就意味着资源从富者即"强关系"向穷者"弱关系"的转移，在资源的转移过程中，必然激起资源拥有者或资源"固有"拥有者的反对，他们为了固守已有的利益，或许不愿失去即将得到的利益。为此再分配性政策执行过程也是一个对"强关系"与"弱关系"的调解、妥协的过程。

第三，强调政策目标执行的自上而下，政策执行过程中的程序民主受到忽视。在政策执行中的"强制"与"诱导"之外，还需要关注具有各自利益、目标和策略的分离的不同参与者之间的多元互动，关注相关政策利益主体的权益表达，如果没有得到利益主体的支持，强制性的执行或外在的诱导也难以避免政策执行的变异。

正是由于上述政策执行过程的复杂性、政策利益主体的多元性，城乡义务教育一体化政策执行必然会面临执行中的一系列困境。

第五章　模糊-冲突矩阵：
城乡义务教育一体化
政策运行逻辑分析

————————

　　制约一项国家政策运行成败的因素有哪些？已有的众多政策运行研究对影响政策执行的诸多因素进行了充分的分析与讨论，但"太多变量"的研究结论使政策执行者难以形成简易的"模型"，易被各种令人眼花缭乱的变量弄得晕头转向。为了最大程度地简化人们对教育政策执行过程的理解，本章构建了城乡义务教育一体化政策模糊-冲突矩阵，对政策运行困境背后的成因进行分析，探寻政策运行的逻辑。

　　迈克·希尔和彼特·休普曾经指出："公共政策执行的过程会受到内外多方因素的影响，这一过程会受到参与其间的多元主体和卷入其中的各种资源的制约。如同把一部剧本转变为电视或电影，这一过程必定会受到这一工作的不同参与者及相关因素的影响和制约。"①正如迈克·希尔和彼特·休普所言，政策执行过程是复杂的，会受到参与其间的不同参与者及相关因素的影响和制约，执行过程的众多自变量会对作为结果的因变量起作用，形成一定的因果联系。城乡义务教育一体化政策的执行过程也是一样，这一过程会受到政策本身、政策多元主体、组织间关系、政策资源以及广泛的宏观环境因素的影响与制约。已有的众多有关政策运行的研究，对上述影响政策执行的诸多因素进行了充分的讨论，也进一步证明了政策执行的复杂性。但在"太多变量"的研究结论或政策建议中，政策执行者难以形成简易的"模型"知识，易于被各种令人迷惑的变量弄得晕头转向。为此，笔者期望通过对城乡义务教育一体化政策执行模型的构建来剖析政策本身对政策执行方式的影响，以及在不同的政策执行方式中制约着政策执行成败的主导因素，以最大程度地简化人们对教育政策执行过程的理解。在多样性的政策执行模型中，模糊–冲突矩阵理论最能满足笔者的上述期待，能为城乡义务教育一体化政策运行提供较好的分析视角。为此，本章在借鉴马特兰德模糊–冲突矩阵理论的基础上，构建城乡义务教育一体化政策模糊–冲突矩阵，以此对城乡义务教育一体化政策运行困境背后的成因进行分析，追问其背后的本质，探究政策运行的逻辑。

---

① [英]迈克·希尔、[荷]彼特·休普. 执行公共政策.黄健荣等译. 北京：商务印书馆，2011：3（前言）.

第一节　模糊-冲突矩阵：城乡义务教育
一体化政策执行方式

　　模糊与冲突是政策所内含的属性，不同政策本身的属性特点对政策执行方式有重要的影响。城乡义务教育一体化政策内含的模糊与冲突有什么特征呢？在国家层面和地方层面其模糊与冲突水平有什么差异？这种差异水平对城乡义务教育一体化政策执行方式有什么样的影响？以上问题正是本节内容所要探讨的。

一、模糊-冲突矩阵

（一）模糊与冲突：政策的本身属性

　　"含糊和冲突是政策所内含的东西，而不是明智的政策制定者应当试图消除的现象。"[①]对此，鲍威等人认为，"'文本'本身含有可能性和局限性、矛盾和空间，在实践中政策的实现依赖于妥协和在特定情况下适应这种妥协"[②]。政策文本的模糊性主要包括政策目标模糊性、政策手段模糊性等方面，比如，在政策目标模糊性方面，"要求政策设计者具有清晰的目标且采用有效的因果理论来行事是不现实的……甚至在没有获得确定知识的情况下，国家也必须采取相关措施"[③]。由于模糊是政策本身的属性，对于高模糊性的政策，意味着政策目标、政策工具、政策评价手段方面给予了政策执行者相当大的自由度来对政策进行解释并进而创造，而不是对该政策的简单接受和执行。同时，也意味着设计者对该政策的确定知识较少，政策处于不完善阶段，其政策执行从某种意义上讲属于一种试验性、尝试性执行。对于低模糊性的政策，其政策目标在官方政策文件中得到了清楚的表述，执行成功的标准是与已确定的政策目标的一致程度；而对于高模糊性政策，其政策目标没有

---

① [英]迈克·希尔、[荷]彼特·休普. 执行公共政策. 黄健荣等译. 北京：商务印书馆，2011：107.
② [英]迈克·希尔、[荷]彼特·休普. 执行公共政策. 黄健荣等译. 北京：商务印书馆，2011：205.
③ [英]迈克·希尔、[荷]彼特·休普. 执行公共政策. 黄健荣等译. 北京：商务印书馆，2011：113.

得到清晰的申明时，政策执行成功的标准选择将变得非常困难，此时的评价标准更多地依靠社会普遍的规范和价值。[①]

在政策的冲突性方面，由于政策是一种价值分配，是对政策目标群体的一种利益调整，特别是对于再分配性政策，本质上是对原有利益进行某种转移，转移就内含着利益主体间的矛盾和冲突，在转移过程中必然会激起"固有利润"持有者的反抗与阻挠，如城乡教师交流政策、农民工子女教育两为主政策、城乡教师招聘政策。上述政策增加了城市政府的责任，损害了相关利益者的固有利润，为此上述政策在推进执行过程中遭遇层层阻碍，最终导致部分政策变异执行。

（二）模糊-冲突矩阵：4 种政策类型与执行类型

马特兰德运用两分法依据模糊-冲突程度形成了图 5-1 矩阵中的 4 种模糊-冲突类型：低模糊-低冲突、低模糊-高冲突、高模糊-低冲突、高模糊-高冲突。4 种模糊-冲突类型分属于 4 个不同的象限，在每一个象限里马特兰德从上至下分别列出了该种模糊-冲突类型适宜的政策执行方式、制约该政策执行方式成败的"中心原则"[②]，以及该政策执行方式的代表案例。

	低冲突	高冲突
低模糊	行政性执行 资源 案例：根除天花	政治性执行权力 案例：公共汽车运营
高模糊	试验性执行背景条件 案例：执行先机(headstart)	象征性执行联盟力量 案例：社区行动机构

图 5-1　模糊-冲突矩阵：政策执行过程

资料来源：Matland R E. Synthesizing the implementation literature：The ambiguity-conflict model of policy implementation. Journal of Public Administration Research and Theory，1995，5（2）：160；[英]迈克·希尔、[荷]彼特·休普.执行公共政策. 黄健荣等译.北京：商务印书馆，2011：107

---

① Matland R E. Synthesizing the implementation literature：The ambiguity-conflict model of policy implementation. Journal of Public Administration Research and Theory，1995，5(2)：155.

② "中心原则"即制约政策执行成败的主导因素。

马特兰德认为，不同的模糊–冲突类型对执行过程的影响不同①，在低模糊–低冲突模型中，政策的低模糊性和低冲突性为理性决策过程提供了前提条件，适用于行政性执行，其发生在"具备一个理性决策过程所需要的必备条件"的情况下，是自上而下政策执行模型适用的理想状况。马特兰德将其执行过程比作一台机器，在机器的顶部是一个中央权力机构，信息、资源、制裁能力、所需策略相当于一个自上而下的信息流，贯穿于官僚机构中的每个层级、每个环节。对于行政性执行，其冲突水平低发出的指令被认为是合法的，并没有什么争议可能导致政策指令的颠覆，规则与适当的自由裁量权可以确保最佳结果。而执行的失败往往是由于错误的理解、资源不足、手段方法技术的错误，或者缺乏有效的监测策略以控制和制裁行为偏差问题发生等方面的原因。低模糊–低冲突政策模型的一个例子，是世界卫生组织消除天花计划，其政策手段（即大规模的疫苗接种检疫）和政策目标（即消灭天花）是明确的。随着项目的发展，建立标准作业程序，以减少自由裁量权，提高效率。在消灭天花的案例中，足够的资源以继续积极实施非常重要，以保证该病完全消除。在低模糊和低冲突的条件下，政策执行的问题主要是资源和技术，而对于执行计划也需要给予足够的重视和大量的努力。

在低模糊–高冲突政策模型中，政策目标非常明确，但存在目标纠纷，因为这些明确的目标在不同利益主体间是不相容的，同样的冲突可以发生在政策手段方面。在这种情况下，需要贯彻政治性执行，即执行的结果是由权力决定的。执行者借助手中的权力或力量迫使参与者服从自己的意志，或者诉诸谈判达成协议。对于该政策类型，对政策的遵从或服从不会自动到位，尽管有明确的政策，但重要的资源为持怀疑态度的参与者或是为政策的积极反对者所控制。一些参与者可能不认可政策目标，但他们的合作是政策顺利执行所必需的，此时政策的成功实施要么取决于足够的权力来迫使参与者，要么有足够的资源能以讨价还价的谈判方式达成协议，强制与报酬机制将起主要作用，而低模糊性确保了监测遵守情况是比较容易的。

高模糊–低冲突政策模型适用于试验性执行。环境因素对该政策模型执行过程的影响比其他形式政策执行过程的影响更大，不同的机构或组织在不同的环境

---

① Matland R E. Synthesizing the implementation literature: The ambiguity-conflict model of policy implementation. Journal of Public Administration Research and Theory, 1995, 5(2): 160-170.

下执行不同的政策，就会产生不同项目（program mutations）的变化。推动这一类型政策执行的中心原则是"背景条件"占主导地位，执行结果在很大程度上取决于资源和政策实施微环境中的行动者的参与积极性与参与的最大程度和水平。对于目标和手段都不清晰的政策，自然落入试验实施的类别。此外，有明确和获得广大支持的目标，但政策实施方式或手段不明确，该政策仍呈现出试验特性。模糊政策也可能会滋生有限责任，并可能导致创建领导者追求自身利益的"迷你领地"，这些可能很少，如果有的话，将涉及公共利益。如果在政策如何执行或政策环境因素如何因果相连等方面没有足够的知识，政策模糊应该被看作一个学习的机会——学习新知识以对政策手段和政策目标有更为清晰的认识和了解。如果50个地方有50种不同的结果，但信息没有得到收集，也没有进行比较，那么学习就可能是一种随机发生模式。评估与反馈是有效学习的重要组成部分。自下而上的研究途径特别适用这种政策模式，因为自上而下的模型强调命令、控制和整齐划一（uniformity），却不能考虑到会出现很多执行固有的多样性。

　　高模糊–高冲突政策模型适用于象征性执行，其政策过程和结果往往是由控制可用资源的地方级联盟的力量所决定的。对于包含高度冲突、只有参照目标与策略的政策，不同的视角会将抽象的目标转变为多样的工具性行动，固有的含糊性导致扩散性解释。执行者将自己的利益捆绑到一个特定的策略定义中，因此同类联盟可能形成于不同的地点。通过他们对联盟的影响力，在地方层级的语境条件下影响政策结果。正因为政策是模糊的，所以人们会担心政策所暗示的现有关系。针对权力再分配的政策或资源（goods）就属于此种类型，政策目标往往提供给政策设计者很少有关政策如何推进的信息。象征性执行政策与政治性执行在冲突性方面具有一致性，为此它们表现出一定的相似之处，如相关执行主体热情地参与，解决分歧一般会通过强制或讨价还价，仅在有限的程度上使用了解决问题的能力或劝说。由于政策的高模糊水平，象征性执行与政治性执行有不同之处，表现在联盟力量上，就是仅在微观一级而不能在宏观层面决定执行的结果。当政策有参考（参照）目标（a referent goal）和含糊不清的手段时，其仍稳固在象征性执行象限——模糊性水平降低了政策上移到政治性执行象限的可能。通过降低模糊或明确目标和围绕为数有限的可能的手段或办法是进行"结晶式"的讨论，将增加中央一级执行主体控制和影响的机会。当政策非常明确时，宏观层级上的执行主体就能产生相当大的控制力，而使其成为政治性执行。

二、模糊-冲突矩阵下的城乡义务教育一体化政策执行方式

（一）模糊-冲突矩阵：国家层面的政策执行方式

城乡义务教育一体化政策就其文本中的政策目标（即实现城乡义务教育一体化）和政策手段（即构建城乡义务教育一体化机制）而言是较为模糊的，什么样态可以称为实现了城乡义务教育一体化？城乡义务教育一体化的机制构建体现在哪些方面？此类问题并没有在政策文本中作出清晰的表述。就政策的冲突性而言，城乡义务教育一体化政策作为一种再分配型政策，符合再分配型政策的一般特征，即在再分配型政策中，"社会利益通常不能达成一致，只有特定的团体或个人的利益才能一致，而在团体或个人的很多利益之间却存在冲突"①。城乡义务教育一体化政策是对教育经费、教师资源、教学设备等教育资源在城乡间进行某种形式的再转移和再分配，在此过程中必然会对固有利益者产生一定的冲击，出现目标上的冲突，部分冲突甚至会损害地方政府的部分"固有利润"，比如，要实现城乡教育经费的一体化，必然需要地方政府承担更大的财政支出，对地方原有的财政格局产生一定的"震荡"，部分地方政府基于自身利益的考量，可能会抵制城乡义务教育一体化政策在当地的推行。为此，城乡义务教育一体化政策的实施，一般会采用较为缓和的步骤，先在部分地区试点缓步推进，再逐步铺开在全国纵深推进，可见城乡义务教育一体化政策本身包含有一定程度的冲突水平。

依据政策目标和手段的模糊性和冲突性水平，可将国家层面的城乡义务教育一体化政策实施进程分为如下3个阶段：初始试点阶段、全面推进阶段、纵深推进阶段。在初始试点阶段，政策目标和手段较为模糊，一般采用缓步试点的方式推进政策的实施；较为重视地方政府利益的得失，尽量缓和并掩饰中央与地方在政策目标上的冲突；试点执行的分步、缓和推进对政策本身所蕴含的冲突性水平起到了一定的缓解作用。因此，在初始阶段，政策类型表现为高模糊-低冲突的特点。随着政策在全国的全面推进，其推进性质由试点变为一种全面执行的命令，中央政府和地方政府的利益冲突也会随之在全国全面暴露出来，此阶段表现为高模糊-高冲突的特点。在纵深推进阶段，通过对初始试点阶段政

---

① [美]托马斯·R.戴伊.理解公共政策.谢明译.北京：中国人民大学出版社，2011：15.

策推进经验的总结、学习，政策目标和手段越加清晰，模糊性水平较低，但政策所内含的高冲突性依然不变，此阶段表现出低模糊-高冲突的特点。需要说明的是，上述第二个阶段并不必然出现，如果满足一定的条件，政策执行可以跨越第二个阶段由第一个阶段直接到达第三个阶段，这取决于初始试点阶段城乡义务教育一体化政策执行经验的总结、习得水平程度。如果能在试点阶段将城乡义务教育一体化政策目标和实现目标的技术手段进行科学的总结和提升，得到清晰化的认识和表达，并形成城乡义务教育一体化政策执行模式，在此基础上该政策在全国全面纵深推进，那么政策实施就进入了第三个阶段即纵深推进阶段。当然城乡义务教育一体化政策中有部分子政策其本身就较为明确，政策目标不存在利益冲突和纠纷，也不因政策推进阶段而变化，如学校办学条件的改善、学校标准化建设等子政策，其模糊性和冲突性一直处于较低水平。综上所述，依据模糊-冲突矩阵，城乡义务教育一体化政策随着发展阶段的变化在国家层面主要表现为 3 种类型：高模糊-低冲突、高模糊-高冲突、低模糊-高冲突（图 5-2）。

	低冲突	高冲突
低模糊	行政性执行资源 案例：部分子政策	政治性执行权力 案例：纵深推进阶段
高模糊	试验性执行背景条件 案例：初始试点阶段	象征性执行联盟力量 案例：全面推进阶段

图 5-2　模糊-冲突矩阵：国家层面的政策执行过程——以城乡义务教育
一体化政策执行为例

高模糊-低冲突模型表现为政策执行初始阶段在试点地区的试验性执行，如国家在成都、重庆等地建立统筹城乡教育改革试验区，探索城乡义务教育一体化改革发展的科学道路。此时，政策执行的"背景条件"对于政策的成功执行显得尤为关键，而复杂的反馈和及时的总结、学习在某种程度上来说比成功执行的结果更为重要。正如马特兰德所认为的：

在自上而下的执行模式中，政策目标越清晰，对于政策的顺利执行越有利，但当对于一个问题缺乏了解，特别是当政策设计者认为自己缺乏产生一个"编程实现包"的技术知识时，如对于要达到何种具体目标，以及如何实现这些目标的知识不甚清晰，甚至是非常模糊的情况下，找到答案往往需要一个学习和试验的过程，此过程不仅提供了一个机会来学习新的方法，它也提供了一个机会，以达到新的目标。①

为此，在城乡义务教育一体化政策的试验性执行中，执行也理应被看作一个阶段，即城乡义务教育一体化原则和愿景以及相关技术知识测试的阶段。同时，要避免两个缺陷，首先，这个试验性执行过程不应该被迫成为一种人为约束的形式或模式，因为如果我们对执行进程知之甚少而又盲目要求人为的统一或一致，忽视决策者在决策中的"有限理性"能力，就会限制作为一种资源的基层官僚或街道层官僚的知识的运用，压制他们关于城乡义务教育一体化政策的实践创新。其次，这个过程需要有意识地认识到学习才是目标，"如果在政策如何执行或政策环境因素如何因果相连等方面没有足够的知识，政策模糊应该被看作一个学习的机会——学习新的政策手段和政策目标的机会"②。基于试验性执行对"背景条件"的依赖，如果不是人为约束或强迫与实施者肤浅的合规努力相一致，由于政策执行固有的多样性，那么不同的地方将有不同的政策执行成果，将不同地方的政策执行信息进行收集和比较、评估与反馈、总结与归纳，提炼出较有效的、典型的城乡义务教育一体化政策运行模式。当上述试验性执行中的有效学习产生后，城乡义务教育一体化政策的目标和手段就变得清晰明了，虽然高冲突仍然存在，但政策执行方式得以转换，由象征性执行转变为政治性执行，依赖权力运用、强制与激励机制自上而下、大范围全面推进该政策的执行。

高模糊-高冲突模型，即当该项国家政策试点实施之后在全国得以全面推进时，如果其政策目标和手段仍然高度模糊，其政策执行过程就会集中表现为象征性执行，地方联盟力量决定着政策执行的成败。处理象征性执行案例时，确定地

---

① Matland R E. Synthesizing the implementation literature: The ambiguity-conflict model of policy implementation. Journal of Public Administration Research and Theory, 1995, 5(2): 167.

② Matland R E. Synthesizing the implementation literature: The ambiguity-conflict model of policy implementation. Journal of Public Administration Research and Theory, 1995, 5(2): 167.

方一级的竞争派系及影响派系力量的微观环境因素，对准确地解释政策结果来说极为重要。政策模糊使宏观层面的政策执行主体难以对政策执行进行监控，并且更难以建构（structure）地方水平的行动。但中心层面或处于执行链条上层的执行者可以通过提供资源和激励机制，并通过将注意力集中于某一个问题领域的方式对地方基层执行产生重要影响。由于冲突的高水平，执行过程可能会高度政治化，上下级之间的互动存在着强烈的政治性质；但由于政策的高模糊性水平，决定了政策执行仍会由地方执行者为主导。

当然，随着试点地区城乡义务教育一体化政策执行经验的比较、学习、总结、反思，促使国家城乡义务教育一体化政策的目标和手段变得较为明确、清晰，此时，政策类型呈现出低模糊—高冲突的特点，从客观上有利于增加中央一级执行主体控制和影响的机会，进而在未来将试验性执行或象征性执行转变为政治性执行，从而将城乡义务教育一体化政策实施阶段向前推进到第三个阶段，即纵深推进阶段。

整体上而言，城乡义务教育一体化政策主要表现为上述 3 种类型，但不管是在初始阶段还是在纵深推进阶段，部分子政策如有关学校硬件条件提升方面的政策，其冲突性水平一般较低，为此可以将其纳入行政性执行象限而不受时间或政策推进阶段的影响。

（二）模糊—冲突矩阵：地方层面的政策执行过程

对于地方政府如成都而言，其将国家城乡义务教育一体化政策进行了分化处理，确立了 5 个方面的城乡教育一体化，即教育机会城乡一体化、办学条件城乡一体化、教育经费城乡一体化、师资队伍城乡一体化、教育质量城乡一体化，并构建了城乡义务教育一体化指标体系，对上述 5 个方面进行了进一步的细化处理，明确了各个指标的具体可操作性目标（见附录：成都市城乡教育一体化发展监测评价指标体系）。为了实现上述各指标体系的可操作性目标，如前文所述，成都市出台了多项政策与措施，以明确达成目标的手段与途径。为此，就地方政府层面而言，城乡义务教育一体化政策的目标和手段是低模糊的。就政策冲突而言，部分子政策冲突较高，如城乡教师交流政策、进城务工就业农民工子女义务教育"两为主政策"等；部分子政策冲突程度较低，如城乡学校标准化建设、城乡公用经费标准统一政策等。为此，依据模糊—冲突矩阵，城乡义务教育一体化政策在地方层面主要表现为 4 种类型：低模糊-低冲突、低模糊-高冲突、高模糊-低冲突和高模糊-高冲突（图 5-3）。

	低冲突	高冲突
低模糊	行政性执行 资源 案例：学校标准化建设政策	政治性执行 权力 案例：教师交流政策
高模糊	试验性执行 背景条件 案例：特色学校政策	象征性执行 联盟力量 案例："县管校用"教师政策

图 5-3　模糊-冲突矩阵：地方层面的政策执行过程——以成都试验区城乡义务教育一体化政策执行为例

1）低模糊-低冲突型。以学校标准化建设政策为例，为了改善城乡中小学特别是农村中小学办学条件，缩小城乡办学条件差距，成都自 2004 年就启动了学校标准化建设工程，规划 2004—2007 年全市投入 10.5 亿元，严格按照量化的、可操作的总规格标准和生均规格标准对义务教育阶段的学校建设用地、建筑面积、建设标准等硬件条件进行改造，按照中小学建筑标准和技术装备标准建设农村学校，同时对第一、二、三圈层学校标准化建设资金分担方式进行了具体的规定。可见该政策的目标和手段是非常清晰和明确的，且在目标方面不存在政策主体间的矛盾冲突和利益纠纷，属于低模糊-低冲突政策类型。该政策的类型特点决定了其最适宜的政策执行方式即行政性执行。成都市政府将学校标准化建设工程的政策目标和实施手段层层下达，直至区县教育局。学校标准化建设所需信息、资源以及制裁能力如一条信息流从上而下贯穿于韦伯式的官僚层级链条中，每个环节的参与者都有自己明确的责任和重视履行命令的职责，在学校布局调整的基础上，对市域内的所有农村中小学进行了分批、分项目的学校标准化建设改造工程。在此过程中，足够的资源（包括学校标准化建设所需要的一切人力、财力、物力）以及科学、完善的实施计划保障了成都市城乡学校标准化建设的成功、顺利完成。

2）低模糊-高冲突型。以教师交流政策为例，为均衡城乡师资水平，缩小城乡教育质量差距，成都市自 2004 年就出台了城市教师定期服务农村学校的实施意见，规定了城乡教师交流的具体实施办法，该政策从某种意义上说是城市对农村的"反哺"，对于农村教师和学校来说，是获利的一方，但对城市教师和学校的"固有利益"却造成了一定程度的冲击，为此该政策执行中或明或暗地遭到了"固有利益"持有者的反抗。虽然该政策目标清晰但却冲突性较高，在这种情况下，对政策目标不认可的参与者对政策的遵从不会自动发生，表面上的遵从也会从实质上影响政策执行的效果，因为重要的资源（即优秀师资和优秀的教学水平和能力）为政策的积极反对者所拥有，为此他们的合作是教师交流政策顺利、有效执行的必要条件。在上述情况下，强制与报酬机制起主导作用的政治性执行最为适合。在政治性执行过程中，要么以充分的权力强迫城市教师遵照执行，要么以城市交流教师能接受的方式达成协议，如构建教师交流政策的配套机制，在职称评定、晋升职务、薪水报酬等方面进行激励。当然强制需要有法可依、有章可循，而非纯粹权力的运用，这就需要进一步完善《中华人民共和国教师法》、《中华人民共和国义务教育法》等与义务教育发展主体紧密相关的法律及其法律实施细则。同时，强制就意味着惩罚，由于政策的低模糊水平，监测政策遵守情况是非常容易的，为了保证政策执行效果，制定教师政策执行行为标准，对教师交流遵守情况加以监控并对不合规行为的惩罚就显得尤为必要。

除上述两种政策类型以外，地方政府也存在着高模糊-高冲突型政策和高模糊-低冲突政策，下文以教师"县管校用"政策和"特色学校"政策为例予以简要分析。

教师"县管校用"政策在试点探索阶段，虽然"县管校用"的政策目标是比较清晰的，但如何去有效地操作实施的技术手段并不十分清楚和完善，对于政策对象——教师和学校而言，不同的群体代表着不同的利益联盟，如城市学校联盟、农村学校联盟、优质学校联盟、薄弱学校联盟等，虽然上述联盟并没有得到显性的划分，但实质上存在着上述多种利益群体联盟。不同的利益联盟在政策目标上的具体利益诉求虽然存在差异，但实质上都表现为对优质教师资源的争夺和竞争，存在目标纠纷，利益诉求不相容的情况。上述情况符合政策象征性执行的特点。"县管校用"政策的出台，犹如一粒石子激起利益群体千层涟漪，以前身份在学校，现在却要三年与学校签一次合同，并将档案放入市人才流动服务中心教育分中心或区县教师管理中心集中管理，教师从"学校人"

转变为"社会人"，这让教师群体心生顾虑，政策刚推行时，教师们拒绝在合同上签字。成都市政府为了该政策的顺利推行，遂采取了缓步推进、分批进行的方式。首先，将成都市教育局直属学校教职工档案放入教师管理中心，或是先将优秀教师、骨干教师、年轻教师的身份档案放入教师管理中心，再将非直属学校教师或非骨干教师或中老年教师的身份档案逐步纳入教师管理中心。从目前政策执行的情况来看，"县管校用"也仅仅是在分步完成"县管"，而"校用"如何去用？哪些学校用？如何突破上述多种教师群体联盟的利益冲突，顺利实施学校间教师的平等、顺畅流动？目前还未取得实质性的进展，毕竟城市学校教师联盟、优质学校教师联盟相比于农村学校教师联盟和薄弱学校教师联盟，力量更大，掌握着更多的话语权。而该政策的实施目前仅处在初始探索阶段，为此要进一步推进该政策的实施，需要通过强制和讨价还价的方式使上述各个组织联合，形成支持联盟框架，因为"联盟的力量，特别是在地方层次，往往决定执行结果"①。此外，还要加强教师职业价值观和对城乡义务教育一体化事业的责任感来予以保障。随着"县管校用"政策的推行和实施，虽然政策所内含的高冲突仍然存在，但政策执行经验会使政策目标和手段越加清晰，进而促使政策执行方式得以转换，由象征性执行转变为政治性执行，依赖权力运用强制与激励机制自上而下地大范围全面推进该政策的执行。

"特色学校"政策，是成都市城乡义务教育一体化发展中的一个重要组成部分，因为一体化不是整齐划一，而是立足于学校自身的特点，找到发展的特色和生长点，实现学校发展的百花齐放。但是每所学校的自身特色是什么？如何实现特色化发展？对此并没有一个统一的答案和标准。每所学校的特色并不存在目标上的冲突和资源上的竞争，因此，特色学校政策应当归属于高模糊-低冲突政策类型，其政策执行方式适合于试验性执行。具体到 P 县特色学校政策的执行，教育局对全县学校进行分类，要求找出各自的特色，实行"一校一品"。寻找一校特色的过程，也是对一校"校情"的反思，对学校内涵发展特色的反思，不同的学校所拥有的历史、生源、师资、环境各不相同，自然其生长点和特色不尽相同，有的学校以书法著称，有的学校以选修活动课闻名，有的学校以德育工作作为亮

---

① [英] 迈克·希尔、[荷] 彼特·休普.执行公共政策.黄健荣等译.北京：商务印书馆，2011：108；Matland R E. Synthesizing the implementation literature：The ambiguity-conflict model of policy implementation. Journal of Public Administration Research and Theory，1995，5(2)：168.

点……政策执行的过程就是一个学习的过程。不同区县、不同学校，其政策执行结果各有不同，对执行过程和结果的比较、反馈、评估和总结就显得尤为重要，因为在此基础上才能产生有效的学习，才能归纳、提炼出学校特色政策有效运行的基本模式。

第二节　破解"中心原则"：城乡义务教育一体化政策执行逻辑解读

模糊-冲突矩阵在对政策进行四象限分类的基础上，建构其适宜的政策执行方式，并将"中心原则"作为制约该类政策执行方式执行成败的主导因素。换言之，要保障政策的成功执行，就要使"中心原则"机制有效运行，使"中心原则"有效运行的一个重要前提，就是剖析政策的实际运行逻辑，找出"病症所在"，从而"对症下药"，构建"中心原则"成功运行机制，保障政策执行成功。为此，本节将从国家与地方两个层面，剖析城乡义务教育政策运行的实践逻辑，以破解制约城乡义务教育一体化政策执行"中心原则"机制有效运行的"病症所在"。

一、国家层面政策试验性执行的逻辑解读

某一政策的初始试点阶段，意味着决策者对某一政策领域的信息以及对问题产生的因果关系模式认知不够充分。在这种情况下，制定和执行大规模的政策就会面临很多困难，有效执行政策的可能性微乎其微，甚至一旦启动就意味着失败。同样，对于城乡义务教育一体化政策，由于其运行和解决问题机制的不明确，中央政府的官员并不是最清楚应该如何处理成都或其他区域的城乡义务教育一体化问题，地方政府可能更胜任处理当地的特定事务。为避免因不确定性而可能带来的不可预料及无法控制的风险，中央在全国范围内进行城乡义务教育一体化改革之前，需要依赖地方政府的知识积累和传递，为此授权或委托地方政府进行改

革试点成为其必然的理性选择。在此意义上，中央政府更多的是一个"顶层"设计者、资源提供者、执行监督者、效果评估者。但国家政策在地方试验性执行的影响因素包括多个方面，下文主要从 5 个方面加以分析。

（一）中央与地方利益的相容性决定着政府间政策执行模式

依据公共选择学派的观点来看，政府也具有"经济人"的行为特征，政府在维护公共利益的过程中，也会谋取本部门或地区的利益和效用的最大化，主要表现为预算、报酬、名誉和地位等相关诱因的影响。不仅政府和社会公众之间存在着这种利益的不一致性，在各级政府之间、各部门之间以及政府官员之间，这种利益的不一致性也比较突出。[①]对某一国家的政策执行而言，基于政策执行的试点性质，要保障政策的顺利实施，中央必须考量地方政府利益，否则会引起地方政府对政策执行的反抗和对立。而对地方政府而言，已经颁布了的国家政府政策及其所包含的诸多诱因，会成为地方政府是否执行政策的外部影响。同时，来自地方政府的诱因以及地方政府间的关系也会影响地方政府的执行决定（图 5-4）。[②]以成都城乡义务教育一体政策政府间的执行为例，一方面，国家对城乡社会一体化及城乡教育一体化的高度重视，以及相关文件政策的出台，强化了成都市政府顺应国家政策潮流，履行国家政策文件精神的外部动力；另一方面，成都作为西部经济、文化、政治中心，作为四川省会大都市，汇聚了人、财、物等方面的充足资源，为进一步提升影响力，打造教育高地，特别是相关教育行政官员的大力推动，以及与四川省政府的密切关系，从内部进一步推动了成都成为教育统筹改革试验区的步伐。从政府间的关系来看，城乡义务教育一体化政策执行过程是以市级政府为主导、省级政府协助、中央政府支持为特征的一个"下推上拉"的合力过程，是国家需要与地方利益"呼应"的过程，是利益需要共同满足的过程。而这一政府间执行模型的特点，也决定了成都对中央政府政策的执行模式是 M. 乔伊所划分的依从和执行模式，而不是反抗、延期、战略性延期等模式。当然具体选择哪种执行模型从根本上来说是政府作为一种组织利益的"共谋"，是阿利森所言的官僚政治模型，即组织的决

---

① 定明捷、刘玉蓉. 政策执行的委托代理理论分析. 兰州学刊，2003（5）：138.

② 详情参阅：[韩]吴锡泓、金荣枰. 政策学的主要理论. 金东日译. 上海：复旦大学出版社，2005：430.

策和行动是政治系统中各种利益集团和个人之间通过谈判所达成的一种结果。①

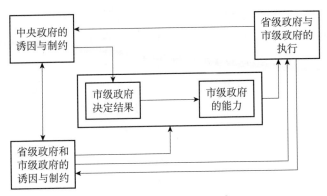

图 5-4 政府间执行模型②

（二）地方政府资源的充足水平及地方政府执行态度决定着政策执行水平和方向

城乡义务教育一体化改革作为中央在地方的授权试点改革，是一种供给主导型制度变迁方式③，其改革风险小、成本低，但作为国家政策在地方的试验性执行，仍需要地方政府具备一定的能力为创新性执行提供保障。这些能力是多方面的，但主要包括经济能力与技术能力。首先，经济能力，即对制度创新成本的承担能力，这是政策执行的经济基础。具体而言，城乡义务教育一体化要缩小城乡教育发展差距，离不开教育硬件和教育软件方面的投入和提升，硬件方面意味着办学条件的改善及教学设施、信息化水平等方面的改造，软件方面意味着学校师资建设、学校管理制度等方面的完善。不论是软件的完善还是硬件的提升都需要教育经费的投入，可以说没有投入作为基础，城乡义务教育一体化政策的执行就无法开展。其次，技术能力，即政策执行的技术路线、方法、措施、制度设计等，需要组建一定成员的"智囊库"，为政策计划提供指导和帮助，这是政策执行的智力基础。国家政策的模糊性和地方情况的特殊性都要求地方政府具备政策执行

① [英]米切尔·黑尧. 现代国家的政策过程. 赵成根译. 北京：中国青年出版社，2004：23.

② 参照 M.乔伊的政府间执行模型而绘制此图. 资料来源：[韩]吴锡泓、金荣枰.政策学的主要理论. 金东日译.上海：复旦大学出版社，2005：429.

③ 杨瑞龙将制度变迁模型划分为 3 种：中央授权型改革-供给主导型制度变迁模型、地方政府自主的制度创新-中间扩散型制度变迁模式、地方政府和微观主体的合作博弈. 详见：杨瑞龙、杨其静. 阶梯式的渐进制度变迁模型——再论地方政府在我国制度变迁中的作用. 经济研究，2000（3）：24-31.

的技术能力，如果地方政府不具备执行该政策的智力基础，无法构建政策执行的科学技术路线、方法、措施和制度设计，那么政策的地方执行是难以或是根本就不可能获得成功的。除了上述的经济能力和技术能力，政策执行还需要地方政府具备其他相关能力，如组建政策共同体的能力（譬如，地方政府与教育部、高等院校中的教育专家等形成政策共同体，为政策执行提供援助基础）、政策宣传能力等。成都作为四川的省会城市和四川第一大城市，据有成都平原、天府之国的地理条件和经济富饶优势，拥有享誉全国的基础教育和高等教育，是省内优秀人才的聚集地。城乡义务教育一体化政策在成都确立后，四川大学、成都大学成为地方政府政策运行的"智囊团"和"专家库"的"主战基地"。与此同时，成都与北京师范大学、东北师范大学、华东师范大学、西南师范大学等高校的学者和专家建立了良好的联系与互动，形成政策共同体，为成都顺利制定和执行城乡义务教育一体化的技术路线提供了宝贵的援助。可见，不论是在城乡义务教育一体化政策运行所需要的经济能力还是技术能力，成都地方政府资源的充足水平都为政策执行提供了良好的基础。

如果说地方政府资源的充足水平决定着政策执行水平，那么地方政府的执行态度就决定着政策执行方向。"当代中国的基本决策，主要是依靠党和政府的组织加以贯彻执行的……当代中国的行政活动还不全是法治的行为方式……就当代中国政府过程而言，人治的执行模式有两个显著的特征：一是权力精英在行政活动过程中具有决定性作用；二是人格化权力结构在政府执行中有特殊重要的作用……在中国，政府执行主要依靠各级干部的工作态度和行政行为，因而常常出现人存政举，人亡政息，人兴政兴，人衰政衰的情况"[①]。由此可见当代中国政策执行中党和政府组织的重要性，以及权力精英对政策执行的关键意义。正如胡伟所强调的，"如果权力精英缺乏高尚人格和敬业精神，不能自觉做到清政廉政，或者对公共政策的认识有偏差，那将大大影响政府执行的效能，给政策执行带来灾难性后果"[②]。也正是由于地方各级政府中的权力精英对城乡义务教育一体化政策的认识和价值评判的差异，致使不同区县在城乡义务教育一体化政策执行中的努力程度不同。如成都 P 县，2010 年其地区生产总值在成

① 胡伟. 政府过程. 杭州：浙江人民出版社，1998：290，329，340.
② 胡伟. 政府过程. 杭州：浙江人民出版社，1998：340.

都整个区县中处于最低水平，仅 570 000 万元，人均地区生产总值排在倒数第 7 位，农业人口比例排在第 2 位，在政府经济水平很低的情况下，仍然保持着对教育的过半财政投入，在举步维艰的经济社会背景下，尽力践行着用三圈层的经济条件办出一圈层的教育质量水平的诺言，取得了城乡教育硬件资源配置在县域内的基本均衡，取得了教育发展的显著成效。多年的努力使 P 县成为教育部城乡义务教育统筹改革试验县，这也正是权力精英模式下相关行政官员对教育的高度重视和积极努力的结果。

（三）政策执行激励机制影响地方执行效果的可持续性

依据合同的宽泛定义，地方政府与中央政府之间的关系都可以从合同角度去理解，这些合同可以是正式的、具有法律效力的合同，也可以是非正式的、建立在社会期待之上的关系，"签过正式合约的是正式合约关系，没有签过合约的也可能是一种隐含合约关系"①。2009 年，代表中央政府的教育部与代表地方政府的四川省政府、成都市政府共同签订了《共建统筹城乡教育综合改革试验区合作协议》，正式明确和建立起了中央政府与地方政府在城乡义务教育一体化政策执行过程中的合同关系，这种合同关系从中央与地方层级角度而言，体现的是一种上下级组织间的"委托-代理"关系，蕴藏着中央对地方政府有效执行城乡义务教育一体化政策的期待，蕴藏着地方政府在城乡义务教育一体化政策中的承诺与执行行为。

地方政府作为一种组织形式，在政策执行时受多方面因素的影响，并且组织目标并不是连贯一致的。"如果组织行为是以政治联合体为基础的，那么我们可以预料组织目标和方向也会随政治联合体的演变而变化。"②例如，负责城乡义务教育一体化政策执行的地方政府相关高层行政人员的变迁或高层行政人员执行态度的变化，常常会导致城乡义务教育一体化重大决策方向的变化，这在很大程度上反映的是政治联合体基础的变化。由于存在着信息不完备、信息不对称，而中央要准确测量地方政府城乡义务教育一体化政策执行的努力程度和效果较为困难，交易成本较大，中央如何让地方政府保持政策执行的动力与热情？如何有

---

① 周雪光. 组织社会学十讲. 北京：社会科学文献出版社，2003：40.
② 周雪光. 组织社会学十讲. 北京：社会科学文献出版社，2003：167.

效地激励地方政府组织目标的连贯一致？上述激励问题的存在，只能通过中央建立科学、合理的地方政府政策执行激励机制才能解决，这是组织激励研究的一个核心问题，也是一个十分复杂的问题。但总体而言，应当把握好米尔格罗姆（Milgrom）和罗伯兹（Roberts）于 1992 年提出的关于激励的四大原则：有效信息原则、激励强度原则、监督强度原则和平衡激励原则。[①]

对于成都而言，要保持城乡义务教育一体化政策执行的持续热情，离不开最高委托人中央政府的激励与支持。成都自实施城乡义务教育一体化的实践探索到《共建统筹城乡教育综合改革试验区合作协议》的签订，再到当前在成都部分区县设立试验县，从该项改革政策的经费投入激励方面，国家或教育部并没有给予四川省或成都市或相应区县经费方面的政策支持与帮扶，所以至今仍存在着"穷省办大教育"和"穷县办大教育"的尴尬；从物资资源来看，除了地震后部分灾区学校的教育援建计划，最近这些年国家或教育部对引进相关教育工程项目加以物资援助的激励举动也较为缺乏，对成都城乡义务教育一体化政策执行的刺激力度有限；从人力资源来看，更多的时候，国家或教育部是以成都或者所辖区县的城乡义务教育一体化所取得的成绩为示范，众多专家、学者、中小学校长和教师等来调研、参观考察、开展课题研究，并加以广告式的政绩宣传，而对于真正从理论的高度对成都城乡义务教育一体化政策加以科学地指引、完善政策和机制的人力资源支持尚少。由此，在成都城乡义务教育一体化政策还处于攻坚阶段时，成都基础教育的国际化发展战略渐趋走上了政策的前沿，这在一定程度上也反映出了城乡义务教育一体化政策受制于国家激励机制的不健全而出现了可持续发展的危机。

（四）执行监控的有效性：高模糊水平下的政策冲突转移与自由裁量权下的"道德风险"

瑞利·富兰克林将再分配（redistributive）的概念界定为资源从富者向穷者的转移，当然相反的财富转移过程也确实同样存在。[②]洛维（T. J. Lowi，1972）认为，再分配政策涉及资源的转移、财富和财产的再分配、个人或公民权利或

---

① 周雪光. 组织社会学十讲. 北京：社会科学文献出版社，2003：198-202.
② [英]迈克·希尔、[荷]彼特·休普. 执行公共政策. 黄健荣等译. 北京：商务印书馆，2011：89.

其他一些有价值的项目在社会阶层或种族群体间的分配。[①]为此，再分配性意味着有人获利有人失利，政策本身内含着较高的冲突性。由于再分配政策本身所内含的特性，为了使政策在决策阶段顺利通过或为了减少执行中受阻，政策设计者往往很少提供关于如何执行的信息，这就使再分配型政策中的模糊性特征较为突出。政策特征决定着政策执行的难易程度，这一点已在学界达成共识，对于再分配型政策及其所体现的高模糊性和高冲突性将对政策执行产生重要的影响。

"立法用语含糊不清，缺乏明确性对于建立一个争取立法通过的联盟来说可能是至关重要的，因为每澄清一个用语，联盟就少一批成员。但用语模糊不带冒犯性也会使执法者不了解立法者的意图，因而执行者完全有可能改变项目的实质性意图。"[②]为此，政策的模糊性作为政策的本身属性，其作用具有两面性。在城乡义务教育一体化政策中也存在着政策的模糊性特征，如"教育城乡一体化"、"平等的教育机会"、"基本实现区域内均衡发展"、"建立健全义务教育均衡发展保障机制"、"建立城乡一体化义务教育发展机制"，以及进城务工人员随迁子女平等接受义务教育的"两为主政策"，这样的用语和模糊的概念，都可以有不同的理解和解释，其中很多解释会不同程度地违背政策设计者的真正意图，从而可能导致政策难以对社会产生真正的影响。同时，政策的模糊性也有导致政府问责制实施的困难，正如盖依·彼得斯（B. G. Peters）所言："当政府执行模棱两可的法律时，要政府对此负责就会变得非常困难。"[③]

由于政策的模糊性，要使政策得以在地方实施，地方政府不得不根据自身的经济、政治、技术实力因地制宜地将模糊政策清晰化、明确化，在此过程中，政策的冲突性也渐趋明显。换言之，政策的模糊性有利于中央将政策内含的冲突性转移到执行政策的地方政府，让地方政府根据自身的经济、政治、技术实力因地制宜地处理政策的冲突性问题。在执行政策的过程中，地方政府又可能将政策所内含的冲突性转移到次级政府如区县级政府，形成一个政策冲突层层

---

① Lowi T J. Four systems of policy, politics, and choice. Public Administration Review, 1972, 32(4): 298-310.

② [美]盖依·彼得斯. 美国的公共政策——承诺与执行（第六版）. 顾丽梅、姚建华等译. 上海：复旦大学出版社，2008：132.

③ [美]盖依·彼得斯. 美国的公共政策——承诺与执行（第六版）. 顾丽梅、姚建华等译. 上海：复旦大学出版社，2008：134.

转移的局面，笔者将这一现象称为冲突水平转移模式，在这一模式下，自然就形成了国家政策与地方政策中在模糊-冲突水平方面的较大差异（图5-5）。但转移至基层的政策冲突如果仍未得到有效的解决，没有成功地形成冲突解决机制，那么转移至政策执行一线的基层人员之间的政策冲突，最终会导致政策执行的困难或执行的变异。如国家为了促进城乡义务教育一体化发展，提出了城乡教师的交流政策，但交流的技术路线和手段是高度模糊的，地方政府（如成都市政府）在执行该政策时，依据国家政策确立了较为具体的交流技术手段，如规定了城乡教师交流的数量、比例和年限；在次级政府及区县政府执行该政策时，对每所义务教育阶段学校中应参与交流的教师数量做了具体规定。从国家政策到地方政策，政策目标和手段越加清晰，模糊性水平依次下降，但政策所内含的冲突性仍然高度存在，并渐趋明显，并未得到缓解。城乡教师交流政策实质上是教师资源在城市学校与农村学校之间、优质学校与薄弱学校之间的再分配，是城市学校、优质学校教育资源向农村学校、薄弱学校的转移。从某种程度上来说，这影响了城市或优质学校的"固有利润"和"既得利益"，对于农村学校或薄弱学校来说，是获得教育资源、获取利益的过程，这就导致了教育资源流出学校和流入学校之间的利益纠纷和利益冲突。而这种冲突水平随着政策模糊性程度的降低而升高，即在国家政策层面这种冲突水平由于政策的模糊性而较低，在地方政策层面随着政策目标与手段的清晰而使冲突性越加明显和强烈。当教师交流政策在具体某个学校运行时，作为公共政策不得不执行的情况下，基层执行者即学校和教师就会在最大程度保障自身利益的前提下变通执行，从而引发政策实施阶段的"道德风险"问题。

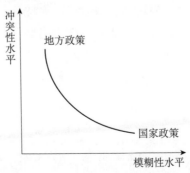

图5-5　政策冲突转移模式下的国家政策与地方政策中的模糊-冲突水平差异

在公共政策领域，将政策制定者与政策执行者看成是一种围绕政策实施而形成的委托-代理关系，已成为一种共识。与经济活动类似，委托-代理关系中同样存在着利益博弈和信息不对称，从而影响政策的忠实执行，引发政策实施阶段的"道德风险"问题。道德风险是指在合同签订以后，合同的一方拥有私有信息，其行为又不能被另一方在不付出代价的情况下观测到，在这种情况下，会出现采取投机行为损害对方而获得私利的现象。①道德风险可能在多种情况下发生，其中很重要的一个途径就是利用自由裁量权获取私利。"由于任务的复杂性和职责的委让，使得自由裁量权这一现象显得十分重要，在负责的组织情境中，意图和后果之间的差距就会逐渐显现出来。"②特别是"由于我国地区差异很大，只有地方政府和政策对象自身才掌握当地教育最全面的信息，中央政府的政策只能宜粗不宜细，在这种信息不对称的情况下，存在政策规则的空白点也是不可避免的"③。为此，在政策领域的委托-代理关系中，特别是对于国家的试点政策，自由裁量权是必然而且必要的。但在自由裁量权的行使过程中，为了使地方利益最大化，地方政府又必定追寻政策规则空白点④，在"应当做"和"不能做"之间进行策略性选择，在政府间的博弈与互动中努力寻求服务于自身利益的行动方案，而不是政策制定者的政策目标。正如张曙光所言："制度的实施过程实际上是一种博弈和互动过程，博弈者都努力寻求对自己最有利的行动方案，制度漏洞就成为双方搜寻的目标和对象。只要找到了制度漏洞，就可以绕过已有的规定，甚至使现行制度成为无效和无用的东西。"⑤ 为了解决代理人的"道德风险"，政策制定者或委托人就必须在政策执行的信息搜集、执行监控等方面投入大量的交易成本。

在成都市教师交流制度的相关政策文件中，虽然文件规定"凡大中城市和县

---

① 周雪光. 组织社会学十讲. 北京：社会科学文献出版社，2003：51.

② [英] 米切尔·黑尧.现代国家的政策过程. 赵成根译. 北京：中国青年出版社，2004：163.

③ 林小英. 教育政策文本的模糊性和策略性解读——民办高校学历文凭考试相关政策为例. 教育发展研究，2010（2）：26.

④ 注释：孙立平曾撰文指出，中国制度运作的一个重要特点是通过中央和各级政府下达文件来推动。这些文件有时只规定目标和"精神"，而不规定手段；即使规定了手段也往往是强调应该做什么，而对不能做的边界常常只有少数规定。这样就是制度安排在"应该如何"和"不能如何"之间出现了许多空白点。这些空白点被孙立平及学者们称为"制度约束空白点"或"政策规制空白点"。详情参阅：孙立平.实践社会学与市场转型过程分析.中国社会科学，2002（5）：89-90.

⑤ 张曙光. 制度. 主体. 行为——传统社会主义经济学反思. 北京：中国财政经济出版社，1999：139.

城城区中小学 2000 年以后新聘任的教师，一般应到农村中小学任教 2 年……城区中小学教师必须要有在农村中小学任教 1 年以上的经历才能晋升高一级专业技术职务"[1]，但各区县基于底线之上的年限裁量权，对教师交流年限的规定并不统一，如 W 区政策文件规定每批的交流期限是两年，而 J 县则规定交流期限为三年，但在实际执行中，政策基层执行者——校长、教师往往选取有利于自己的行动方案，各区县的实际交流年限都惊人地一致——实际交流时间最多仅为一年，有的区县甚至只有半年。在教师交流比例方面，政策文件规定每年参与交流的教师干部为应交流教师数量的 15%，但对于教师和校长各自的交流比例却没有做说明，在实践中呈现出教师交流比例低于 15%，而校长交流比例远远高于 15% 的现象，但在对外公布这一数据时却采用的是教师和校长交流人数总体的情况，掩盖了教师交流政策执行的不力。上述政策执行者针对制度或政策"漏洞"，利用"自由裁量权"寻求自身利益的最大化，引发政策执行的道德风险，导致了教师交流政策执行的偏离。

（五）政府组织间信息沟通的"有选择的扭曲"预防机制是否建立

由于官僚组织的层级特征，特别是在一个高度集权的行政结构中，从政策指令的下达到政策执行，再到政策结果之间贯穿着一条复杂的委托-代理链条。在这个链条中，职位高低不同的成员相应地构成了委托人和代理人，为此同一个成员对上一层级而言，是代理人，对下一层级而言，是委托人，这就意味着这条长长的链条并不是铁板一块，而是交织着利益、价值观的斗争与冲突。委托人和代理人有着自己的利益、是非观点，在自身利益的驱动下，面对委托-代理链条存在的严重信息不对称，利益的考虑意味着信息的策略性使用，下级成员通常只是传递给上级于己有利的信息，而且信息常常伴随有许多"噪声"，这些信息往往成为上级对下级奖惩的依据。信息的策略性使用与带有"噪声"信息的传递，充分体现了盖依·彼得斯所言的官僚组织层级中下级与上级在信息沟通中存在着的"有选择的扭曲"现象。为此，周雪光曾直言："各级部门的上报统计数字中的水分是世人皆知的……信息不是中立的，它不仅仅是策略性的，受政治利益的支

---

[1] 四川省教育厅、四川省人事厅、四川省机构编制委员会办公室、四川省财政厅《关于进一步加强农村义务教育教师队伍建设和管理的实施意见》(川教〔2006〕60 号)。

配……"①

由于政府组织主要依靠信息流动——如同生产商依赖物流一样……因此，正确的信息和防止信息阻滞对公共组织的成功非常重要……一般而言，官僚机构中的信息通常集中在较低的层次……当每一层级的官员在信息传递过程中只传递那些他们认为上级希望听到，或者使上级感觉他们看起来很优秀的信息，"有选择的扭曲"就发生了。这一通过等级组织的信息传递，其结果常常是肆意地歪曲和错误的信息，这限制了组织采取有效措施执行决策的能力。②

就我国政府层级体制而言，从上至下大体上包括5级政府：中央政府、省级政府、市级政府、县级政府、乡镇政府。就义务教育而言，在确立"以县为主"的管理体制后，其管理在中央、省、市三级政府的领导下主要由县级政府负责。在中央、省、市、县四级政府链条中存在着三层委托代理关系，其中，中央政府是政策决策者、制定者，是最高的委托人，而省、市、县三级地方政府则是政策执行者，县级政府处于政策执行的基层，具体负责政策的实施，并将有关政策实施的信息反方向逐层向上依次传递，直至由省政府传递至中央政府。信息垂直传递的过程也是信息损耗的过程，正如塔洛克的等级歪曲模式所言，在信息的垂直流动中，每个信息的平均歪曲程度，要比在水平传播中的歪曲程度大得多。③加之信息传递过程中的统计失误、统计遗漏以及理解偏差等非主观因素导致的信息损耗，致使信息在垂直层级委托代理关系链条中得到真实传递的信息量仅占1/32，中央政府最终获取的真实信息最终只有31.64%左右。④

我国政治体制中的中央与地方的行政授权关系在一定程度上强化了信息传递的"有选择的扭曲"现象。"对于地方各级政府以及官员来说，行政授权在影响力上要强于民主授权……官员的选拔和任免仍然主要是由上级政府决定的，民众的意见没有发挥应有的决定性作用。这导致地方政府在责任取向上是向上的，而不是向下的，许多政策和措施只是为了迎合上级的偏好或完成上级的任务，不

---

① 周雪光. 组织社会学十讲. 北京：社会科学文献出版社，2003：300.
② [美]盖依·彼得斯. 美国的公共政策——承诺与执行（第六版）. 顾丽梅、姚建华等译. 上海：复旦大学出版社，2008：139-140.
③ 详情参阅：Ullock G. The Politics of Bureaucracy. Washington D.C.：Public Affairs Press，1965:149-156.
④ 丁煌、定明捷. 基于信息不对称的政策执行分析. 北京行政学院学报，2008（6）：20.

考虑当地的现实条件以及民众的利益，伤害了当地的公共利益。"①地方政府及官员倾向于政府体系内的垂直责任，基于私利的偏好满足，客观上强化了地方官员依照上级官员的喜好"见风使舵"、"有所为有所不为"、大搞"政绩工程"，弱化了为民负责，进一步加强了"选择性的扭曲"的程度。

对于城乡义务教育一体化政策在地方的执行而言，也存在着信息传递"选择性的扭曲"现象。一方面表现为在上报或对外公布信息中有关成都市城乡教育一体化发展的研究报告或城乡教育一体化水平监测汇报中，将中心 5 城区（第一圈层）界定为城，其余区县（第二、三圈层）界定为乡，基于这种"城乡"概念划分的数据统计结果，从数字角度上缩小了"城乡"教育发展水平间的差距，掩盖了第一、三圈层间教育发展的巨大城乡差距，可以说这种概念划分方式是立足于"只传递那些他们认为上级希望听到，或者使上级感觉他们看起来很优秀的信息"，是一种立足于自身利益最大化的信息传递的策略性选择，而没有将现实中的城乡差距真实、全面地反映出来，进而限制了组织采取有效措施执行决策的能力。为此，是否建立了政府组织信息传递"有选择的扭曲"预防机制，对于政策的有效执行极为重要，否则就会出现"报喜不报忧"、信息反馈"形式化"等不利于政策有效实施的信息阻滞现象。因为"在现代组织中，知识就是力量，如果一个组织没有能力收集和处理来自它所在环境的信息，那么政策的执行就可能受到严重的损害。很显然，组织内信息流的管理是取得原始信息并将其付诸行动的一个重要组成部分"②。

二、地方层面政策执行困境的逻辑解读

决策可能是一些坐在美国联邦政府大楼里的政治家和行政官员制定的，但那些决定必须由一线的工作人员来执行，他们不一定与中央机构的行政官员具有同样的价值观和目标……中央的价值观和项目可能会发生变化（也许是总统或国会改变的一个结果），而一线人员可能仍然坚守着旧的政策……政策改变中的这些

① 杨雪冬. 分权、民主与地方政府公共责任建设. 华中师范大学学报（人文社会科学版），2004(6)：58，65.
② [美]盖依·彼得斯. 美国的公共政策——承诺与执行（第六版）. 顾丽梅、姚建华等译. 上海：复旦大学出版社，2008：141.

一线人员问题往往使控制政策制定的政治家们有一种挫折感，并使执行有悖一线人员价值的政策变得非常困难。[①]

　　盖依·彼得斯的上述话语显示了中央政策的执行过程在地方一线人员那里所遭遇的挫折和困难，同时也揭示了政策执行过程中的价值和利益冲突而导致组织间政策目标的错位。对于公共政策在执行中所面对的诱使政策执行变异的方方面面因素的复杂性，是持有不同研究范式的学者们得出的共同结论。对于本书中的城乡义务教育一体化政策，特别是针对其全国试点性质，更要认识到"试验同时面对着政策实施的可能性和约束条件，所必须处理的冲突和发展的空间。在实际的政策实践中，还必须依靠受到特定的安排所影响的社会主体的妥协和配合，我们的政策概念必须反对这样一种理念，即政策单纯是为人民做点什么"[②]。可见，中央政策在地方的执行中，并不是被执行主体单纯接受和执行的单边过程，而是一个对政策的解释和再创造的复杂互动过程。在地方政府教育政策执行中，其行为主体往往涉及两个方面：地方政府和学校。地方政府主要是负责教育发展与规划的各级教育行政部门，学校行动主体主要包括学校事务最高负责人的校长和具体执行教学任务的教师。地方政府和学校的行为和角色反映了城乡义务教育一体化政策在地方层面运行的两大制度逻辑：地方政府科层制逻辑和街道层官僚逻辑。

（一）地方政府政策执行的科层制逻辑

1. 执行理念："渐进主义"与"选择执行"

　　"渐进主义"和"选择执行"的政策实施理念，是调和利益冲突的最有效方法，也是政治上的权宜之计。由于组织决策的纯粹理性决策模式是一种理想化的规范性理论，以各种方式偏离于实际的决策行为。现实中的绝大多数决策过程都反映了西蒙所提出的"有限理性"（bounded rationality）决策模式的特点，即"决策者并不期望选择一个能够实现其价值最大化的决策方案，而只是去选

[①] [美]盖依·彼得斯. 美国的公共政策——承诺与执行（第六版）.顾丽梅、姚建华等译. 上海：复旦大学出版社，2008：135.

[②] 转引自：[英]米切尔·黑尧. 现代国家的政策过程. 赵成根译. 北京：中国青年出版社，2004：124. 原文出自：Bowe R S，Ball J，Gold A .1992.Reforming Education and Changing Schools. London：Routledge:15.

择一个令人满意的或者足够好的方案。在决策过程中，决策者并不去寻找所有可能的备选方案，而只是找到一个令人满意的方案，就拍板定案。因此，在决策过程中，决策者往往运用经验决策方法，其结果是重要的备选方案及其后果可能受到忽视"①。政治学家查尔斯·E. 林德布洛姆重申了西蒙的观点，并首次提出了渐进主义模型，并强调决策者在决策过程中通常是以问题为基础，使目标与可选用的手段相适应，使问题得以改进，而不是追求固定的目标以实现某种理想状态。②相对于地方政府而言，渐进主义策略较为普遍，特别是对于试点性质公共政策如城乡义务教育一体化政策，地方政府之所以愿意采用渐进主义策略，主要有如下几个方面的原因。

第一，城乡义务教育一体化政策本身的试点性质对渐进主义模型的影响。城乡义务教育一体化政策的试点、试验性质本身蕴含着探索、尝试，地方政府在相关制度变革进程中对新政策的结果存在着不确定性，激进的政策变革需要承担无法估量的改革风险，为此地方政府在"摸着石头过河"的过程中，更多的是"小步试探前进"。在成都城乡义务教育一体化政策的推进过程中，第一、二、三圈层目标任务的梯级划分，教师"县管校用"政策的试点、探索，教育公用经费的"低保"政策，以县为主的财政分担，都显示了成都城乡义务教育一体化政策在时间推进上的缓慢变革与变革内容上的路径依赖。

第二，城乡义务教育一体化政策的再分配政策类型对渐进主义策略的影响。政策类型影响着政策执行过程，因为不同的政策问题决定了不同的政策参与者，而不同的政策问题涉及的参与者利益关系程度不同，利益程度的不同导致了参与程度的差异，参与程度的差异影响了政策执行的难易水平。正如哈格罗夫所指出的，在很大程度上，再分配政策比分配政策更难以执行。在政策难以执行的情况下，地方政府一般遵循由易到难的原则，即先从争议最少、冲突最小、利益牵涉最少的项目入手，逐步渐次推进，这一推进原则也阻碍着政策的彻底变革。在成都城乡义务教育一体化政策推进过程中，依据模糊-冲突矩阵，低冲突的政策是争议最少、冲突最小、利益牵涉最少的项目，如学校标准化建设、教育信息化建设、特色学校建设等政策在执行中依据科学规划实施方案，在科层制官僚层级内

---

① [英] 米切尔·黑尧. 现代国家的政策过程. 赵成根译. 北京：中国青年出版社，2004：84.

② 详情参阅：Lindblom C E. The science of muddling through. Public Administration Review, 1959：79-88；Wildavsky A.The Polictics of the Budgetary Process. Boston：Little，Brown，1964.

依据行政力量便可以将政策顺利贯彻执行。而高冲突的政策，如教师交流、"县管校用"、统一城乡教师待遇、统一城乡教育经费等政策，由于利益纠纷冲突较大，其推进步伐就非常缓慢，甚至仍然持续原有政策。

第三，"政府会着力做他们能做的，或做已经做的，而不会做他们想做的"[①]。可见，"选择执行"也是地方政府政治上的权宜之计。决策者的目标也并不是与组织利益一一对应的，"官僚具有实现自我利益的行为取向，而这又会推动他们追求自己的福利的最大化"[②]，这就使决策者的动机常常并不是为了实现社会净收益的最大化，而是仅仅满足于政绩的需要，他们并不是寻求"最佳方案"，而是发现一个能够实施的方案时就会停止对最佳方案的搜索。如在地方政府的城乡义务教育一体化的执行中，首先执行易于执行的政策，或是矛盾冲突较小的政策，或是于地方政府"有利可图"的政策，以彰显政绩、追求自我利益。如学校标准化建设政策，虽然投入的财力、物力较大，但可以看作是一次性投资，而且这类财政一旦投入就可以"实物化"，转变为漂亮的教学楼、多媒体设备、运动场、图书馆，能取得"立竿见影"的效果，因此也是最容易彰显政绩的投入。再如，布局调整政策，从理论上讲，其牵涉的利益群体或目标群体众多，如被撤学校的校长、教师以及学生和家长，但由于其力量的薄弱或在学校撤并过程中，根本没有发言权，处于集体"失声"的处境。为此，在中国语境下，学校布局调整的众多程序简化为基层官员的一道行政命令即可撤并。从上述意义上讲，我国学校的布局调整政策在实践中体现出低模糊–低冲突的特征，依据行政性执行方式即可解决问题，执行难度较小，且学校撤并后还能缩减地方政府教育财政开支，地方政府又何乐而不为呢？此外，政策变革内容较小的政策，也是易于被地方政府优先考虑执行的。如生均公用经费"低保"政策的实行，虽然增加了政府的财政开支，但执行成本较低，在政府政策变革的财政可接受限度内。而教师待遇"城乡同酬"、"同城同酬"与"生均教育经费城乡均衡"的相关政策，虽然在目标群体之间并不存在利益纠纷和冲突，但由于与政策执行者——地方政府的自身利益紧密相关，作为"经常性"的投入，涉及众多的目标群体，财政投入较大，且并不能成为彰显地方政府政绩的"实

---

① [美] 盖依·彼得斯. 美国的公共政策——承诺与执行（第六版）. 顾丽梅、姚建华等译. 上海：复旦大学出版社，2008：150.

② [英] 米切尔·黑尧. 现代国家的政策过程. 赵成根译. 北京：中国青年出版社，2004：071.

物"工程，为此，执政者往往重视对物的投入，而轻视对人的投资。正如托马斯·R.戴伊所言："只有那些在形式、资金、组织和行动上有微小改动的政策才会被认真考虑。"①

2. 资源博弈："执行短缺"与"执行过度"

城乡义务教育一体化政策作为一种教育资源再分配政策，地方政府是再分配政策的执行者，更是"成本"的负担者、"利益的付出者"，正如相关学者所强调的，"再分配政策的执行往往意味着地方政府要把本来可以用来发展经济或者自己消费的那部分资金拨付给'无产者'，因此会想方设法截留，正如公共选择理论所认为的那样，当政策执行方同时是主要出资方时，总会选择提供偏离社会最优水平的投入，甚至造成其短缺。因此，各种再分配政策普遍存在"执行短缺"现象。② 同样，教育领域"供给不足"的现象或者称为"执行短缺"的现象则充分体现了地方政府在教育资源上的博弈。而这种资源的博弈恰恰暗合了曼瑟尔·奥尔森所言的集体行动的逻辑。正如曼瑟尔·奥尔森在其集体行动的逻辑理论中认为的，在严格坚持经济学关于人及其行为的假定条件下，经济人或理性人都不会为集团的共同利益采取行动，特别是在规模较大的组织中，集体行动更是处于"困境"之中，增进公共利益并不是一个集团或组织的自然目标，有理性的、寻求自我利益的个人并不会自愿地采取行动以实现他们共同的或集团的利益。奥尔森指出，"在大城市的两个地方政府提供能为两个或更多的地方人民带来好处的集体物品时（如道路和交通），其数量总是不充足的，而且最大的地方政府（如代表市中心的区）总要不成比例地承担提供这些物品的费用"③。

在城乡义务教育一体化政策执行中，地方政府的奥尔森式集体行动的困境体现得较为明显。就整个地方政府而言，义务教育作为一种集体物品或公共物品，各级地方政府有责任、有义务为辖区内的所有适龄儿童提供公平的、优质的教育，在办学条件、教育经费、教师工资等方面提供与其财力水平相当的教育资源充足水平，但如前文所述，除了在办学条件等硬件设施方面政府投入了较为充足的教育资源外，在教育经费、教师工资等方面的投入仍然不足，城乡差距依然悬殊。就县级地方政府而言，不同区县级政府的教育投入力度不同，如公用经费标准统

① [美] 托马斯·R. 戴伊. 理解公共政策（第十二版）. 谢明译. 北京：中国人民大学出版社, 2011：17.
② 魏姝. 政策类型与政策执行——基于多案例比较的实证研究. 南京社会科学, 2010（5）：61.
③ [美] 曼瑟尔·奥尔森. 集体行动的逻辑. 陈郁、郭宇峰、李崇新译. 上海：上海人民出版社, 1995：30.

一后，对三圈层超出部分的比例分担，但各区县教育投入力度不一，与经济水平并不一一对应，如何依据地方区县经济发展水平合理分担教育投入比例？如何激励地方的教育投入积极性？特别是在对待外来务工人员子女接受义务教育方面，"两为主"政策的执行仍然存在较大偏差，地方政府特别是直接执行"两为主"政策的区县级政府坚持狭隘的地方保守主义，与学校间达成利益上的"默契"与"共谋"，共同造成了"执行短缺"。为此，如何在地方政府应当作为方面降低"执行短缺"程度，仍然是地方政府政策执行中的一个重要问题。

与"执行短缺"所不同的是，"执行过度"强调的是政府在执行中的机会主义，即利用自由裁量权为"自己"谋取更大利益的行为倾向，特别表现为政策执行的扩大化、政策内容截留等，将政策的调控范围、调控对象扩大，超出政策原有的要求，或对政策中于己有利的部分大肆宣扬，对于己不利的部分隐瞒、忽视、不传达。如在学校布局调整方面，地方政府基于缩减经费投入、节约政府开支，将学校布局调整等同于撤并学校，而忽视了布局调整政策既包括撤并学校也包括重建恢复学校、新建扩建学校，既要考虑学龄人口变化又要考虑学生年龄特点与上学距离远近等相关综合因素，布局调整政策是一个有着完整内涵的政策规定。但在地方政府的政策执行中，往往趋利避害，出现政策"执行过度"的现象，为此如何在地方政府"不为而为"方面防止"执行过度"，也是政策监督中的一个重要问题。

3. 执行模型：体制管理模型下的权力运作不力与激励无效

国家城乡义务教育一体化政策在地方得到了具体化，如城乡教育一体化的成都模式、重庆模式、铜陵经验等。就成都而言，其将城乡义务教育一体化政策进行分解，细化为发展规划一体化政策、办学条件一体化政策、教育经费一体化政策、教师队伍一体化政策、教育质量一体化政策、评估标准一体化政策等6个方面，将政策目标相应地细化为教育机会城乡一体化、办学条件城乡一体化、师资队伍建设城乡一体化、教育经费城乡一体化、教育质量城乡一体化等5个方面，并将上述5个方面的政策目标和指标再继续细化为可测量、评估的检测点。最高管理层对决策和组织整体任务负责，并将细化的上述6大方面政策任务和5大政策目标分配下达给下属单位，并对其职责履行进行监督评价。成都城乡义务教育一体化政策自上而下的执行理念和过程体现了 R. 艾尔默尔的作为体制管理的政策执行模型的特点。

R. 艾尔默尔认为，体制管理模型中组织所履行的各项任务和目标必须准确、具体、明确地反映政策意图和组织目标，把合理性价值极大化作为组织运作机制，制定层级执行任务和成果标准的管理计划，以及拥有能够评价下属单位业绩的客观手段，能够使下属单位负责其任务的管理控制系统和社会制裁。^①成都城乡义务教育一体化政策执行过程体现了体制管理政策执行模型的特征，但在执行中遭遇了致使执行阻滞的多方面原因：第一，由于各级政府组织难以按照体制管理模型所规定的组织那样规范性地构成，在实践中就难以通过管理手段将官僚制体系中下属的行为程序化，难以发挥组织应然的规范性功能。第二，部分基层官僚面对政策变革所持有的动态性保守主义以及所拥有的难以克服的自由裁量权，使高层官员通过等级制的控制，难以对在实质上决定政策成败的一线街道层官僚们的行为产生影响。第三，体制管理模型由于强调组织的规范性构成及规范性功能的发挥，强调高层的决策和程序控制努力，忽视政策执行一线人员街道层官僚的作用，忽视了组织是作为个人和下级单位围绕权力和资源分配而相互竞争的冲突场所这一客观事实，政策执行过程并不完全依赖于等级控制或意见一致，还需要关注重视执行底层的利益冲突及其协调。第四，由于政策执行计划、政策目标任务的具体化、对下属单位的控制等方面关系到政策执行的成败，如果上述方面的设计失误或不合理就会造成执行失败。由于上述4方面因素的存在，成都城乡义务教育一体化政策运行中出现了教师交流政策执行的权力运作不力与激励无效等现象，也是有其客观必然性的。

4. "二元思想"：城乡学校地位关系的异化

自"城"、"乡"分离以来，由于历史原因和制度原因，城乡间的差异不仅仅在于地理环境，更大的差异集中地体现在经济与文化方面的富裕与贫穷。长久以来，不管是外显的国家政策文件还是内嵌于人们头脑中的根深蒂固的思想，都折射出如下的"共享知识"：城市意味着先进，农村等同于落后。将城市与农村的关系视为先进帮助落后，富裕支援贫穷，帮助-被帮助的关系一旦确立，城市与农村的不平等地位关系就被正式确认。而这种不平等关系与国家的教育公平战略

---

① 参见[韩]吴锡泓、金荣枰. 政策学的主要理论. 金东日译.复旦大学出版社，2005：378；Elmore R F. Organizational models of social program implementation. Public Public, 1987, 26(2): 185-228; Elmore R F. Backward mapping ： implementation research and policy decisions .In Williams W et al .eds . Studying Implementation.Chatham. New Jersey：Chatham House Publishers，Inc.，1982:18-35.

目标是相违背的。近年来的国家政策文件提倡城乡教育一体化，要求实行教师交流制度，这些措词体现出的是城乡间关系的平等而不是主次、等级之分，义务教育作为一种公共产品，政府对农村教育的支持不是一种"施与"、"给予"、"帮助"、"怜悯"，不能因为历史上农村教育被忽略了，政府应尽义务而未尽，现在政府做自己的本职工作、分内之事，却被看作是一种"施舍"和"怜悯"，如果秉持这样的思想，那才是政府的失职与失责。但是简明的道理，却被既有制度体系下既得利益联盟将旧制度筑成一道牢不可破的"固有利益"保护体系。在这个体系下，地方政府忘却了自己应尽的职责，城市学校习惯了既得利益，农村学校习惯了被遗忘。长久以来的"城乡二元"制度赋予了城乡不同的身份、城乡学校不同的身份、城乡教师不同的身份，制度塑造着人们的思维习惯。这种思维自产生之日就是一种不合理的存在，但随着时间的流逝与现实的强化，不合理的也变得合理、合法了。当正义的思潮涌动、政策改革之风吹来时，却难以撼动政府、城乡学校间的旧有利益格局和习惯化的"城乡有别"的二元思维：在政府眼中，农村学校和城市学校地位就是有差别；在城市学校眼中，农村学校就是落后的二等公民；在农村学校眼中，城市学校的老师就是自己的"上级"。在专家看来，理论上的城乡学校应当是一体的、平等的，但农村学校的发展需要国家的"精英"为之设计，但这套方案是满足了"精英"而不是农村学校的需要，因为核心利益群体的"不在场"，致使自上而下的政策设计在街道层官僚那里"水土不服"，得不到有效执行，在很大程度上偏离了政策目标。

（二）地方政府政策执行的街道层官僚逻辑

米切尔·利普斯基（M. Lipsky）在《街道层官僚制组织》一书中首次提出了街道层官僚（street-level bureaucracy）这一概念，概念中的"街道"不是街道层官僚工作场景的某种确定的坐标体系或直观描述，而是街道层官僚与公民直接打交道的工作界面的一种任务情景或高度抽象，是定义街道层官僚的一种空间隐喻，喻指政府金字塔体系底端处于公共政策执行一线的工作者，其主要工作形式是与公民直接打交道，其主要工作情境是与公民面对面地提供公共服务，其工作的空间关系主要体现为一种在场关系。在利普斯基的笔下，典型的街道层官僚包括警察、公立学校的教师、社会工作者、公共福利机构的工作人员、税收员等。[①]

对于教育领域的城乡义务教育一体化政策而言，其一线执行的具体任务主要由主管义务教育的县级政府和学校来承担，如学校布局调整、办学条件的改善、教育经费的提升、师资水平的统一、教学质量的提高等。县级政府主要以县级教育行政部门为主，学校主要是以校长为代表的学校管理人员和执行具体教学任务的教师。因此，笔者在参考利普斯基对街道层官僚的界定与城乡义务教育一体化政策的地方执行过程的情况下，将地方城乡义务教育一体化政策执行中的街道层官僚行动主体划分为3个方面：县级政府官员、校长和教师。[②]与之相应，3个行动主体塑造了各自的政策执行行动逻辑，即县级政府官员政策执行逻辑、校长政策执行逻辑、教师政策执行逻辑。在以县为主的义务教育管理体制中，县级政府处于科层制官僚金字塔体系的最底层，为此县级政府官员的政策执行逻辑与上述地方政府政策执行的科层制逻辑具有内在一致性，尤其体现在对于利己政策的执行过度（如学校撤并），对于负担交易成本政策的执行短缺（如教育经费供给、接纳外来务工人员子女接受教育）。在此，仅对校长和教师政策执行逻辑进行分析，对县级政府街道层官员政策执行逻辑不再赘述。

1. 校长的政策执行逻辑

第一，校长负责制：利益冲突中的学校利益至上原则。在法理上，中小学实行校长负责制，校长作为义务教育学校的法人代表，对学校的发展全权负责；在实践中，校长是学校发展的掌舵者、学校管理的指挥者、教育思想的贯彻者，为此人们常用"一个好校长就是一所好学校"来形容校长对于学校发展的重要意义。在强调校长对于学校发展的重要作用的同时，也强化了学校发展对校长的重要意义，因为学校发展与校长名誉、地位、连任甚至是金钱收入紧密相连。正是由于学校与校长间如此特殊的利益与共的关系，促使校长的决策以任职学校的发展为重。面对城乡义务教育一体化政策在教育一线的运行，特别是当该政策与学校发展的利益存在冲突时，校长的决策就会与政府的政策进行博弈，甚至变相抵抗。正如有关学者所强调的，"由于政策执行者很少能参与到政策制定阶段的利益博

---

① Lipsky M. Street-Level Bureaucracy . New York：Russell Sage Foimdation，1980：5-9.

② 根据我国公务员法的相关规定，义务教育学校校长、教师不是国家公务员，但校长、教师的身份、资格方面的认可和管理是由各地政府部门即教育局负责的，由国家公共财政供养的，为此，在本质上我国的校长和教师与明确规定教师是国家公务员的部分西方国家一样，都是国家的雇员，属于公务员性质。

弈中，政策的实施就有可能与政策执行者的利益存在冲突，政策执行者就会在政策实施阶段，将自身的利益诉求及其满足体现在政策实施中，与其他利益同样受损的政策活动者形成'共谋'关系"①。为此，固有利益受到威胁的那—类学校就会形成一个联盟，抵制政策的顺利运行，当公共政策不得不执行时，该类学校就会进行政策变通执行，最大程度地减弱对固有利益的冲击或损害。以城乡教师交流政策为例，按照政策规定，城市学校或优质学校要派遣教师到农村学校或薄弱学校支教一年，为了最大程度地减少教师资源暂时"流失"的利益损失，城市学校校长便把学校富余的、需要评职称的年轻教师派出支教，而不是根据农村学校所需要的紧缺学科的教师进行派遣。城市学校所派遣的教师都是按照文件规定要晋升高一级职称"不得不"去农村支教的老师。可见，城市学校派遣教师的动机与对策立足于自身学校的利益，而非达成社会目标；校长的决策动机不是以实现政策目标——平衡城乡师资水平、提升农村教学质量——为基础，而是力图使自己或学校的收益最大化。当然，这种收益是一个广义的概念，既可指权、钱、地位，也可指声誉、社会关系，或是指损失的减少或降低。为此，"农村学校成了城里年轻教师的练兵场"成为农村校长对城市支教的普遍评价，政策执行的变异也在这一话语中表达得淋漓尽致。

第二，政策"再定义"：政策变通下的弹性行动。"由于原则性规定的话语与现实之间存在着模糊的对应关系，其精确化程度常常有赖于决策者或实际执行者在特定条件下的解释，因此，当下级政策部门或政策对象要求突破政策规定的范围局限时，重新定义政策适用范围的边界就成为它们的策略。而重新定义的主要策略就是对原政策文本中的重要词语进行再定义……将硬性约束软化，缩小政策约束的空间，扩大政策优惠的范围，使新的政策规范或'违规'行为获得合法性地位。"②由于政策本身所内含的模糊性与冲突性，不同的利益相关者会对同一信息进行不同的解释，特别是在政策决策过程中"核心利益相关者"的"缺席"，都会导致其在政策执行过程中的"政策变通"行为。

对于城乡义务教育—体化政策在学校层面的执行来说，特别是对于涉及利益冲突的政策变革而言，校长坚守的原则主要有两个：一是学校利益，二是学校的

---

① 丁煌、定明捷. 基于信息不对称的政策执行分析. 北京行政学院学报，2008（6）：18.

② 林小英. 教育政策文本的模糊性和策略性解读——民办高校学历文凭考试相关政策为例. 教育发展研究，2010(2)：26.

稳定。在学校变革过程中，如何将变革的不利影响降至最低，如何维护学校系统的稳定以奠定学校变革的基础，是校长们是否进行学校变革或如何进行学校变革所要首先考虑的因素。譬如，城乡干部和教师交流政策规定了学校层面应当参与交流人员的范围和交流比例，在交流范围方面，即"对在同一所学校任教（任职）满 9 年的教师（校长）均应纳入交流范围；年满 50 周岁的男教师（男校长）和年满 45 周岁的女教师（女校长）可不纳入交流范围；本年度考核为基本称职及以下等级的，或者重新上岗（转岗）未满 1 年的暂不纳入交流范围；同一学校的党政正职一般不同时交流；每年交流人数要达到应交流人数的 15%以上，每期（批）3 学年"。该文件规定了应交流的比例，但对教师和校长应交流的比例未作具体说明。为此，学校为了尽量避免该政策对学校利益的震动和秩序的冲击，对该政策进行了"策略性"的解读，即校长和教师交流数量不一定以 15%为标准，"文件上没有具体规定，只要每个学校的教师和校长交流总量够了就行"。为此，就出现了校长交流比例超额、教师比例不足的现象（详见第四章表4-1），校长比例全部高于 15%，甚至超出应交流比例的上百倍，甚至还出现了按文件规定不符合交流范围的校长，也踊跃参加了交流。与"热闹"的校长交流现象截然相反的是，教师交流比例却总体较低，20 个区县总体指标低于15%，甚至有 9 个区县未完成 15%的目标。对交流政策中的上述现象，教育行政部门并未提出任何异议，不难看出有关各方对此形成的一种"默契"以及面对复杂现实政策所表现出的"脆弱性"与"妥协性"。

正如鲍尔（Ball）所言："政策通常不能告诉你要做什么，它创设某种环境，缩小或改变你能做什么的决策范围，或者仅是提出了特定的目标和结果。"[①]因此，在地方行动者利益的主导下，基层政策执行的学校主体在决策者先前规定约束与自由裁量权限范围内获得了策略选择执行的弹性空间，将政策进行变通执行。

2. 教师的政策执行逻辑

第一，激励机制失效："生存战略"下的 "选择行为"与"一线弃权"。

从委托-代理关系来看，在城乡义务教育一体化政策执行链条中，教师为处于执行末端的最终代理人，城乡教师交流制度的执行、教学质量的提高、师资队伍的培训最终都需要教师来实施和执行，但由于信息不对称问题的存在，政策目

① 转引自：董辉、卢乃桂. 从"指令"到"行动"：择校治理政策的实施. 教育发展研究，2010（22）：3.

标与执行成员行为之间需要通过激励加以连接。换言之，需要在一定的激励机制框架内，给予教师一定的物资或精神上的利益来促使其行为符合政策目标，而激励机制的有效性会直接影响教师行为进而影响政策执行效果。

在城乡义务教育一体化政策中，有关教师政策方面的主要有两大类：一类是教师享有权利的政策，如教师培训政策、教师学历提升政策；另一类是教师履行义务的政策，如教师交流政策等。教师作为经济人或理性人，都有使自己行为最大化的倾向，为此在政策执行中，表现出明显的选择行为：愿意享受政策规定的权利，对于骨干教师培训、学科教师培训踊跃报名、积极参加；但对于去农村学校支教却是带着"被迫"、"奉献"的心态，不愿意履行相应的政策义务；愿意在城市里、环境好的、平台高的学校任教，不愿意去偏远、闭塞、贫穷的农村学校支教。

在选择行为中，甚至出现了"生存战略"和"一线弃权"的现象。关于教师交流的政策规定，要晋升高一级职称的教师都必须参加为期 3 年的支教工作。而在支教人员中，一般是刚从大学毕业参加工作 2 年左右的年轻教师，他（她）们面临生活中的诸多压力，生活、婚姻、家庭、工作都要占据和消耗年轻教师诸多的时间和精力，还必须远离自己的生活、工作半径到农村学校支教，在这样的压力情景之下，他们不得不采用"生存战略"，即几乎所有具有"最佳意图"的年轻教师，都会比自己可能做的更少。正如萨切马蒂（Satyamurti）于 1981 年对英国街道层官僚——城市社会工作团队（urban social work team）所得出的研究结论一样，"艰难的工作环境使他们放弃理想，而采用那些能够'驾驭'委托人的方式"①。当政策执行者缺乏政策执行动力，而政策又不得不执行时，必然通过政策变通执行来应付了事，即所谓的"上有政策、下有对策"。更何况从一开始，绝大部分年轻教师就没有怀抱"最佳意图"，而仅仅是为了晋升职称的需要，不得不去支教，在这种情况下，他们的"生存战略"会体现得更加"淋漓尽致"，以致出现"一线弃权"②的现象。由于农村生源质量较城市生源质量差，城市支教教师对于在农村学校任课感觉颇为"痛苦"和"辛苦"，为此出现了实际支教时间比文件规定的少了 2 年，在农村任教工作量不到农村教师的一半，与教师间

---

① [英] 米切尔·黑尧. 现代国家的政策过程. 赵成根译. 北京：中国青年出版社，2004：180.
② 这一称谓源自克里斯托弗·胡德，他在研究街道层官僚时发现一个理性的、从自我利益出发的街道层官僚往往通过各种巧妙的方式刻意回避或逃避"一线"工作中属于自己应尽的职责。

的课堂交流也只有一天的"一线弃权"现象。而政策制定者或管理者对这些现象没有控制，或者说只有有限的控制——在支教考核中重是否参与支教，而对支教行为表现好坏的标准则非常模糊；对于被支教学校而言，没有对支教教师的人事管理权限，仅有对其支教工作的评价权限，碍于交流学校间的"关系"和"面子"，也不得不对支教教师的行为听之任之，而最终还必须以"优秀"作为对"爱心支教"的"感谢"。可见，"生存战略"和"一线弃权"现象的出现，在一定程度上显示了教师交流政策激励机制对执行者的推动和规范效用的失败。

此外，教师交流政策虽然规定了晋升高一级职称必须有支教的经历，但对于已经晋升了职称的教师就没有相应的激励措施，为此在农村校长和教师的眼里，农村学校只是城市学校（年轻教师）的"练兵场"。与此同时，激励机制设计中重视农村学校城市支教性质的"外援"，而忽视了农村学校优秀教师的"内留"，导致农村优秀教师的单向度、向城性流动非常严重；另外，在城市支教教师眼里，大多数农村教师是不负责的、敷衍应付的、懒散的、安于现状的，支教教师对比城乡学校教育后，发出了这样的感言："以后一定要把娃娃送到名校去，教师的责任态度是不一样的，差异太大了！"为此，对于大多数"进城无望"缺乏内在提升动力的教师，其工作的积极性和动力又在哪里？正如丁煌所言："在政策执行过程中，激励制度对政策执行主体的行为选择有着至关重要的影响，政策执行失败可以视为激励制度失灵的结果。"①

第二，组织内部运作与结构的分离：合法性机制"缺席"下的行为失范。

"合法性是一种特性，这种特性不会来自正式的法律和法令，而是来自有关非规范所判定的、'下属'据以给予积极支持的社会认可和'适当性'。"②为此，合法性（legitimacy）不仅仅指法律制度的作用，而且包括了文化制度、观念制度、社会期待等制度环境对组织行为的影响。合法性机制则强调社会的法律制度、文化期待、观念制度成为被人们广为接受的社会事实，具有强大的约束力量，规范着人们的行为。③可见，合法性机制作为一种强有力的观念力量，形塑着人们的社会期待，约束着组织和个人的行为。

城乡义务教育一体化政策作为一种正式规范，自上而下地影响着政策主体以

---

① 丁煌. 国外政策执行理论前沿评述. 公共行政评论, 2010(1): 134.

② [美] S. J. 古尔德. 布莱克维尔政治制度百科全书. 邓正来译. 北京: 中国政法大学出版社, 2010: 355.

③ 周雪光. 组织社会学十讲. 北京: 社会科学文献出版社, 2003: 74.

及广大的政策受众，但人们对该政策的认识却远未达成一致，没有相关政策主体的"共享知识"或"共同规则"。人们认可该政策价值的正义性，但却质疑政策的实效性。正如约翰·罗尔斯所言："一种理论，无论它多么精致和简洁，只要它不真实，就必须加以拒绝和修正；同样，某些法律和制度，不管它们如何有效率和有条理，只要它们不正义，就必须加以改造和废除。"①因为当政策执行一线人员对政策目标不信任或怀疑，对政策手段或价值没有达成共识，那么其将难以忠实地将政策予以执行。正如托马斯·R.戴伊所言："在对社会目标或价值没有达成共识的情况下，处于多元化社会中的政府更容易延续现行的政策，而不是为了实现特定的社会目标而彻底变革现行政策。"②作为政策执行一线的重要街道层官僚——教师——不论是城市学校还是农村学校的教师，对城乡义务教育一体化的悲观态度，以及城乡交流教师对城乡教育的观点和态度及其对交流工作本身的认识和看法，在一定程度上都折射出了城乡义务教育一体化政策的合法性基础是薄弱的、脆弱的，远未形成一种约束机制形塑教师关于城乡一体化的共同规则和共同期待，形塑组织和个人依照城乡一体化的共同知识而行动。

而城乡义务教育一体化政策的制度化过程又使组织不得不接受制度环境里建构起来的具有合法性的形式和做法。为此，组织便采用组织内部运作与组织结构相分离（loose coupling）的做法，如组织建立的制度环境强加的很多规则和制度并不实施，而仅仅用来应付检查，或仅仅是虚假执行、变通执行，用来做给"别人"看，而组织日常运作的非正式规则才是组织运作的实际机制。如城乡教师交流政策所建立的交流制度和规则的实际运行，就体现出了组织内部运作与组织结构的分离现象。

本 章 小 结

综上所述，城乡义务教育一体化政策的模糊－冲突水平影响着政策执行过程，从理论上看，在国家层面上，政策的模糊－冲突水平影响着政策推进实施的阶段，

---

① [美] 约翰·罗尔斯. 正义论. 何怀宏等译. 北京：中国社会科学出版社，1988：1.

② [美] 托马斯·R. 戴伊. 理解公共政策. 谢明译. 北京：中国人民大学出版社，2011：17.

影响着政策执行方式；在地方层面上，作为国家政策的具体化表现形式的子政策的模糊-冲突水平不同，政策执行所依赖的"中心原则"也各有不同。为此，探析阻碍"中心原则"机制有效运行的"病症所在"就显得尤为关键。从实践层面上看，国家层面与地方层面的城乡义务教育一体化政策执行逻辑制约着"中心原则"机制的有效运行：一是在国家层面的政策试验性执行中，中央与地方利益相容性、地方政府资源充足水平与地方政府政策执行态度、中央对地方激励机制的有效性以及政府组织间信息沟通情况等因素制约着政策执行的成败；二是在地方层面的政策执行中，政策执行主体即地方政府和学校的行为和角色形塑着政策运行的两大逻辑——地方政府科层制逻辑和"街道层官僚"逻辑。地方政府信奉着"渐进主义"与"选择执行"的执行理念，在"执行短缺"与"执行过度"中进行资源博弈，在体制管理执行模型下呈现出权力运作不力与激励无效，在"帮助-被帮助"的"二元思维"中将城乡学校地位关系异化。在"街道层官僚"的行动中，校长坚守着学校利益至上原则，利用政策"再定义"进行着政策变通下的弹性行动；教师"生存战略"下的"选择行为"与"一线弃权"揭示了激励机制的失效，合法性机制"缺席"下的教师行为失范体现了组织内部运作与结构的分离。正是由于国家层面的宏观逻辑因素与地方层面的微观行动逻辑，共同导致了城乡义务教育一体化政策"中心原则"运行的困境，阻碍了"中心原则"作用机制的有效发挥，进而造成政策执行异化与执行差距。

第六章 城乡义务教育一体化政策运行反思

前面的章节从政策运行角度对城乡义务教育一体化政策的演进与确立、政策运行过程与结果、政策执行的困境与内在逻辑进行了系统、全面的、深层次的研究与分析，本章作为本书的谢幕部分，对城乡义务教育一体化政策的运行特点进行了审视，在此基础上构建了城乡义务教育一体化政策有效运行的政策建议。

第一节　城乡义务教育一体化政策运行特点

本书通过对城乡义务教育一体化政策文本、政策运行状态、政策运行结果以及政策运行的理论与实践逻辑等方面进行详细的分析，得出了以下政策运行的特点。

一、政策确立与推进："渐进变迁"与"多源流耦合"

国家层面的城乡义务教育一体化政策的诞生不是一朝夕完成的，而是经历了一个渐进演化和嬗变的过程。21 世纪以来，国家将教育公平作为教育发展战略目标，作为社会公平的基石，并出台了一系列倾向于弱势群体、倾斜农村教育的政策文件，使教育政策的价值理性得到了空前的彰显与弘扬。这些政策文件从农村税费改革、取消农村教育集资到义务教育"新机制"，再到"两免一补"政策，从加强农村教育到城乡教育统筹协调发展，从教育均衡发展再到城乡教育一体化发展，这一系列教育政策将教育公平、教育均衡、城乡统筹协调、城乡一体化发展作为共同的"政策范式"。自 2003 年国务院明确提出城乡教育协调发展思想到 2008 年城乡二元教育在国家决策层面的终结，再到 2010 年中共中央、国务院印发的《教育规划纲要》正式提出"城乡教育一体化"概念，两次提出"建立城乡一体化义务教育发展机制"，这一系列政策的嬗变过程标志着中国城乡二元教育体制的根本性变革，标志着国家层面的城乡义务教育一体化实践的正式开启。可见，城乡义务教育一体化政策的诞生与确立是一种渐进性的变革，有一个孕育和发展的过程，是城乡教育均衡政策、城乡教育统筹政策的拓展与延伸。

地方层面的城乡义务教育一体化政策的确立过程，是在吸收和落实国家相关政策文件精神的基础上，结合地方经济与社会发展实际将政策进一步具体化的过程，并结合地方特色进行创新。其具体化、细化与创新的程度与地方努力程度密切相关, 而地方的努力程度又与地方的"多源流耦合"密切相连。依据金通的"政策之窗"理论, 多源流即问题、政策、政治影响着政策的形成。对于城乡义务教育一体化政策在地方政策层面的形成、接受过程而言, 同样面临着问题流、政策流和政治流。中国作为中央集权制国家, 地方政府与中央政府的垂直公共行政关系距离较短, 行政授权的方式使地方政府官员热衷于满足上级政府或官员的偏好, 为此对于国家出台的政策, 地方自然是高度关注, 国家的"热点"问题自然是地方关注的"焦点"问题, 所以中央的"问题流"自然会"流入"地方政府, 成为地方的"问题流"。在政策流方面, 地方政府如若具备政策执行的能力, 拥有政策实施所需要的经济能力和技术能力, 那么也就奠定了政策流的地方基础。在政治流方面, 如果地方政府主要行政官员的价值取向或"理性选择"与中央政府能够达成利益上的"共同需要"与"呼应", 那么政治流也就形成了。当问题流、政策流、政治流三源汇合之时, 地方政府的"政策之窗"也就打开了, 多源流耦合就形成了, 国家政策在地方层面就得以接受与执行。地方政府在政策执行过程中的诸多创新经验与变革经过进一步验证、修正与提炼, 又进一步上升为国家经验, 进而又在全国推广执行, 引发新一轮的国家层面政策的"渐进变迁"与地方层面的"多源流耦合"。

二、政策运行中的城乡差距: 结果的差距与行动的偏离

执行研究探寻的是政策执行实际上取得的真实结果与政策意图或政策目标之间的差距, 这种差距可以通过两方面来体现: 一方面通过静态考察政策执行结果与政策目标的一致程度; 另一方面通过动态考察执行主体的政策执行忠实程度, 以对执行者的行为进行更为广泛的评估。

在对城乡义务教育一体化政策执行结果的静态考察方面, 本书以成都统筹城乡教育综合改革试验区为分析案例, 从3个维度5大方面来考察成都城乡义务教育一体化水平。3个维度即成都市整体维度、圈层维度以及县域内的城镇——乡村维度; 5大方面即教育机会、办学条件、教育经费、师资队伍、教育质量等5大方面的城乡差距分析。分析发现, 在教育机会城乡一体化方面, 城乡学生的"高入学率"难掩进城务工人员随迁子女入学的"高拒绝率", 进城务工人员随迁子

女平等接受义务教育的权利并未得到保障。在办学条件城乡一体化方面，政府的消极不作为致使农村办学条件在指标的总体绝对数值方面并未随着年份的推移而增长，生均数值的相对变化是由于学龄人数以及学校撤并带来的数据"规模效应"变动而引起的；在政府主动积极作为的教育信息化水平提升方面，区县间、圈层间、县域内城镇与乡村间的城乡差距仍然较大。在教育经费城乡一体化方面，虽然生均经费在逐年提升，但生均经费绝在数字上的差距在区县间、圈层间方面不但没有缩小，反而继续扩大，与教育经费城乡统一的政策目标相违背。在师资队伍城乡一体化方面，农村教师数量充足却难掩城乡师资质量的悬殊对比，农村生师比虽然远远低于城市，但农村学校班额小，绝大部分学校为寄宿制学校，教师除了承担日常的教学工作外，还义务承担寄宿制学生的学习、生活、安全管理等工作，使农村教师工作量较城市教师更为繁重；在高一级学历教师比例方面，成都市虽然出台了一系列政策激励教师提升学历，但城乡差距仍然较大。在教育质量城乡一体化方面，从成都市各区县义务教育阶段学生的学业质量情况来看，区县间参差不齐，第一、二、三圈层学业质量水平呈圈层梯级递减分布，第三圈层水平最低，反映出了教育质量水平的悬殊。综上可见，成都城乡义务教育一体化实践在以上五大方面确实取得了一定的成就，但仍然存在一定的差距，一体化程度还未实现真正的"基本统筹"，尚处在前初级水平向后初级水平过渡的阶段。

在动态考察执行主体与相关利益主体的政策执行忠实程度方面，本书从管理体制、办学条件、教育经费、师资建设四大方面对执行者的行为实践进行了广泛的审视与评估。在管理体制运行方面，为了顺应城乡义务教育一体化改革热潮，地方政府对义务教育管理机构进行了"完善"，设置了城乡教育统筹发展处、教育统筹发展办公室等机构或部门，其职能的"符号性"与人员的"兼职性"体现出了"完整形式"下的"权宜实质"；在城乡义务教育一体化管理规范方面，"以县为主"管理体制中的财权和事权的矛盾与冲突、学校布局调整的政府与学校利益的"共谋"、城乡学校对接发展中的责权利不匹配，对城乡义务教育一体化政策的顺利实施与推进产生了消极的影响与阻碍。在办学条件政策执行方面，特别是在学校标准化建设上，城乡间存在着地位、标准与质量的差异。在教育经费政策运行方面，推行统一城乡公用经费拨款标准，实质上是一种教育经费的"低保"政策——能确保农村学校正常运转，但却无法为城乡学校均衡发展提供经济保障。在统一城乡师资方面，由于城乡师资水平的差距、教师交流政策变异、"县管校用"制度的有限性，教师"系统人"的目标悬置；而教师培训的"分配不等""脱离实际"、经费短缺与教师待遇"同城同薪"的理想落空、"同县差距"的"骨感现实"，致使城乡师资建设进一步远离城乡一体化的政策目标。

三、模糊-冲突矩阵下的"中心原则"制约着执行成败

（一）模糊-冲突矩阵下的"中心原则"满足程度制约着政策执行的成败

　　政策本身所具有的特点会对政策执行产生重要的影响，模糊与冲突作为政策的本身属性，在作为一种再分配型政策的城乡义务教育一体化政策中体现得更为明显。马特兰德的模糊-冲突矩阵较好地揭示了模糊与冲突的不同组合对政策执行方式的影响，而执行方式的不同又依赖于与之匹配的"中心原则"的满足程度。所谓的"中心原则"，即影响执行成败的主导因素。

　　在城乡义务教育一体化政策中，模糊与冲突的不同组合，标示了政策推进的不同阶段。在初始试点阶段，由于特定政策领域知识的不充分与不确定，国家政策目标和手段的表述是概括的、模糊性的，作为教育领域的一项国家再分配型政策，其内含着相关利益主体的目标纠结与利益冲突，在初始试点阶段为了政策的顺利推进，国家对试点地方政府采取了较多的放权，刻意缓和了政策的冲突性特征，从而体现出国家政策文本的高模糊-低冲突特征；在全面推进阶段，随着政策在全国的全面、强制推进，高模糊-高冲突特征也逐渐显现；在政策实施经验的总结、归纳、提炼的基础上，城乡义务教育一体化政策也随之得以修正与完善，政策目标更为清晰、明确，政策手段越加成熟、具体，在此基础上的政策实施进入纵深推进阶段，政策呈现出低模糊-高冲突特征。一般而言，在初始试点阶段，政策的高模糊-低冲突特征适合于试验性执行，执行的"中心原则"是对"背景条件"的依赖，即政策执行的环境因素主导着政策执行的成败；在全面推进阶段，适合于象征性执行，"中心原则"是地方层面的"联盟力量"，其制约着执行的成败；在纵深推进阶段，适合于政治性执行，"中心原则"即"权力"对执行过程起主导作用。

就执行国家政策的地方政府而言，其政策执行的过程亦是将宏观的、概括的、模糊的国家政策具体化、分解化、地方化的过程。如成都在执行城乡义务教育一体化政策的过程中，将国家城乡义务教育一体化政策分解为6项子政策：发展规划一体化政策、办学条件一体化政策、教育经费一体化政策、教师队伍一体化政策、教育质量一体化政策、评估标准一体化政策。[1]每项子政策又包含无数项具体的政策，因其模糊-冲突性水平的不同而体现出不同的政策类型及其相应的执行方式。如办学条件一体化政策中的学校标准化建设政策，其属于低模糊-低冲突类型，适宜行政性执行，学校标准化建设所需资源的保障制约着执行的成败；教师队伍一体化政策中的教师交流政策，因其低模糊-高冲突性，适宜政治性执行，权力强迫与报酬激励机制主导着政策执行过程；高模糊-高冲突的"县管校用"教师政策，在象征性执行过程中，相关利益群体形成的地方"联盟力量"主导着政策在微观环境中的执行成败；"特色学校"政策归属于高模糊-低冲突政策类型，适合于试验性执行方式，不同区县、不同学校的环境因素影响着政策执行结果，对不同区县、不同学校的执行情况的反馈、比较、总结、提炼相对于单纯的政策结果而言更为重要，因为在此基础上才能产生有效的学习，并将习得的成功经验推而广之。

（二）国家政策环境与地方行动逻辑制约着"中心原则"的满足程度

政策执行过程是复杂的，执行过程的众多自变量会对作为结果的因变量起作用。模糊-冲突矩阵根据政策模糊冲突水平进行四象限归类，将执行过程的众多自变量精简、概括、抽象、提炼为影响执行成败的核心要素——"中心原则"，并将政策类型与执行方式通过"中心原则"加以联结，对政策执行具有较强的解释力。同样，在研究城乡义务教育一体化政策执行时，在将政策进行四象限归类并找到与之相宜的政策执行方式的基础上，最重要的就是破解"中心原则"的制约因素。在城乡义务教育一体化政策运行中，破解"中心原则"制约因素的过程，就是探寻国家与地方政策运行逻辑的过程，在此基础上，才能进而构建"中心原则"的成功运行机制，保障政策成功执行。

---

① 详情参见：吕信伟 等.城乡教育一体化的成都模式：六个一体化. 北京：高等教育出版社，2013：54-88.

在城乡义务教育一体化政策运行中，制约"中心原则"发挥作用的背后逻辑主要有两个层面的因素：国家层面与地方层面。在国家层面上，影响国家政策在地方试验性执行的逻辑包括以下五个方面：一是中央与地方利益的相容性；二是地方政府资源充足水平即地方政府的执行态度；三是中央对地方激励机制的有效性；四是执行监控的有效性；五是是否建立了政府组织信息传递的"有选择的扭曲"预防机制。在地方层面上，影响国家政策在地方执行的逻辑主要包括两大制度逻辑：第一，地方政府政策执行的科层制逻辑；第二，地方政策执行的"街道层官僚"逻辑。在科层制逻辑方面，表现为"渐进主义"与"选择执行"的执行理念，"执行短缺"与"执行过度"的资源博弈，体制管理政策执行模型下的权力运作不力与激励无效，"二元思维"下城乡学校地位关系的异化。在"街道层官僚"逻辑方面，表现为校长利益冲突下的学校利益至上以及政策变通下的弹性行动；教师"生存战略"下的"选择行为"与"一线弃权"，合法性机制"缺席"下的行为失范。以上国家与地方政策执行的逻辑造成了城乡义务教育一体化政策模糊-冲突矩阵下"中心原则"——资源、权力、联盟力量、"背景条件"——运行阻滞甚至失效，最终导致了政策执行偏差或失败。

第二节　城乡义务教育一体化政策运行反思

一、完善激励机制与行政问责

针对委托-代理关系中的信息不对称与"道德风险"问题，为了促使代理人行为目标与委托人目标的一致性，监督与激励是常用的两种机制。通过激励机制将地方利益与执行过程建立有机联系起来，以使地方利益的获得水平激励地方政府执行的努力程度；而有效的监督是对必要自由裁量权下道德风险的有效防范。

（一）激励机制

对于国家政策的地方执行，从中央到基层组织链条中形成了多级委托-代理关系，存在着利益冲突与信息不对称，存在着自由裁量权和道德风险，为此如何激励代理人行为的高努力水平，成为激励机制设计的核心问题。如何激励代理人行为的最高水平使委托人效用最大化的重要约束条件，就是激励相容——委托人实现自身效用最大化而要求的代理人努力程度，也要使代理人自身实现效用最大化。[①]对于城乡义务教育一体化政策执行而言，要使地方遵从政策目标，激励地方选择最高努力执行水平，创设与激励相容的重要约束条件，就需要对以下问题予以重视：如何创设地方政策执行的激励相容约束条件？地方执行城乡义务教育一体化政策的动力是什么？地方获得的效用与政策执行结果之间是什么样的关系？在多级委托-代理关系链条中，激励相容约束条件制约着每一层级的代理行为，创设各级委托代理关系中的激励相容约束条件是激励机制有效运行的关键。

在关注激励相容对激励机制有效运行的重要意义时，还需要把握好激励的四大原则：有效信息原则、激励强度原则、监督强度原则和平衡激励原则。有效信息原则即能有效反映代理人政策执行努力程度的指标，而非代理人主观努力无法控制的客观"噪声"信息。如教师交流政策的执行情况考核，不是以是否参与支教而是以支教效果为考核指标；"县管校用"政策不是看有多少教师属于"县管"了，而是测量有多少教师的流动真正体现了城乡学校间的"哪里有需要，我就在哪里"。激励强度原则强调对准确反映政策执行努力程度的指标提高激励强度，如果测量不准确，提高激励反而会导致强化错误的行为。譬如，对于教师交流政策中的城市教师的评价权虽属于农村学校，但由于农村学校对其没有人事管理权限，为此农村学校的评价碍于人情、面子、圈子、熟人，也不得不给予优秀的评价，最终促使交流政策执行效果较差，无法得到城乡学校双方的认可。又如，在统一公用经费政策方面，虽然第一、二、三圈层分担的比例不同，但对激励经济薄弱区县增加教育投入方面的激励作用并未得以显现，为此重视激励强度原则，考虑个体或组织的承担能力，如果激励的强度超过了承担能力，那么就难以或无法吸引经济贫弱区县教育投入的积极性。此外，监督强度原则和平衡激励原则强化了监督对激励的补充作用，使政策行为评价指标清晰、具体，以及组织或个人在多重任务情形下，对委托人重视的多重任务应予以平衡激励，建立平衡的激励分配机制。

[①] 刘有贵、蒋年云. 委托代理理论述评. 学术界，2006（1）：71，76.

（二）行政问责

正如迈克·希尔和彼特·休普所言，"……在政府的任何管理层上，规章制度必须得到贯彻而官员必须负起责任"[①]，按照上述逻辑，在面对政策执行差距与执行失范时，政府官员就理应对如下问题作出回答：出现了什么错误？自己负有什么责任？特别是对于中国政府过程或政治过程而言，在行政授权型政治体制下，"上级政府对下级政府具有强大的行政约束力，使得上级政府可以根据国家和地区民众的公共服务诉求和社会福利需要，向下级政府下达公共服务的任务、指标或项目"[②]。在政府内部，中国的政策执行主要依靠党和政府的组织领导加以贯彻执行，其行政活动又深受人格化权力结构和人治行为的影响，法治行政执行方式所依赖的体制化结构还没有真正形成。为此，在中国的政治体制下，要使政策得以推进，就必须在政府的任何管理层上，使官员负起政策实施责任。虽然行政授权体制下的对上负责制对于政府体系内下级服从上级，推进政府公共服务目标的实现具有积极的作用，但由于在社会公共利益方面存在着中央政府的"泛利性"与地方的"私利性"冲突，或地方政府不同层级间存在着组织利益目标的纠纷，上述激励困境及行政行为特点，都从客观上要求对行政行为进行监督和问责，以最大程度地避免执行过程中的"选择执行""执行短缺"或"政绩工程"。

在实践中，要完善行政监督和问责的制度建设，需要重视以下工作：第一，加强城乡义务教育一体化工作的组织领导，明确责任，层层落实。第二，建立每一级政府城乡义务教育一体化政策执行的目标考核机制，政府层级越低，组织目标、行为标准、绩效指标越清晰化、具体化、指标化，以确切指导街道层官僚的行为标准。第三，在科学的目标考核标准体系的基础上，建立可操作的合理的奖惩绩效评估体系，改变地方政府政策执行评估中偏重地方经济效益增长的工具理性取向，忽视社会公平、和谐的价值理性取向，将城乡义务教育政策执行放在关系地方、国家和谐发展，关系社会公平的应有地位和高度，对现有地方政策执行考评制度予以修正和完善。第四，完善教育法制建设，使城乡义务教育一体化政策的执行有法可依、有法必依、执法必严、违法必究，将政策决策或执行的主要

[①] [英] 迈克·希尔、[荷] 彼特·休普. 执行公共政策. 黄健荣等译. 北京：商务印书馆，2011：152.

[②] 邵泽斌. 我国义务教育管理体制的理论逻辑与政策思考. 教育研究与实验，2013（3）：8.

责任人而非具体实施者作为问责对象，增加政策执行的违法成本；逐步将法治作为政府官员政策执行的重要行为规范，将影响政策执行的不稳定人为因素降至有限范围内，避免人治执行方式在政策执行中的缺陷。第五，将行政系统内部监督与外部社会监督相结合，增强政策执行的透明度，加快信息公开建设步伐，充分发挥监督机制对政策执行的保障作用。

二、建立政策信息沟通与评估的有效机制

政策信息的有效沟通主要表现在政府组织内部信息的有效沟通，政策评估主要体现为对政策信息客观真实采集基础上的政策运行效果评价。

有效的信息沟通对于公共组织的成功而言是非常重要的，有效性主要表现在信息的正确传递与防止信息阻滞两个方面。一方面，政府组织间信息的正确传递有利于政府层级中下级官员特别是街道层官僚对政策文件精神的正确领悟，减少信息自上而下流动过程中主观人为因素的选择性理解；另一方面，防止重要信息堵塞、阻滞对于获得政策执行中一线的原始信息而言尤为关键，由于官僚机构中的信息通常集中在较低的层次[①]，一线政策执行的经验、困惑或抉择对于政策执行的调整、修正而言是非常宝贵的实践总结，但不幸的是，由于"有选择的扭曲"现象的存在，经过官员们参照自身利益进行策略性"筛选"后，仅有一部分信息被传送到顶层，且信息传递通过的层级越多，有效信息"衰减"越大，直至最终到达顶层的或公开的信息中的水分达到"尽人皆知"的程度，政策执行受到严重的损害。

基于上述事实，政府组织信息传递的正确性、原始性与畅通性是政策精神被正确接纳的前提，是政策过程得到有效监督的基础。为此，在城乡义务教育一体化政策运行过程中，要建立政府组织信息沟通的有效机制，最大程度地降低"有选择的扭曲"程度。首先，需要建立多渠道的信息沟通途径，改变政府系统内部层级链条上的单线等级传递方式，可尝试由最高委托人或组织机构"下派"到政策执行基层，以确保获得来自街道层或政府操作层的信息是直接的、不带"噪声"和任何渲染的、中立的而非策略性和"有选择的扭曲"。其次，加快城乡义务教

[①] [美] 盖依. 彼得斯. 美国的公共政策——承诺与执行（第六版）. 顾丽梅、姚建华等译. 上海：复旦大学出版社，2008：139.

育一体化政策电子信息网络互动平台建设，增强政策信息的公开与透明，为政策文件的宣传、政策内涵的解读、政策疑难的解答提供展示平台，为政策执行个案中的成功经验、执行困惑、可能路径提供交流平台，为政策执行存在的问题、失范行为提供舆情反馈平台。因为政策执行不仅仅是一种结果更是一个反馈、交流、学习、总结、提升的过程。最后，为了政策精神自上而下地正确有效传递，可采取各级政策制定相关部门组建政策解读宣讲团，到省、市、区、县甚至学校对管理层、教师及相关机构对政策目标、政策内容、政策手段以及政策执行的奖惩方案进行宣传；也可采取专题式、专门化的校本政策解读及相关培训；还可进行交叉式或综合式的政策宣传，如在国培项目中设立城乡义务教育一体化政策专题培训；在在职教师学历提升教育过程中，如本科、硕士研究生学历提升中设立城乡义务教育一体化政策读本。与此同时，重视大众媒体如电视、网络、广播、微信、报纸等新媒介对城乡义务教育一体化政策的自上而下的立体传播途径，使政策信息及时、迅速、直接地在全国范围内传播。在自下而上的政策信息接受过程中，可以成立信息员或干部学习小组，在市级或区县级进行统一的政策学习活动，以理解政策、吃透政策。

政策信息的客观真实反馈是进行政策科学评估的基础，是进一步修订和改善政策的前提。为此，其重要意义是不言而喻的。当前的教育政策执行评估，如成都及其他地区，一般都由教育部或省级、市级政府系统内部作为评估主体进行信息收集考核，缺乏非政府、权威性的第三方监督评估机构的参与，导致政府本身既作为政策的制定者、执行主体，又作为政策的监督、评估主体，实质上是一种"自我"监督和评估，在实施中，难以做到信息的中立、客观。此外，政府在决策与执行中也存在着诸多的问题，有学者在 20 年前就曾提及政策运行中存在的政策修复机制缺乏、决策部门对政策执行情况的滞后、迟钝反应，倡议建立一个介于政府和市场、政府和企业之间的中介组织——政策信息反馈系统，其目标是专门针对政策的制定和实施过程进行预评估和后评估，将评估作为一项经常性的工作，贯穿于政策起草至政策的废除全过程，以在决策阶段和执行阶段全面、客观、迅速地掌握受众对政策的反应和政策实施效果，对政策制定和执行进行全过程监测。[1]20 年过去了，政策研究的重要机构教育部下属事业单位中国教育科学研

---

[1] 范必. 政策信息反馈系统的建立. 科学学研究，1994（4）：32-33.

究院（原中央教育科学研究所）作为国家政策研究的智囊库已经在显现其作用，但对政策的经常性评估、对政策执行效果与阻滞进行"快速反应"的功能却没有得到体现，其功能的发挥仅仅局限在决策阶段的"献智献策"，与智囊库的政策决策、评估与反馈功能的定位差距甚大。在国家政策的地方执行中，如城乡义务教育一体化政策在成都、重庆或其他试点地区的政策执行，缺乏对执行过程的有效监督、缺乏政策实施效果与执行阻滞的"快速反应"，缺乏信息的顺畅沟通与问题反馈。为此，组建非政府、专业化、权威性的第三方教育政策质量评估与认证机构，由国家或教育部授权，专门对教育决策信息、执行过程、执行效果进行信息收集、评估、反馈与结果认证，对于我国教育政策的科学决策、顺利实施、效果反馈以及经验总结，特别是对于教育政策的进一步修订完善显得尤为重要和迫切。

三、构建政策运行合法性机制

广义上的政策合法性不仅仅指政策是符合法律的，还包括政策的合理性，即政策得到社会的接纳、公众的认可。如何建立城乡义务教育一体政策的合法性机制，特别是民众的广泛认同，使城乡教育一体化不仅仅停留在正式规则范畴，更要进入人们的心理认同甚至是道德义务范畴，使该政策获得政策执行主体、政策目标群体及广大社会公众的支持与认同，是城乡义务教育一体化政策得以及时、顺利、成功执行的重要基础。

（一）系统完善城乡义务教育一体化政策文件，构建基层政策执行的合法性根基

自 2004 年开始，成都市就出台了一系列政策文件促进城乡义务教育一体化发展，如《成都市农村中小学标准化建设标准（实行）》《关于大力推进基础教育均衡发展的意见》《统筹城乡教育综合改革试验区实施方案》《成都市建设统筹城乡教育综合改革试验区实施方案》《关于下达统筹城乡教育综合改革试验区建设目标任务的通知》《关于深化全域成都教育均衡发展的意见》及《关于深化城乡教育互动发展促进教育圈层融合的意见》，然而这些政策文件并未引起区县地方政府的足够重视，其没有根据地方的实际情况将城乡义务教育一体化发展系列文

件结合区县实际而具体化，形成可操作的实施方案。这一现象凸显出有关城乡义务教育一体化发展政策文件在区县层面的被动、滞后与缺失。也正是基于这一现象的存在，在城乡义务教育一体化政策执行过程中，区县教育局及相关中小学校常常处于一种被动境地，按部就班或是按其他地区的相似政策或模式"依葫画瓢"，政策执行的参与热情及参与程度不高。正如在调研过程中，笔者对部分中小学校长、教师进行访谈所发现的，他们几乎全然不知晓涉及城乡义务教育一体化发展的相关文件及精神，更多的受访者以城乡教育均衡来替代城乡教育一体化概念；同时，调研中所涉及的中小学多是汇报工作成绩，很少关涉推进城乡义务教育一体化发展的言语及文字，其中一位校长"道破天机"：当教育部、省市领导来调研教育一体化发展工作时，学校无人愿意撰写和整理资料，因为这是一项巨大的工作任务和压力，原因在于资料的不完整性和不系统性，虽是做了一些促进城乡义务教育一体化发展的具体工作，但却很难按照具体的指标分门别类地加以总结和提炼。

为此，建议区县教育局及相关中小学校立足国家、省市城乡义务教育一体化发展的目标和任务，认真贯彻执行相关政策文件精神，主动积极地制定和完善既结合上级政策文件要求又符合区县教育实际情况的具体、明晰、可操作性的城乡义务教育一体化发展系列基层政策文件和制度，构建长效保障机制，分别从宏观、中观和微观3个层面有目的、有计划、有步骤地推进城乡义务教育一体化发展，让城乡义务教育一体化政策在区县"生根发芽""茁壮成长"，奠定城乡义务教育一体化政策在基层推进执行的合法性根基。

（二）建立科学的决策机制："精英决策"与"草根途径"相结合

对于中国公共政策决策模式，正如胡伟所总结的，中国的决策模式是一种典型的精英决策，决策过程基本取决于权力精英的作用，是一种"内输入"的过程，即"人民的利益"是由权力精英通过分析、研究和调查将他们所认定的社会利益输入到公共政策中去，由权力精英"为民做主"的过程，而不是多元决策下的社会互动过程。[1]但由于各层级、各领域的精英对实际情况的了解不同，对客观形势判断的不同，以及其他诸多主观客观因素的影响，他们实际上很难代表政策相

---

① 胡伟. 政府过程. 杭州：浙江人民出版社，1998：254，340.

关利益主体的全体利益，很难作出甚至也不可能作出"完美"的政策方案，在政策实施中必然会遭遇利益受损主体的反抗和政策执行的阻滞。为此，在自上而下的"精英决策"机制中，所有政策设计的任务全在高层完成，体现出一种强势的法规途径，而相关利益主体的"不在场"、公众群体的集体"失声"导致了政策实施执行中的抵制、对抗与公众群体的漠然。城乡义务教育一体化政策决策上的"精英决策"模式及执行中的体制管理型强势法规途径，使政策实施过程决策者的意图及高层官员的等级控制无法对实际上决定政策成败的街道层官僚们的行为产生有效的影响，无法将政策的共同愿景或对政策的共有概念或执行者的动机和投入通过等级管理进行控制。等级管理控制对于模糊和冲突水平都较低政策类型的行政性执行较为有效，但对于模糊性高或冲突水平较高的政策执行结果几乎不起作用，特别是对于冲突水平较高的政策，如果不能得到街道层官僚执行者的支持和配合就很难顺利进行。譬如，教师交流政策、县管校用政策在实践中的运行困境就给了我们如下启示：在关涉相关目标群体利益的政策方面，单一的"精英决策"模式存在着理论和实践上的缺陷，需要与"草根途径"（gross-roots）[①]决策方式相结合，重视基层官员甚至包括目标群体对政策逻辑的要素所具有的裁量权，尽量平衡各方利益，才能使政策得到最大程度的认同和支持。

适当将决策的责任下放到组织下级，建立决策的民主程序，构建广泛的利益表达机制，让政策执行中的重要相关利益主体参与影响自己的各种决定，并建立激励机制，提供诱因与利益补偿，使之能够最大限度地采取与政策目标相一致的行为，促成基层或街道层利益相关者之间达成"阶段性"合意的方案，使方案能在某一时间段得到地方的确认与接受，并在该阶段内以此方案作为政策执行的考核指南，在此基础上进行等级控制与管理，对政策执行过程加以监督和考核。与此同时，为了避免激励机制的无效，需要在利益冲突双方之间创建一种"依赖"关系，即冲突双方要达到自己的目的，不得不在一定程度上依赖对方，具有一定程度的共同利益。为此，冲突双方虽然具有不同的利益关系，但为了实现自己的利益满足，不得不与对方保存协商场所，这种协商场所的存在是激励机制发挥效用的关键。通过精英决策与草根途径的有机结合，通过民

[①] 详见英格拉姆（Ingram）和施耐德（Schneider）在此文中对草根途径的区分与讨论：Ingram H，Schneider A. Improving implementation through framing smarter statutes. Journal of Public Policy，1990，10(1)：67-88.

主决策程序与合作协商途径，能在一定程度上避免城乡义务教育一体化政策执行过程中的权力运作不力与激励无效。

（三）强化"符号资源"功用，建立城乡义务教育一体化政策运行的"想象共同体"

符号资源用以指代与塑造文化观念、社会意识有关的社会设施，例如，教育设施、知识分子、文化设施等。[①]城乡义务教育一体化政策的良性运行过程是一个政策理念、政策目标、政策规范被执行主体或目标群体接受认可甚至内化的过程，在这一过程中，符号资源可以通过影响人们的认知、形塑人们的共享观念，进而约束人们的行为，遵守共同的规则，以致形成"想象共同体"。正如道格拉斯所主张的，稳定制度存在的一个重要条件是，它要建立在合法性的基础之上，即超越了个人私利，为大家所接受的，是符合情理和社会期待的。概言之，制度不能建立在功利性或实用性的基础之上，必须建立在人们都能接受的基本的理念规范之上，因为利益的变化总是要比一个稳定制度的变化要快得多；而使人们形成"广为接受"的基本理念的一个重要机制，便是通过制度形塑人们的思维，塑造人们的思维习惯，进而影响人的行为。[②]道格拉斯的观点虽然较为极端地强调了制度的作用，贬低了人的主观能动性，但不可否认的是，她的观点对现实的确有一定的解释力。在城乡义务教育一体化政策宣传、动员与执行的过程中，我们可以借鉴道格拉斯的观点，通过媒介、学校、社会等多种途径充分发挥各种"符号资源"的功用，建立正式制度与非正式制度，形塑人们对城乡义务教育一体化的良知、责任与信仰，形塑"道德人"价值理念，使城乡义务教育一体化成为政策执行主体、政策目标群体乃至公众认可、接受的基本理念，进而共同遵从城乡义务教育一体化政策的相应制度规约，形成"想象共同体"。具体而言，在政策制定与实施中，政策执行主体与政策目标群体要以城乡教育公平、和谐发展为出发点，本着"城乡一体，匹夫有责"的理念，使公共利益成为指导政策执行的根本价值准则，克服一己私利，使自身利益、组织利益与政策目标的公共利益相一致，形成城乡教育"公平共享"的一体化"共同体"。正如韩志明所言，在任何

---

① 周雪光. 组织社会学十讲. 北京：社会科学文献出版社，2003：273.
② 周雪光. 组织社会学十讲. 北京：社会科学文献出版社，2003：80-84.

社会中，负责人的公共行政都离不开发达的公共精神和良好的行政伦理的滋养，道德工具是正式规则的一种有机补充。①当然，正如经济学家所认为的，没有实际利益基础的道德约束都是脆弱的，"想象共同体"也必须与有效的激励问责机制相结合才能发挥较佳的效果。

四、政策运行制度的"一体化"建设

正如模糊-冲突矩阵所展示的，政策执行过程的影响因素较多，如资源、权力、"背景条件"、联盟力量。可见，一项政策的推进过程是一项系统工程，需要完善政策运行的相关制度配套建设，才能产生合力效用，共同推动政策的成功运行。在城乡义务教育一体化政策的运行过程中，相关制度的配套、统筹、一体化建设是促进城乡义务教育一体化政策有效运行的内在要求，笔者拟就如下几个方面的制度建设做简要阐述。

第一，完善城乡学校交流制度。在城乡义务教育一体化过程中，无论校长交流、教师交流或是"县管校用"，校长、教师管理机制都在一定程度上落实了城乡义务教育一体化政策的执行，但在实践中却遭遇不少尴尬。为了进一步完善城乡学校教师或校长交流制度，首先需要进行人事制度建设，在人事制度实行"县管校用"的同时，财政制度是否可以推行同县同酬或同市同酬甚至同省同酬，在义务教育绩效工资考核机制下，是否可以对参与校长交流、教师交流的相关人员进行实绩加分优先考核，以进一步完善城乡义务教育一体化政策中的人事交流制度的激励机制建设。当然城乡学校交流制度建设还包括赋权机制建设，如赋权给相关学校挂职担任受援学校的执行校长大刀阔斧改革的权力。正如一位执行校长所言，城市名校与农村薄弱学校在制度管理、教育教学、课外活动等各个层面都存在着巨大的差异，两所学校的融合过程也是观念与文化冲突、碰撞的过程，虽然师资、观念、生源等客观因素让每一步的推进都很难，也曾有校长因为两校文化观念的冲突以及安于现状教师的抵制而中途退出交流协议。可见，校长交流制度的顺利执行难免会遭遇诸多改革的阻力，为此赋予执行校长与改革力度和幅度相匹配的权力，是顺利推进农村学校改革的坚实后盾，否则就会出现交流校长所言的"有时候那一两个人的叛逆足够在

---

① 韩志明. 街头官僚的行动逻辑与责任控制. 公共管理学报，2008（1）：48.

一瞬间秒杀我们所有的激情"。对于支教教师，特别是骨干教师要真正担任起城乡义务教育一体化课程改革的倡导者、引路人的角色，真正承担起主要科目教学的工作任务而不是形同虚设，要么得到受援学校的照顾而从事管理工作如校长助理，要么仅担任少量的教学工作任务，而不能充分发挥他们的激情和应有的作用。另外，对于愿意支教农村的中老年教师，是否能进一步完善相应的人事管理，使城市学校可以给予足够的理解与支持，教育行政部门按照相应的制度给予协调和保障。

第二，进一步完善教师统一招聘制度，学校名额分配实行严格的抽签制。自实施教师统一招聘制度以来，教师由区县教育局统一考核、招聘和分配，对城乡师资水平在"入口"上的均衡起到了一定的积极作用。但在政策的实际运作中，部分"优质"学校通过与教育局在"地位"与"关系"上的"近距离效应"仍然是"近水楼台先得月"，将优秀师资先行"挑选"，没有选择话语权与实力优势的农村学校才是真正的"被分配"师资。与此同时，部分区县城区和县城的学校都是经县教育局授权下自行招聘教师，或由应聘者根据各个学校招聘要求填报应聘志愿，然后参加各地教育局组织的统一笔试后，再由各个招聘学校组织的面试小组分别招聘各自学校初选的教师。可见，教师统一招聘制度在实践上并没有得到全面的落实，城市学校、优质学校千方百计地挑选优秀师资，致使城乡师资在"入口"起点上就拉开了很大的差距。针对上述问题，是否可以将区县教师统一招聘制度真正落实，在学校名额的分配上实行严格的抽签制，以减少师资"入口"差距上的人为因素？

第三，完善学生管理制度。在城乡义务教育一体化政策执行中，我们容易忽略的一个群体——学生——才是这项改革的真正受益者。为此，从学生群体利益出发，可以对学生的管理机制、评估机制以及关爱机制推行一系列行之有效的措施。如在农村留守儿童管理关爱机制上，可从微观层面的学校亲情文化建设、丰富娱乐活动、代理家长到宏观层面的社会舆论风尚建设、强化政府责任承担、完善留守儿童相关法律建设等方面构建留守儿童关爱机制。又如，在学生学习管理制度上可否推行市域、县域城乡学生学习交流制度，从学生学习角度尝试学生受教育机会、受教育环境等方面的平等，促进城乡学生学习观念、价值的融合。再如，城乡义务教育一体化过程中的择校问题，部分学生家长期望选择更优质的教育资源，采取了变相方法择校，如挂靠亲戚朋友家户口，开务工居住假证明到优质学校入学，导致部分区县、乡村学校生源流失、"军心不稳"、质量下降，应该采取措施完善学生户籍、学籍管理制度，健全学生档案信息，建立学生档案信息的城乡共享平台，实现城乡学生管理方面的一体化。

第四，设立政策执行项目推动机制。在城乡义务教育一体化政策运行中，是否可以借鉴西方发达国家如美国在政策改革实施过程中的项目推动机制？虽然我国城乡义务教育一体化政策推行过程中也实行了"试验区"的项目推动，但与试验区相配套的支撑项目力度还不够，如人力、物力、财力的投入。因此，在城乡义务教育一体化政策执行中，如在学校硬件提升、软件优化、资金投入中，专项、专款、专人、专用等方面体现得不够明显，划分不清晰。当申报城乡义务教育一体化改革试验区的部分省、市、区县的政策执行积极富有成效时，可由这些试验区提出专项拨款申请给予支持，以进一步增强政策执行的动力，将政策执行的结果与试验区效益相连，而不是推行"大一统"的"低保"教育经费支持。

第五，适度放权与错位发展机制。在城乡义务教育一体化政策的运行过程中，基于政策过程的复杂性与政策运行的试验性质，政策运行过程更是一个经验习得与学习交流的过程，为此可以不强制性地要求全市、全县统一，各地区可以根据自己的特色进行错位发展模式。正如冯建军教授提出的特色错位发展理念一样，在城乡义务教育一体化推进过程中，不仅市域内或县域内要结合实际，适度放权，走特色化城乡义务教育均衡发展道路，而且具体到校际层面，也要注重一校一品、特色发展，避免千校一面。根据模糊-合冲突矩阵，对于高模糊或高冲突的政策，不同地区、不同区县可以结合自身政策执行的经济能力与技术能力，选择适合本地特色的政策执行技术与方法，上级教育行政部门在适度下放权力的同时，只要注重建立完善相应的政策执行激励机制，对政策执行成效采取奖惩的问责制加以控制与调节，就能在一定程度上激发政策运行中的灵活性与创新性，从而取得政策执行中的最佳实效。具体到成都推行的城乡义务教育一体化政策执行模式而言，同样不宜"统得过死、管得过严"，按照新的《中华人民共和国义务教育法》的精神和现代学校管理制度的规定，成都可以坚持"市域统筹、以区县为主，适度放权"的理念，充分发挥基层官僚的潜在智慧，激发地方教育改革的积极性，共同构筑第一、二、三圈层不同地域、不同步调以及不同学校的错位发展机制。

第六，加强小城镇基础设施建设，提高城镇化水平。城乡义务教育发展最大的差距在于软件条件的差距，最为集中的体现就是师资水平的巨大城乡差异，而城乡师资的统一又是城乡义务教育一体化政策执行中的核心冲突因素，涉及多方面的利益纠纷。要统一城乡师资，除了如上所述的在教师交流制度、教师激励制度、教师招聘制度等方面进一步完善之外，还需要加强小城镇基础设施建设，提高其城镇化水平。教师作为教育改革中最为活跃的因素，具有自身的主观能动性，不同于物质资源，可以随意划拨调配，若改革得不到教师的支持就难以获得改革的成功。而教师又是一个极具开放性的因素，容易受制于周围环境的影响，具有个体自主选择的自由。教师选择工作所在地的便利交通、发达经济、浓郁文化、稳定保障，乃是社会流动的普遍规律，是邬志辉教授所言的合规律性的个体地位获得流动。为此，加强小城镇基础设施建设，提升其城镇化水平，建设现代"田园式"的小城镇，解除教师的生活后顾之忧，为教师提供舒适怡人的工作生活大环境，是吸引、留住优秀师资的一个重要环境条件。

综上所述，城乡义务教育一体化政策的推进是一项系统工程，需要从激励与问责、信息沟通与政策评估、政策运行合法性机制的建立以及政策运行相关制度的"一体化"推进，才能共同合力确保"中心原则"的运行环境，保障政策执行的成功（图 6-1）。

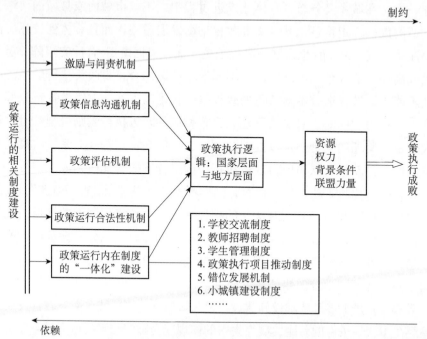

图 6-1 城乡义务教育一体化政策建议示意图

参 考 文 献

一、著作类

阿马蒂亚·森. 2013. 正义的理念. 王磊，李航译. 北京：中国人民大学出版社.

陈庆云. 2006. 公共政策分析. 北京：北京大学出版社.

陈向明. 2000. 质的研究方法与社会科学研究. 北京：教育科学出版社.

邓旭. 2004. 教育政策执行研究——一种制度分析的范式. 北京：教育科学出版社.

教育综合改革实验丛书编委会. 2012. 城乡统筹质量领先. 北京：教育科学出版社.

刘复兴. 2003. 教育政策的价值分析. 北京：教育科学出版社.

斯蒂芬·J. 鲍尔. 2003. 政治与教育政策制定——政策社会学探索. 上海：华东师范大学出版社.

孙绵涛. 1997. 教育政策学. 武汉：武汉工业大学出版社.

魏峰. 2009. 弹性与韧性：乡土社会民办教师政策运行的民族志. 上海：上海三联书店.

魏姝. 2007. 政策中的制度逻辑. 南京：南京大学出版社.

于月萍. 2012. 区域推进城乡教育一体化发展的理论及战略研究. 沈阳：辽宁人民出版社.

袁振国. 1996. 教育政策学. 南京：江苏教育出版社.

张乐天. 2007. 教育法规导读. 上海：华东师范大学出版社.

张乐天. 2009. 教育政策法规的理论与实践. 上海：华东师范大学出版社.

周佳. 2007. 教育政策执行研究. 北京：教育科学出版社.

二、论文类

冯翠云. 2012. 学校布局调整背景下乡村文化传承的困境分析. 清华大学教育研究，（2）：96-99.

冯建军. 2013. 义务教育优质均衡发展的理论研究. 全球教育展望，(1)：84-94.

葛新斌. 2013. 免费时代农村教育的"人财困境". 华南师范大学学报（社会科学版），(1)：25-29.

郝俊杰，董珍. 2009. 国外统筹城乡教育发展的经验及启示. 重庆工商大学学报（社会科学版），(2)：82-86.

胡斌，张玉锐. 2013. 重庆市建设国家统筹城乡教育综合改革试验区典型案例——建集团帮扶"四方对接制", (19): 2-3.

胡俊生,李期. 2010.农村教育城镇化:城乡一体化的助推器. 甘肃社会科学,(2): 53-55.

胡延品. 2003. 政府财力分配与义务教育经费负担主体困境分析. 教育与经济,(4): 33.

黄旭,柯玲. 2011. 成都市统筹推进城乡教育现代化的基本模式. 教育与教学研究,(7): 1-5.

蒋平,王正惠. 2014. 城乡义务教育一体化政策的制度逻辑. 教育学术月刊,(9): 57-62.

姜晓萍,黄静. 2013. 构建城乡基础教育均衡发展的制度体系:以成都试验区为例.中国行政管理,(6): 27-31.

金香花. 2012. 韩国政府发展农渔村教育的支持性政策评析. 教育评论,(2): 153-155.

柯玲,谭梅. 2011. 成都城乡教育统筹发展的路径选择, (9):3.

李朝海. 2012. 美日韩城乡教育一体化发展的经验与启示. 沈阳师范大学学报(社会科学版), (6): 110-112.

李涛,邓泽军. 2012. 国际统筹城乡教育综合改革:发展脉络,治理模式与决策参考. 江淮论坛, (1): 169-172.

李星云. 2012. 城乡义务教育优质均衡发展进程中的问题研究——以江苏省为例. 内蒙古师范大学学报,(10): 1-5.

刘海峰. 2011. 我国城乡教育一体化改革的若干理论问题. 教育理论与实践,(11): 26-28.

刘秀峰,廖其发. 2012. 城乡教育一体化的成都模式及启示. 教育与教学,(7): 1-4.

罗哲. 2013. 城乡教育一体化发展路在何方——对成都模式的分析与探讨. 人民教育,(7):13-15.

秦代红. 2011. 成都全域统一户籍城乡居民自由迁徙. 理论参考,(12): 56.

秦玉友. 2012. 城乡教育一体化的压缩发展难题. 探索与争鸣,(10): 71-72.

万明钢,白亮. 2010."规模效益"抑或"公平正义"——农村学校布局调整中"巨型学校"现象思考. 教育研究,(4): 34-39.

王鹏炜,司晓宏. 2011. 城乡教育一体化进程中的教师资源配置研究——以陕西省为例. 山西师范大学学报,(1): 156-161.

王庆伟,罗江华. 2012. 论城乡教育一体化建设的若干模式——以成都市为例. 教育学术月刊,(2): 51-54.

王正惠. 2009 .义务教育均衡发展:免费后的考验. 教育发展研究,(11): 75-78.

王正惠. 2013. 新中国成立以来城乡教育政策的嬗变与反思. 当代教育科学,(6): 3-6.

王正惠. 2015. 城乡义务教育一体化发展研究综述. 上海教育科研,(9): 5-9.

王正惠. 2015. 教师交流政策目标悬置分析. 教育发展研究,(18): 27-33.

王正青. 2011. 国外推进城乡教育均衡发展新趋势. 中国教育学刊，(1)：20-23.

魏峰. 2012. 在"捆绑"中如何发展——对西南 Q 县城学校"捆绑发展"模式的分析. 教育理论与实践，(10)：25-28.

魏姝. 2010. 政策类型与政策执行——基于多案例比较的实证研究. 南京社会科学，(5)：61.

邬志辉. 2012. 城乡教育一体化：问题形态与制度突破.教育研究，(8)：19-24.

邬志辉. 2013. 城乡教育一体化的制度束缚与破解. 华南师范大学学报(社会科学版)，(1)：29-32.

杨雪冬. 2004. 分权，民主与地方政府公共责任建设. 华中师范大学学报（人文社会科学版），(6): 58，65.

叶飞. 2012. 城乡教师交流的"异化"及其对策分析. 中国教育学刊，(6)：17-20.

于月萍，徐文娜. 2011. 论城乡教育一体化制度体系的构建. 教育科学，(5)：1-6.

张黎. 2009. 政府在均衡城乡教育发展中的责任承担. 求索，(8): 161-162.

张爽，孟繁华，陈丹. 2013. 城乡学校一体化发展模式探究. 中国教育学刊，(8): 27-31.

张旺. 2012. 城乡教育一体化：教育公平的时代诉求. 教育研究，(8): 16.

周光荣. 2010. 打造"全域成都"实现教育均衡发展. 基础教育参考，(7)：14-16.

淄博市城乡一体化教育发展研究课题组. 1998. 淄博市城乡一体化教育发展研究. 教育研究，(4):23-28.

三、政策类

政策类参考文献参见本书附录 1。

附 录 1

签发年份	文件名及文号	签发单位
2010	《国家中长期教育改革与发展规划纲要（2010—2020）》	中共中央、国务院
2006	《关于统计上划分城乡的暂行规定》	国家统计局设管司
2004	《关于统筹城乡教育经济社会发展推进城乡一体化的意见》（成委发〔2004〕7号）	成都市委、市政府
2004	《关于进一步加强农村教育工作的决定》（成府发〔2004〕36号）	成都市政府
2004	转发《市教育局关于统筹城乡教育改革和发展的意见的通知》（成办发〔2004〕142号）	成都市政府办公厅
2004	《关于实施"五大工程"推进城乡教育一体化的意见》（成教〔2004〕21号）	成都市教育局
2004	转发《市教育局市财政局关于落实农村普通中小学预算内生均公用经费的通知》（成办发〔2004〕93号）	成都市政府办公厅
2004	转发《市教育局关于成都市进城务工就业农民子女接受义务教育实施意见（试行）的通知》（成办发〔2004〕95号）	成都市政府办公厅
2004	《关于加强农村留守学生教育和管理工作的通知》（成教〔2004〕16号）	成都市教育局
2004	《关于帮困助学工程的实施意见》（成办发〔2004〕129号）	成都市政府办公厅
2004	转发《市教育局关于加强和改进农村成人教育工作的意见的通知》（成办发〔2004〕143号）	成都市政府办公厅
2004	《关于整合全市教育资源加强农村劳动力培训的意见》（成教〔2004〕16号）	成都市教育局
2004	《关于加强农村学生初中后和高中后教育的通知》（成教〔2004〕8号）	成都市教育局
2004	《印发〈成都市教育强乡（镇）建设工程实施方案（试行）〉的通知》（成办发〔2004〕123号）	成都市政府办公厅
2004	《关于印发〈成都市农村中小学标准化建设标准（试行）〉的通知》（成教〔2004〕25号）	成都市教育局
2004	《关于印发农村教师专业素质提升工程的通知》（成教〔2004〕7号）	成都市教育局
2004	《关于城区和城镇学校教师到农村学校定期服务的实施意见（试行）的通知》（成教人〔2004〕43号）	成都市教育局
2004	《关于进一步加强城区和城镇学校对口支援农村学校工作的通知》（成教人〔2004〕64号）	成都市教育局

签发年份	文件名及文号	签发单位
2004	《关于做好学科带头人、特级教师定点联系农村中小学工作的通知》（成教人〔2004〕91号）	成都市教育局
2004	《关于选派城区和城镇学校教师到农村学校定期服务的补充通知》（成教人〔2004〕67号）	成都市教育局
2005	《关于做好2005年成都市城区进城务工就业农民子女接受义务教育具体工作的意见》	成都市教育局
2005	《关于举办第一期农村中小学标准化建设项目学校中小学校长培训班的通知》	成都市教育局
2005	《关于开展城乡百所学校结对子百万学生手拉手活动的通知》（成教宣〔2005〕4号）	成都市教育局
2006	《关于大力推进基础教育均衡发展的意见》（成委发〔2006〕37号）	成都市委、市政府
2006	《关于推进城乡教育均衡发展服务社会主义新农村建设的意见》（成教〔2006〕4号）	成都市教育局
2006	《关于深化农村义务教育经费保障机制改革的实施意见》（成府发〔2006〕6号）	成都市政府
2006	转发《成都市财政局成都市教育局关于成都市农村义务教育经费管理使用暂行办法的通知》（成办发〔2006〕55号）	成都市政府办公厅
2006	转发《市教育局关于加强主要接收进城务工就业农民子女民办学校管理扶持工作意见的通知》（成办发〔2006〕71号）	成都市政府办公厅
2006	《关于加强农村留守儿童管理服务工作的实施意见》（成办发〔2006〕76号）	成都市政府办公厅
2006	转发《成都市教育局关于加强农村义务教育阶段学校管理实施意见的通知》（成办发〔2006〕53号）	成都市政府办公厅
2006	《关于推进中小学干部教师定期交流工作的意见（试行）》（成人发〔2006〕17号）	成都市人事局、财政局
2006	《关于做好2006年度城区和城镇学校教师到农村学校定期服务有关工作的通知》（成教人〔2006〕57号）	成都市教育局
2007	《关于推进统筹城乡综合配套改革试验区建设的意见》（成委发〔2007〕36号）	成都市委、市政府
2007	《成都市教育局全面消除义务教育阶段薄弱学校行动计划》	成都市教育局
2007	《关于印发构建成都市教育资助体系实施意见的通知》（成府发〔2007〕33号）	成都市政府
2007	《关于妥善解决农村中小学教师住房困难的通知》（成办发〔2007〕109号）	成都市政府办公厅

续表

签发年份	文件名及文号	签发单位
2007	《关于2008—2010年初中办学水平提升行动计划的意见》（成教普二〔2007〕15号）	成都市教育局
2007	《成都市教育事业发展第十一个五年规划》（成府发〔2007〕73号）	成都市政府
2007	《关于进一步加强干部教师交流工作的通知》（成教人〔2007〕46号）	成都市教育局
2008	《关于印发成都市统筹城乡综合配套改革教育专项工作方案的通知》（成教〔2008〕16号）	成都市教育局
2008	《关于义务教育阶段学校教育技术装备及设施设备建设满覆盖工作实施的意见》（成教技〔2008〕10号）	成都市教育局
2008	《关于全市中小学骨干教师培养工作的实施意见》（成教高〔2008〕1号）	成都市教育局
2009	《关于推进名校集团发展的意见》（成教〔2009〕36号）	成都市教育局
2009	《关于印发2009年度成都市义务教育校际均衡度监测方案的通知》（成府教督〔2009〕3号）	成都市政府教育督导团
2009	《关于提升全市农村学校办学水平的实施意见》（成教普一〔2009〕8号）	成都市教育局
2009	《成都市建设统筹城乡教育综合改革试验区实施方案》（成委办〔2009〕34号）	成都市委、市政府
2009	《关于深化全域成都教育均衡发展的意见》（成教〔2009〕155号）	成都市教育局等五大部门
2009	《成都市教育信息化发展规划（2009—2011年）（试行）》（成教计〔2009〕12号）	成都市教育局
2009	《成都市教育局2009年度中小学教师继续教育工作》（成教高〔2009〕1号）	成都市教育局
2010	转发《成都推进城乡义务教育一体化改革试点实施方案》	教育部
2010	《关于城乡中小学干部双向互派和教师交流工作的通知》（成教〔2010〕76号）	成都市教育局
2010	《关于深化城乡学校结对发展工作的意见》（成教〔2010〕1号）	成都市教育
2011	《成都市中长期教育改革和发展规划纲要》（成委发〔2011〕10号）	成都市委、市政府
2011	《成都市教育事业发展第十二个五年规划》（成府发〔2011〕45号）	成都市政府
2012	《关于深化城乡教育互动发展促进教育圈层融合的意见》（成教发〔2012〕4号）	成都市教育局
2012	《成都市城乡中小学标准化建设提升工程实施方案》（成办发〔2012〕2号）	成都市人民政府

续表

签发年份	文件名及文号	签发单位
2012	《关于进一步深化区（市）县域内公共教育资源均衡配置的意见》（成办发〔2012〕35号）	成都市政府
2012	《关于推进教师"县管校用"工作的意见》（成教发〔2012〕12号）	成都市教育局、市委、市人力资源和社会保障局
2012	《成都教育扩大对外开放、推进教育国际化工作方案》（成教办〔2012〕5号）	成都市教育局
2012	《成都区（市）县教育现代化发展水平监测指标体系》	成都市政府教育督导团
2012	《关于深化城乡教育互动发展促进教育圈层融合的意见》（成教发〔2012〕4号）	成都市教育局

附　录　2

成都市城乡教育一体化发展监测评价指标体系

附表2

一级指标	二级指标	监测点
A1：教育机会城乡一体化（10%）	B1：入学率（5%）	G1：3—5岁幼儿入园率城乡比率（1%）
		G2：小学学龄儿童入学率城乡比率（1.5%）
		G3：普通初中学龄儿童入学率城乡比率（1.5%）
		G4：高中阶段教育入学率城乡比率（1%）
	B2：特殊人群入学（5%）	G5："三类"残疾儿童入学率城乡比率（1%）
		G6：外来务工就业农业劳动者子女在公办学校接受义务教育比例城乡比率（2%）
		G7："帮困助学"覆盖率城乡比率（2%）
A2：办学条件城乡一体化（25%）	B3：学校建设（3%）	G8：公益性幼儿园乡镇（街道）覆盖率城乡比率（0.5%）
		G9：社区教育学校（成人教育学校）乡镇（街道）覆盖率城乡比率（0.5%）
		G10：生均校舍建筑面积城乡比率（2%）（小学、初中、普通高中、中等职业学校，权重各0.5%）
	B4：教学设备配备（13%）	G11：生均教学仪器设备总值城乡比率（6%）（小学、初中、普通高中、中等职业学校，权重各1.5%）
		G12：生均图书册数城乡比率（2%）（小学、初中、普通高中、中等职业学校，权重各0.5%）
		G13：计算机"生机比"城乡比率（5%）（小学、初中、普通高中，权重各1.5%）
	B5：教育信息化（9%）	G14：学校校园网建成率城乡比率（2%）
		G15：多媒体到班率城乡比率（6%）（小学、初中、普通高中，权重各2%）
		G16：成都教育城域专网建成率城乡比率（1%）
A3：教师队伍建设城乡一体化（30%）	B6：校级干部（6%）	G17：校级干部本科及以上学历比例城乡比率（3%）（幼儿园、小学、初中、普通高中、中等职业学校，权重各0.6%）
		G18：校级干部获得高级以上职称比例城乡比率（3%）（幼儿园、小学、初中、普通高中、中等职业学校，权重各0.6%）

一级指标	二级指标	监测点
A3：教师队伍建设城乡一体化（30%）	B7：教师学历结构（12%）	G19：高一级学历教师比例城乡比率（12%）（幼儿园、小学、初中、普通高中，权重各3%）
	B8：教师职称结构（4%）	G20：中高级教师比例城乡比率（4%）（幼儿园、小学、初中、普通高中、中等职业学校，权重各1%）
	B9：教师学科结构（5%）	G21：小学音乐、体育、美术、思品、科学专任教师比例城乡比率（1%）
		G22：初中音乐、体育、美术、政治、科学专任教师比例城乡比率（1%）
		G23：普通高中信息技术、体育与健康、音乐、美术、劳动与技术等专业教师比例城乡比率（1%）
		G24：中等职业学校"双师型"教师比例城乡比率（2%）
	B10：骨干教师（2%）	G25：义务教育段县级以上骨干教师比例城乡比率（2%）（幼儿园、小学、初中，权重各0.5%）
	B11：教师培训（1%）	G26：接受市级及以上培训教师比例城乡比率（1%）（小学权重0.4%，初中权重0.4%，普通高中权重0.2%）
A4：教育经费城乡一体化（20%）	B12：人均教育总经费支出（6%）	G27：人均教育总经费支出城乡比率（6%）
	B13：生均预算内教育事业费支出（6%）	G28：生均预算内教育事业费支出城乡比率（6%）（小学、初中、普通高中、中等职业学校，权重各1.5%）
	B14：生均预算内公用经费支出（8%）	G29：生均预算内公用经费支出城乡比率（8%）（小学、初中、普通高中、中等职业学校，权重各2%）
A5：教育质量城乡一体化（15%）	B15：学生学业质量（9%）	G30：义务教育阶段学业测评结果城乡比率（3%）（语文阅读、数学运算、科学素养，权重各1%）
		G31：初中毕业考试一次性全科合格率城乡比率（2%）
		G32：中等职业学校毕业生对口就业率城乡比率（2%）
		G33：高考万人本科上线率城乡比率（2%）
	B16：学生体质健康（2%）	G34：学生体质合格率城乡比率（2%）
	B17：社会贡献（4%）	G35：平均受教育年限城乡比率（4%）

后　记

　　本书是我在博士论文的基础上修改完成的，是对博士论文的深化和拓展。所以在此呈现给大家的作品成果，其中所蕴含的不是一个人的努力，而是一群人的合力。

　　首先，我要感谢我的恩师张乐天教授，导师德高望重、平易近人，善待他人、成就他人，淡泊名利……，老师严于律己、宽以待人，对学生们亦是如此，老师的关怀与教育正如春风化雨，润物无声、不求回报、默默奉献。导师为人、为学都是学生的楷模。学生常常苦恼于文笔太差、辞藻贫乏，无法将导师的表率作用全部确切表达，学生也只能用"'高山仰止，景行行止。'虽不能至，然心乡往之"来表达自己的敬仰。从学生入学到毕业，从选题到论文完成，再到本书的撰写，导师都给予了学生无尽的帮助与支持。常言道，大恩不言谢，在此，"谢谢"二字都显得微不足道，学生只能将这份师生恩情永远铭记，一生珍藏。

　　在此，我还要感谢南京师范大学的老师们，求学期间，我有幸聆听了导师以及杨启亮老师、吴康宁老师、金生鈜老师的课程，在这纯净与厚重的学术氛围里，我沐浴着导师的厚德与博学，感受着大师们的学术熏陶，享受着精神与灵魂的洗礼。随园的学术天空如此湛蓝与纯净，在南京师范大学的校园里，修学者真的可以像一块石头那样沉静，浸润在如此广阔的知识的海洋里，无忧无虑、安详静谧，美好的学习与生活，就是如此。这些美好的时光成为我一生中最想念与最幸福的记忆。

　　在博士论文开题过程中，感谢程晋宽老师、吴康宁老师、冯建军老师、金生鈜老师、孙彩平老师等开题专家的指导。感谢师兄邵泽斌、魏峰、彭华安给予我论文的诸多宝贵建议与意见。在论文答辩过程中，感谢答辩主席邬志辉教授以及答辩委员会成员给予的肯定与建议，让我在本书的撰写过程中得以进一步修改与完善。

在我求学期间，感谢工作单位的领导及同事给予的关心与支持。在本书的出版过程中，感谢绵阳师范学院学术著作出版基金给予本书出版的部分资助。

在本书的数据资料采集过程中，我还要特别感谢教育部、北京师范大学、东北师范大学的相关教育专家和领导为我到国家统筹城乡教育综合改革试验区进行调查研究提供的帮助与支持。在此，还要感谢成都市及各区县教育局的相关领导与被调研的相关人员，遗憾的是，在此不能一一列出您的姓名，但对您提供的调研方便与热情接待致以我深深的谢意！

在此，我还要特别感谢科学出版社给予本书的出版机会，感谢科学出版社付艳社长，谢谢您为本书出版付出的诸多心血与努力，您对待工作，正如您每天给爱女做的早餐，精致而美丽。感谢朱丽娜、孙文影、高丽丽编辑为本书的多次审稿与校稿付出的汗水与劳动，您的兢兢业业与一丝不苟让我感到温暖而感动，感谢您及有关工作人员对本书的精心编辑与设计，因为您，本书才得以最终面世。

家是心灵的港湾，更是动力的源泉。在此，还要感谢我的家人。要完成数十万字的作品，在身兼多重角色与任务的情况下，没有爱人的理解、帮助与支持，这部书是难以面世的。在此，感谢爱人的无私奉献与支持，人生道路上，感谢有您相伴，让我们一起携手前行！还要感谢我的孩子，你让妈妈感受到生命的奇妙与美妙，体验到生命中最为宝贵的亲情，你让妈妈在最忙碌、最疲惫的日子里都充满着欢乐，我们的世界因为有你而变得更加完整、更加美好。感谢父母，这些年来，您二老一直帮着带小孩和照顾我们的生活，任劳任怨，为我们安心工作免除了后顾之忧，我们永远为您祝福！

感恩的心，感谢有您。怀揣感激，伴我一生！谨以此书献给所有关心、支持、帮助过我的人，献给所有关心中国城乡教育改革与发展的人们！

王正惠

2014 年 9 月完稿

2015 年 5 月修改

2015 年 11 月定稿